Comunicación y empresa, un binomio de éxito

Medio siglo de comunicación empresarial en España

Todas las publicaciones de Profit están disponibles para realizar ediciones personalizadas por parte de empresas e instituciones en condiciones especiales.

Para más información, por favor, contactar con: info@profiteditorial.com

Edición y documentación: Mari Pinardo

Diseño de cubierta: Julia Galindo
Maquetación: XicArt

ISBN: 978-84-10235-21-2
Depósito legal: B 9464-2024
Primera edición: Julio de 2024

Impresión: Gráficas Rey
Impreso en España / *Printed in Spain*

MIXTO
Papel | Apoyando la silvicultura responsable
FSC® C131084
FSC www.fsc.org

Carlos Díaz Güell

Comunicación y empresa: un binomio de éxito

Medio siglo de comunicación empresarial en España

Prólogo
de Antonio Garamendi,
presidente de la CEOE

PROFIT editorial

Índice

Prólogo

Por ANTONIO GARAMENDI
Presidente de la Confederación Española de Organizaciones Empresariales (CEOE)

Como señala Carlos Díaz Güell al inicio de esta obra sobre los 50 años de comunicación empresarial, lo cierto es que «las empresas españolas hace décadas que tomaron conciencia de que para sobrevivir tenían que dominar su comunicación», y esta realidad se aplica no solo al mundo de la empresa, sino a todo tipo de organizaciones e instituciones, públicas o privadas, de la sociedad.

A nadie se le escapan las ventajas de llevar de manera eficiente sus mensajes a su público objetivo, sean cuales sean —estos mensajes y público—, y sea cual sea la naturaleza del fin perseguido.

Ciñéndonos al ámbito empresarial, que conozco bien por mi trayectoria profesional, siempre ligada a la empresa y a las organizaciones empresariales, la comunicación corporativa en España ha experimentado un crecimiento extraordinario en estas últimas décadas.

Sin embargo, las características del entorno en el que las compañías desarrollan su actividad en nuestros días, cada vez más competitivo, complejo y cambiante, han convertido la comunicación en un factor absolutamente determinante para alcanzar el éxito de cualquier proyecto.

En este punto, me viene a la cabeza una célebre frase de Oscar Wilde, que decía: «Hay solamente una cosa en el mundo peor que hablen de ti, y es que no hablen de ti». Porque la comunicación es, en la práctica, palanca de cambio y de crecimiento empresarial, y aporta visibilidad, posicionamiento y, en definitiva, reputación a la marca de la compañía o institución.

Ahora bien, la imagen de una empresa o una institución no debe ser un fin en sí mismo, sino el fruto de comunicar unos hechos y una conducta determinada. Esto es, la comunicación debe reflejar la realidad, no ser un simple maquillaje. Debe existir coherencia entre el discurso y los hechos. Porque un liderazgo cimentado en meras apariencias muy probablemente será de corto recorrido.

Partiendo de esa premisa fundamental —comunicar basándonos en hechos—, es obvio que en esa tarea es imprescindible contar con profesionales en la materia, ya sea mediante departamentos integrados en la estructura de la organización, encabezados por un dircom, ya contando con los servicios externos de una consultora de comunicación.

De hecho, las consultoras de comunicación conforman un sector con un importante peso específico en nuestra economía, tanto por su facturación como por el empleo que generan, sin olvidar la relevancia de su papel permeando las empresas españolas con su profesionalidad en el oficio de comunicar.

Porque hay que decir que la comunicación juega un papel nada desdeñable como elemento vertebrador de una cultura empresarial imprescindible en una sociedad regida por la competencia.

Máxime en una sociedad polarizada, incluso fragmentada como la actual, en la que se llegan a cuestionar los grandes pilares sobre los que se han edificado los consensos que han propiciado los años de mayor estabilidad y prosperidad de nuestro país.

En este escenario, la empresa española tiene la oportunidad de convertirse en un núcleo movilizador de nuevos valores humanos, económicos, sociales y culturales.

Y, en esa tarea, la comunicación corporativa se ha convertido en una herramienta de gestión estratégica fundamental para las empresas, para llegar a convertirse en compañías abiertas e innovadoras que funcionen como agentes del cambio social.

Este libro nos permite asomarnos a esta realidad desde un profundo conocimiento de la materia, y me atrevo a decir, sin temor a equivocarme, que su autor es un enamorado de la comunicación en la empresa, de la que posee una sólida experiencia desde distintos enfoques que quedan patentes en estas páginas: desde su visión como profesor universitario hasta su experiencia como periodista fundador de medios de comunicación de primera fila o responsable de comunicación de empresas señeras de nuestro país.

50 años dan para mucho, y muchos han sido los avances en este medio siglo de comunicación corporativa, pero se presentan ante nosotros no ya como compañías, sino como sociedad, nuevos desafíos de dimensiones aún difíciles de calibrar y que nos obligan a permanecer muy atentos.

Estos cambios disruptivos impactan de lleno en el ámbito de la comunicación. Así, la irrupción de la inteligencia artificial, por ejemplo, está originando no pocas incógnitas, dando lugar a un debate y una preocupación generalizada, en relación, entre otros asuntos, a la capacidad del ser humano para distinguir los contenidos generados mediante estas herramientas de última generación.

La dificultad para diferenciar lo real de lo falso —*fake*—, ya no es ciencia ficción. Ni siquiera vamos a poder creer lo que ven nuestros ojos. Y los avances de la IA generativa no han hecho más que empezar y crecen a un ritmo exponencial.

Sin ánimo de predecir lo que nos depara el futuro, sí creo que la comunicación empresarial tiene por delante un largo camino por recorrer. Larga vida.

1

La comunicación como herramienta de gestión empresarial

Las empresas españolas hace décadas que tomaron conciencia de que para sobrevivir tenían que dominar su comunicación. Toda empresa o entidad, tenga o no carácter mercantil, ha de construir su capital imagen exclusivo, ya que este es un valor fundamental de riqueza y de diferencia en el gran «combate» de los mercados, tanto nacionales como internacionales. La comunicación integral, global o como quiera denominarse ha terminado por convertirse en una verdadera revolución cultural que genera en el individuo, como consumidor, una relación con la empresa en donde prima un terminado sistema de valores. Para los profesionales de la comunicación, el cambio ha supuesto, simplemente, un nuevo oficio, cuyos puestos de trabajo no vienen mal a tenor de las cifras de graduados que anualmente salen de las facultades de la «cosa» en España.

Esta introducción, referida a la empresa, es perfectamente válida si la extendiéramos a otro tipo de organismos, entidades, instituciones, asociaciones, partidos políticos, gobiernos incluidos, dado que todos ellos mantienen una relación directa, fluida e interesada con la sociedad y, por lo tanto, requieren de la comunicación en sus distintas vertientes para comunicarse con sus miembros. Hoy, en esta sociedad tan transversal, interrelacionada como digitalizada, ignorar la comunicación como instrumento de gestión no deja de ser una extravagancia.

Recientemente, se ha abierto el expediente número 100.000 en la Facultad de Ciencias de la Información de la Universidad Complutense de

Madrid. En otras palabras, ya son más de cien mil los estudiantes que, desde que comenzaron las clases en 1972, se han matriculado en alguna de las titulaciones de grado o posgrado que la Facultad ha ofrecido a lo largo de su corta historia.

Gracias al devenir de la naturaleza, que como todos sabemos es «sabia», de esos 100.000 matriculados tan solo 52.545 fueron arrojados al mercado de trabajo, a los que hay que añadir los estudiantes que cursaron estudios de posgrado, así como los que cursaron sus estudios en las casi cuarenta universidades públicas y privadas existentes en España.

Sirvan estos párrafos como introducción a un hecho ciertamente relevante que ha ido tomando cuerpo y desarrollándose en nuestro país desde los años cincuenta del siglo XX. Nos referimos a la comunicación empresarial o corporativa en sus distintas modalidades, sobre la cual y como entremés de este libro trataremos de desarrollar ligeras reflexiones y posicionamientos livianos sobre ciertos aspectos de lo que desde hace cincuenta años merece la consideración de «ciencia».

A lo largo de estas páginas, trataremos de abordar asuntos relacionados con la comunicación empresarial o institucional, algo que —repetimos— es perfectamente extrapolable al ámbito de otras instituciones u organismos, ya sean públicos o privados, individuales o colectivos, dejando claro que nadie en una sociedad avanzada puede quedarse al margen salvo que se considere un marginado del entramado social al que pertenece con todas las consecuencias que ello comporta. Y en ese universo no solo entran empresas y consumidores, sino gobiernos, partidos políticos, instituciones religiosas, deportivas o entidades de ámbito cultural por citar solo un reducido número de organismos involucrados en este mundo de la comunicación, adjetivando el término como mejor nos parezca.

Si tuviéramos que remontarnos a los orígenes de la comunicación institucional-corporativa-empresarial en España, aunque con un trasfondo político indudable, no tendríamos más remedio que fijar nuestra atención, básicamente, en los planes de desarrollo que vieron la luz en los primeros años de la segunda mitad del pasado siglo. Hablamos del Plan de Estabilización de 1959, y la consiguiente Ley de Ordenación Económica que permitieron la puesta en marcha de los conocidos planes de desarrollo elaborados y dirigidos por los llamados tecnócratas del Opus Dei, grupo de políticos que actuaba como una de las familias del franquismo con mayor control sobre el área económica, y entre los que sobresalían López Rodó o López Bravo como imágenes de la pujanza económica del franquismo. Aunque no todos los señalados como tales eran opusdeístas, había que «vender» polos de desarrollo, sector del automóvil y químico o los logros conseguidos por el Instituto Nacional de Industria (INI), y para ello se necesitaban profesionales de la comunicación o de la propaganda para glosar los éxitos de «los lópeces». Poco más o menos, como ahora.

Sin embargo, desde entonces hasta ahora, el mundo de la comunicación ha cambiado radicalmente en su forma y en su fondo y su amplio y heterogéneo universo ha impuesto con fuerza la especialización. Ha pasado al baúl de la historia la creencia de que la comunicación se circunscribe a parcelas limitadas al carácter comercial de las empresas. Hoy, las conocidas como TIC (Tecnologías de la Información y la Comunicación) han inundado hasta el último rincón de la sociedad y tanto la digitalización de esta como la IA, que está llegando, anuncian profundos cambios en los comportamientos de quienes forman parte de ese entramado social.

Lo recojan o no las numerosas facultades de Ciencias de la Información o de la Comunicación, en sus distintas ramas de Publicidad y Relaciones Públicas, Periodismo y Comunicación Audiovisual, hoy han dejado de valer las grandes teorías de la comunicación o, de seguir valiendo, se imponen, con más intensidad, los conocimientos superadores de los grandes conceptos genéricos. Se hace necesario apuntar que, de la misma manera que las especialidades y las tecnologías se aplican profusamente en el mundo de hoy, el fenómeno comunicacional y su diversidad de técnicas, demandan profesionales cualificados para cada una de sus áreas de influencia y ello solo se consigue mediante una formación adecuada a cada una de las necesidades. El mundo de la empresa y sus relaciones con su entorno es de una complejidad reseñable y su influencia supera el mero ámbito de esta, llegando a estadios y segmentos de la sociedad que hacen aconsejable unos niveles de preparación y formación específicos, condiciones que no son fáciles de crear.

Con sus ventajas y condicionantes, lo cierto es que el mundo de la comunicación corporativa en España ha experimentado un crecimiento extraordinario en las últimas décadas en aquellas empresas, organismos, corporaciones, sectores o instituciones, públicas o privadas, susceptibles de necesitar de sus prácticas y soluciones, respaldando la idea de que la comunicación se implanta en una sociedad en la que ya no es suficiente ofrecer productos o servicios, sino que importan otros aspectos como la imagen y la necesidad de transmitir al público una filosofía, una reputación y una cultura.

Aunque en EE.UU. y en algunos países de nuestro entorno este fenómeno se vivió con bastante antelación, en España su consolidación llega con la democracia y el florecimiento de los medios de comunicación, con especial referencia a la prensa económica. Una vez más se demuestra que la libertad no es solo un concepto, sino un valor intrínseco a la condición humana.

Desde entonces hasta hoy, el papel de la comunicación y la de los profesionales que conforman ese universo ha sufrido profundos cambios que han afectado no solo a su incardinación dentro de las estructuras corporativas, sino también a su denominación y sus funciones.

La Transición no solo es un concepto que trasformó la realidad política y social de España como consecuencia del tránsito pacífico y consensuado que se efectuó desde una dictadura a un sistema de libertades, sino también supuso un cambio en los modelos de comunicación debido a la multiplicación de los medios de comunicación y de las fuentes de información. Todos, desde partidos políticos hasta el último grupo social, sienten la necesidad de contactar con sus públicos y ello se ve facilitado por la aparición de medios de comunicación en sus diferentes soportes y la desaparición de la censura.

A partir de ese momento, se produce un encadenamiento de cambios que nos conduce a la situación actual y que ha sido pareja a la evolución de la sociedad española. Y el sector ha pasado de unos orígenes dubitativos y de orden menor en el seno de las organizaciones a una situación pujante en donde la función y el órgano cobran carta de naturaleza en las distintas estructuras donde operan y profesionales y consultoras especializadas en las diferentes ramas del mundo de la comunicación parecen no tener límites en sus actividades.

Llegados a este punto y de forma tangencial, no puede parecer inoportuno apuntar una cuestión relacionada con la semántica o connotaciones que, de forma encubierta, subyace en este mundo de la Comunicación/Relaciones Públicas/Publicidad que, en ocasiones, se solapan, se confunden y generan algo más que roces en el seno de las corporaciones, como consecuencia de una ficticia o real lucha de poder entre los colectivos que forman parte de cada uno de ellos. El asunto puede parecer menor, pero tiene su importancia a la hora de evaluar el éxito de las políticas.

Con independencia de que la cuestión se desarrolle con algo más de profundidad a lo largo de estas páginas, los libros de texto señalan que «en el principio de los tiempos» fue la publicidad la actividad que servía para un roto o para un descosido, ya que lo mismo sus responsables creaban anuncios comerciales que organizaban una rueda de prensa, a la que asistían, básicamente, los jefes de publicidad de los medios, ávidos de alguna inserción publicitaria.

Especial mención merecen los conocidos como los «sobrecogedores», que, sin ser una práctica generalizada, lo mismo se hacían presentes en los cosos taurinos, en donde recibían de mano del apoderado de turno o del propio diestro el correspondiente envoltorio con billetes de curso legal del Banco de España como pago de su futura crítica favorable, que se personaban por las juntas generales de las empresas para hacerse con la publicidad del citado evento corporativo y posiblemente con algo más.

La práctica, bendecida por los respectivos medios y sus correspondientes departamentos de publicidad, también se extendió a algún que otro crítico teatral a la hora de poner la mano como paso previo a escribir y publicar sus artículos sobre los estrenos teatrales.

Eran otros tiempos, felizmente superados, aunque no olvidados, pero que nos permite comprobar como la diversificación ya existía entonces, dado que los visitadores a los cosos taurinos no coincidían con los colegas que pasaban por ventanilla en las juntas generales o por las salas teatrales.

La pequeña historia, anecdótica si se quiere, no puede ser razón para ignorar que la publicidad ha jugado y juega un preminente papel en la comunicación comercial de la empresa a la hora trasladar mensajes a clientes y posibles clientes con el fin de vender un producto o un servicio. Incluso se ha demostrado eficaz para captar votos o mejorar la reputación. Al fin y al cabo, la imagen no se puede resumir en cómo se ve uno mismo, sino en cómo te ven los demás.

Aunque como disciplina científica haya tenido un desarrollo posterior a su actividad profesional, ya que antes se ejerció la profesión y después vino la formulación de teorías, las relaciones públicas son una especie de *tótum revolútum* que ha pugnado en España por hacerse con un reconocimiento por parte de la alta dirección de empresas y organizaciones para que su papel sea reconocido como *primus interpares*, frente a sus teóricos competidores como puedan ser la publicidad comercial o institucional y la comunicación corporativa.

De su papel —más bien pasado que presente— en el seno de la empresa, se ocupan sus teóricos «hagiógrafos» al convenir que las relaciones públicas tienen como objetivo dirigir mensajes a distintos grupos de interés con la finalidad de influir en las opiniones o decisiones de dichos grupos o, lo que es lo mismo, la plasmación de un esfuerzo intencional de la empresa para comunicarse con sus grupos externos de interés.

Pese a ese esfuerzo corporativo, la opinión pública y la opinión publicada no siempre lo tienen claro y son demasiados los que emparejan las relaciones públicas (RR.PP.) con las azafatas de congresos, los actos públicos y eventos sociales y un sinfín de actuaciones que en demasiadas ocasiones se pueden «aprender» *online* por CCC, reconocido centro de formación profesional. ¡Y con título incluido!

Todavía se recuerda, con cierta sorna, cómo llega un momento en que los profesionales de las relaciones públicas —terminología de origen anglosajón cuyo modelo era el que se quería implantar en España sin conseguirlo— se denominaban también al que mandaba un ramo de flores a la esposa del entonces Jefe del Estado el 16 de julio, porque se llamaba Carmen; al animador de las barras de las discotecas e incluso a quien manejaba el coro de señoritas que atendían a los asistentes a un congreso de odontólogos o cualquier otra profesión.

No le hizo bien esa confusión terminológica a una actividad que, en países como Estados Unidos, en donde se inventó el término, las RR.PP. gozan de prestigio y consideración.

Ahí queda para el debate el no resuelto problema de orden semántico que divide la actividad y en donde conceptos que se esconden tras dos simples letras, el *Public Relation* (PR) de EE.UU. y del mundo anglosajón con las Relaciones Públicas hispanas (RR.PP.), que acoge actividades y conceptos escasamente definidos y que alguien ha creído resolver repitiendo los signos del alfabeto al modo americano: RR.PP., lo que confiere al plural una mayor carga que no consigue neutralizar la levedad del término.

El hecho de que la universidad española mantenga la denominación conjunta de Publicidad y Relaciones Públicas, pese a que desde hace años las normativas nacionales han abierto la puerta a la diversificación de la oferta en sustitución del rígido catálogo de títulos que existía con anterioridad, es una muestra más del escaso interés que existe por clarificar conceptos, materias y objetivos, algo bastante común en la Agencia Nacional de Evaluación de la Calidad y Acreditación (ANECA), órgano universitario indolente a la hora de poner su reloj en hora en la referente a ciertas titulaciones.

Por eso, la última y más reciente aparición en el mundo de la empresa en este amplio escenario ha sido el concepto de la comunicación, así en general, disciplina relativamente joven si se la compara con otras, por lo que podemos afirmar que está en plena evolución con la mejora de formación de los profesionales, los canales y las estrategias. Una evolución, por cierto, ligada, a su vez, al desarrollo de las organizaciones.

Así se expresa el presidente de la Asociación de Directivos de Comunicación (DIRCOM), López Quesada, quien pone de relieve cómo con la llegada de la Democracia había que empezar a comunicarse con la sociedad, y por ello los partidos políticos, los ministerios, las instituciones y, por supuesto, las empresas privadas comenzaron a contratar periodistas para hablar a periodistas en su mismo lenguaje. «Lo que ha sucedido es que la sociedad se ha ido complejizando y se ha empezado a ver que la opinión pública en general no era el único público que interesaba, sino que también lo hacían los públicos internos, y eso ha generado un auge de la comunicación interna; interesaban también los reguladores, y eso ha dado un gran impulso los asuntos públicos y a la comunicación institucional; nos han interesado también la marca, cada vez más la sostenibilidad...».

Todos esos ámbitos «han encontrado en el dircom un profesional que, en primer lugar, tiene una visión muy transversal, lo que le permite pensar de una manera omnicomprensiva; y, en segundo lugar, un profesional cada vez más formado. Desde un ámbito inicialmente limitado al periodismo, hoy vemos que la profesión de dircom no está limitada a los periodistas, aunque sigue siendo fundamental que cualquier responsable de comunicación entienda la labor y el quehacer de los medios porque tiene que ser su interlocutor muy habitualmente. Pero no es lo único: de manera creciente hemos de tener conocimientos del ámbito regulatorio, de sostenibilidad, de buen gobierno, de los temas vinculados a *Enviromental, Social and Governance* (*ESG*) y, desde luego, se ha de llevar a cabo una escucha social que nos permita identificar tendencias que tienen que ver con geopolítica, cambios sociales... Y todo eso salpicado con un conocimiento y uso de la digitalización, un aliado fundamental de nuestro trabajo».

Y para concluir, la guinda. No es que hayamos hecho mayores a los jefes de prensa y ahora sean dircoms, sino que lo que empezó siendo una necesidad fundamental por la que se buscaron esos roles, tenía que ver con la interlocución con los medios, lo que se ha transformado en una interlocución con muchas más audiencias y, efectivamente, con un mayor nivel de integración en la estrategia empresarial. Ya no se piensa tan solo en «esta es la decisión que tomo y ahora va usted y la cuenta», que era el modelo inicial de la función, sino que ahora es más bien «estas son las decisiones que podríamos tomar, cuáles son mejores y cuales peores», teniendo en cuenta los factores relacionados con la reputación.

Sea como sea, y resulte como resulte, el dibujo en el organigrama de la empresa u organismo del que se trate, lo cierto es que una empresa u organismo equivalente es un ente social que se organiza, funciona y da resultados a través de la comunicación. A este fenómeno, la «ciencia» lo denomina comunicación corporativa, tomando en consideración como idea fuerza el hecho de que una empresa o institución es una organización que constantemente está comunicando, lo haga de forma intencional o no. No existe la «no comunicación», pues incluso cuando la empresa no emite mensaje alguno ya está comunicando algo, aunque esta sea comunicación negativa y vaya en contra de los intereses de la organización.

De ahí que, como señalan los que dicen entender de estas cuestiones, sea absolutamente imperativo que una empresa gestione su comunicación, haciendo un esfuerzo por alinear los distintos mensajes con sus objetivos estratégicos pues, de lo contrario, se corre el riesgo de emitir mensajes contradictorios que generen una imagen confusa de la empresa en los distintos grupos objetivos a los que se dirige.

Aparcado queda el asunto del equilibrio de fuerzas, a la espera de que se resuelva el conflicto de intereses en el que están involucrados defensores de la publicidad, de las relaciones públicas, del marketing, de los recursos humanos, de la comunicación corporativa o integral, del protocolo... El tiempo determinará hacia donde se inclina definitivamente la balanza.

De las muchas definiciones que se pueden haber leído o escuchado sobre la comunicación en la empresa u organización equivalente, la más sencilla —por lo esclarecedora que resulta— es aquella que habla de un intercambio de informaciones entre individuos o grupos de individuos que configuran una relación recíproca, significativa y libremente consentida. En definitiva, la comunicación consiste en que alguien diga algo a alguien a través de un canal y con algún resultado, por muy intangible que sea este resultado; por ello, se convierte en una actividad compleja, dinámica y continuada en la misma medida en que son complejos y dinámicos los tres principales agentes de la comunicación: los individuos receptores y emisores, los medios o soportes y los mensajes.

No es el momento de abordar o analizar las múltiples y variadas teorías que sobre la comunicación han ido desarrollándose en el mundo a lo largo de la segunda mitad del siglo XX, aunque sí de la creciente importancia, para bien o para mal, que este concepto y su desarrollo han tenido en las sociedades modernas.

Todo ello, sin embargo, no es excusa para dejar al margen conceptos tales como los que ponen de manifiesto aspectos de vital importancia para la comunicación y que hay que tener bien presentes a la hora de alcanzar la excelencia. Nos referimos a la semiótica —o semiología— y a la semántica, dos ciencias determinantes para la comunicación a las cuales no conviene dejar de lado. La primera, por ser el estudio de la vida de los símbolos que nos permite aprender, comprender y actuar sobre los contenidos y resultados de nuestras comunicaciones. La segunda, en la medida en que nos permite analizar y comprender el sentido de un lenguaje, nos da la significación de un sistema lingüístico a través del estudio de su estructura y de sus procedimientos de relación.

Si tuviéramos que buscar a lo largo de la historia situaciones que supusieran, por sí solas, un tratado de la comunicación y de todo lo que a ella concierne, bastaría con remontarnos a 1989-1990, años que fueron testigos de un hecho tan histórico como inconcebible solo unos años antes, pero que tuvieron una especial relevancia en el rumbo seguido por buena parte de los habitantes de este planeta.

Como si de fichas de dominó se tratara, la totalidad de los países europeos con regímenes marxistas se vinieron abajo en el corto plazo de unos meses, y se empezó a construir, sobre sus cascotes, un nuevo sistema político, económico y social basado en la libertad y en el imperio del hombre sobre las estructuras. ¿Qué ocurrió en estos países para que una de las ideologías más dominantes y pétreas de la historia de la humanidad se deshiciera como un terrón de azúcar en una taza de café caliente?

¿Qué diferencia podía existir entre un ciudadano soviético que pasaba hambre en 1940 y el que seguía sin cubrir sus necesidades mínimas a finales del siglo XX? ¿Qué fenómeno pudo influir en la sociedad albanesa o rumana para sumarse a la política de cambios emprendida en los países del hasta entonces llamado telón de acero? ¿Qué arma secreta utilizó el presidente Gorbachov, a nivel interno y externo, para captar voluntades y coronar con éxito una labor que se antojaba quimérica? Nunca la teoría de la aldea global pudo haber resultado más veraz y coherente como lo fue, en el caso que nos ocupa, y negar a la comunicación un papel preponderante y fundamental en este fenómeno histórico, sería realizar un diagnóstico parcial y escasamente científico.

La aparición de nuevas tecnologías de la comunicación, la utilización de estas con la simple limpieza que los medios otorgan, fue más que suficiente como para modificar todos los parámetros y protocolos, incluso en sociedades con estrictos sistemas de censura y extraordinariamente cerradas al exterior, conscientes sus gobernantes del peligro de contaminación que suponían unas imágenes de televisión, unas páginas de periódico o la simple presencia de un turista occidental. No fue, sin duda, una labor corta en el tiempo; no parece que fuera posible mediante la burda manipulación de los contenidos al más rancio estilo de la propaganda de las autocracias. Fue el triunfo de la transparencia, el triunfo de la comunicación de una información que estaba ahí, en el mundo occidental.

Las sociedades comunican. Los países comunican. Los hombres comunican. Las empresas comunican. Tanto si lo quieren como si no. David Bernstein apunta que «la reticencia deliberada ya es, en sí misma, un mensaje. Tal vez el público la interprete como aplomo imperturbable o se diga: esos deben tener algo que ocultar. Y quizá ninguna de esas interpretaciones sea acertada, lo cual no las hace menos válidas. Y, si nosotros existimos en el mundo y necesitamos hacer negocio para progresar y prosperar, las impresiones que causemos serán importantes. Si ellos las descifran mal, el error no será suyo sino nuestro. La comunicación es responsabilidad del comunicante. Las interpretaciones erróneas son imputables al transmisor, no al receptor».

Gorbachov, y quienes le apoyaron, fueron conscientes de ello y aprendieron los últimos resortes de las técnicas de la comunicación y la *glasnost* (transparencia) no fue una estrategia improvisada, sino el resultado de una bien estudiada forma de contar con el apoyo popular dentro y fuera de la URSS, además de conseguir el liderazgo que le permitiera realizar los cambios que se considerasen necesarios.

Sería demasiado infantil apuntar en el haber de la comunicación el éxito que supuso la caída del Telón de Acero y del Muro de Berlín, de la misma manera que resultan poco consistentes las teorías que ignoran el papel que jugó todo ese conglomerado que se aglutinaba bajo el paraguas de la comunicación.

A sensu contrario, resultaría igualmente ingenuo ignorar los esfuerzos del gobierno de Putin al provocar el apagón informativo y el aumento de la propaganda en todo el territorio ruso sobre el desarrollo de la guerra con Ucrania, como fórmula eficaz para mantener a la sociedad en un limbo informativo que le facilita la continuidad de las acciones bélicas con independencia del coste de las mismas.

Las tendencias, las voluntades, las ideologías, casi todo puede modificarse utilizando la comunicación —y en algunos casos la propaganda—, entendiendo esta de forma global y como una palanca de primer orden en todo campo de actuación en el que el individuo es la principal razón de ser. No en vano, la ingeniería social encuentra en la comunicación uno de sus fundamentos.

Las sociedades avanzadas viven inmersas en un mundo en el que la comunicación, trufada de tecnología, manda, hace consumir, crea líderes, los quita, modifica pautas de comportamiento, masifica voluntades... Y ello, posiblemente, sea malo, pero es lo que tenemos. Es el poder de la comunicación.

Todo ello nos lleva a dos premisas básicas que nadie que habite en una sociedad desarrollada debería dejar al margen, las cuales que son válidas para todos los órdenes de la vida, pública o privada, si es que esta última todavía existe: si la imagen es falsa y nuestra actuación buena, habremos cometido el error de ser malos comunicantes; si la imagen es veraz y refleja nuestra mala actuación, habremos cometido el error de ser malos gestores.

Vivimos en un mundo brillante pero efímero, puesto que, el individuo consume las imágenes y las noticias cada vez con más intensidad y rapidez. Todo se vuelve más acelerado y más perecedero.

La internacionalización, o la globalización, de la economía ha llevado aparejada en España una renovación empresarial de calado tanto a nivel cultural como estratégico, renovación que otros países de nuestro entorno político y económico emprendieron con bastante anterioridad.

En España, la plena incorporación de su economía a la Unión Europa obligó a empresas y organizaciones de todo tipo a afrontar un reto: la acomodación de sus estructuras con objeto de competir con una identidad propia en un mercado exigente y cada vez menos proclive a la rutina y a la mediocridad en la producción de bienes y prestación de servicios.

Las principales debilidades de la empresa española no se centraban tanto en el retraso tecnológico respecto a las de otros países —que también—, como en la ausencia de una verdadera cultura de empresa que la permitiera situarse en el mercado en igualdad de condiciones que la competencia; o lo que es lo mismo, en la falta de una personalidad propia definida por el empresario y compartida por los que con él trabajan. La carencia, muy generalizada, de ese valor intrínseco proyecta de forma inevitable una imagen interna y externa de debilidad e indefinición, la cual puede resultar peligrosa ante la competencia. Algunos quisieron ver en ello un paraguas bajo el que se acogió la conocida como Marca España.

La referida cultura de la empresa, la identidad corporativa, la calidad institucional, son elementos que determinan la imagen pública de un proyecto empresarial y pasan, ineludiblemente, por una política de comunicación que permita la consecución de los objetivos proyectados y que soslaye las amenazas de la desmotivación y la falta de integración y participación de los colectivos laborales implicados.

La tendencia del empresario a considerar que la imagen externa de su empresa pasa casi exclusivamente por la publicidad o su presencia en los medios de comunicación, por muy importante que sean cualquiera de estas dos acciones, es tan ingenua como irreal. Muy al contrario, como apunta Joan Costa, comunicólogo, diseñador, investigador y metodólogo español, la imagen se configura en la memoria colectiva por una serie de realidades que la empresa transmite y que tienen una fuerte significación social.

Por otra parte, ocioso es decir que no hay posibilidad de alcanzar una fluida comunicación externa si no existen vías de comunicación internas bien definidas, dentro de la propia empresa, y que abarquen a todos sus estamentos. Hay que tener en cuenta que todos y cada uno de los individuos que forman parte de la empresa son elementos de primer orden para lograr, no únicamente una imagen positiva ante una sociedad que no admite mediocridades a largo plazo, sino para convertir a la empresa en una institución enriquecedora para el individuo, ya actúe este en ella o consuma lo que en ella se produce. Lograr que todos ellos actúen como agentes activos es una tarea fundamental para conseguir los objetivos empresariales. Y esta reflexión vale tanto para alcanzar el éxito en una salida a Bolsa como para cerrar con nota una operación de M&A.

En otro orden de cosas, la complejidad de la vida de la empresa moderna se incrementa día a día como consecuencia de la aparición en su entorno de interlocutores cada vez más exigentes: sindicatos poderosos de medios, estados intervencionistas, grupos de consumidores que reclaman sus derechos, una opinión pública razonablemente informada y, simultáneamente, desafíos de competencia económica que adquieren una dimensión sin precedentes.

Tratar de introducir, en estas condiciones, cualquier desarrollo estratégico en el seno de la empresa se ha demostrado como una tarea estéril en la mayoría de los casos, sobre todo cuando se ha intentado marginar el factor humano, único elemento que permite desarrollar el concepto de cohesión y creatividad necesario para la empresa moderna, instalada en un marco de creciente competitividad. La implantación de nuevas estrategias empresariales choca, inevitablemente, con infinidad de factores, cuyos protagonistas son los individuos que forman parte de la empresa y que, como agentes activos de esta, adoptan posiciones de pasividad o resistencia al cambio al no sentirse plenamente integrados o partícipes en el origen y desarrollo de este.

Frente a todo ello, las soluciones aparecen claramente definidas, aunque su consecución pasa por una total y absoluta disposición del empresario a definir e implantar una política de comunicación en dos esferas claras, la interna y la externa.

Definir y desarrollar una identidad propia, conquistar la calidad, renovar la cultura empresarial, motivar e integrar los recursos humanos, mejorar la productividad, asegurar la rentabilidad, incrementar la competitividad y controlar y fidelizar los mercados... todos estos son algunos de los grandes retos que presidirán la empresa del futuro, y cabe decir que las respuestas a tal cúmulo de objetivos no pasan, necesaria y exclusivamente, por la implantación y desarrollo de prácticas de gestión tradicionales, aunque estas sigan siendo fundamentales, sino por la introducción de metodologías que permitan al empresario gestionar ese cambio.

En el plano interno, las posibilidades tecnológicas, cada vez más usuales, han abierto un campo a tener en cuenta a la hora de gestionar las actividades de comunicación interna, consiguiendo una mayor eficacia en la comunicación entre empleado y la organización. En este sentido, se suele insistir en la idea de que las nuevas tecnologías de la comunicación están aportando una mayor segmentación de los públicos, creando flujos comunicativos más eficaces, puesto que los mensajes se realizan pensando en el receptor. He aquí algo determinante si se tiene en cuenta que los roles de los receptores inciden en la forma de exposición a la comunicación, pues aportan un componente psicológico que afecta a la estrategia del emisor.

De todos los elementos manejados hasta ahora, ninguno de ellos le es ajeno a la comunicación, entendida esta en su sentido más amplio y generoso y, sobre todo, como una herramienta de gestión de la empresa moderna.

Si comunicar es hacer en común, y la razón de ser de una empresa es la de producir o dar servicio utilizando sus recursos y sus sinergias en una misma dirección, tendremos que convenir en el hecho de que la comunicación se convierte, cada día con más fuerza, en la columna vertebral de la empresa.

Una empresa es un organismo vivo inmerso en una sociedad y a la que nada, interno o externo, le es ajeno. Como ser vivo que es, en un mundo cada vez más interactivo, está sujeta al fenómeno más ancestral y primario de los organismos vivos: la necesidad de comunicarse.

Imaginemos una empresa en la sociedad actual y tratemos de elaborar una lista exhaustiva de sus interlocutores, de los *targets* de la comunicación, de aquellos individuos o grupos de individuos con quienes necesita obligatoriamente comunicarse para mantener su actividad.

La lista puede hacerse interminable, según sea su grado de divisiones. Una relación simple nos indica la dimensión de interesados: empleados y posibles empleados, accionistas y probables accionistas, comunidad financiera, comunidad bursátil, inversores institucionales, líderes de opinión, medios de comunicación, organismos oficiales, legisladores, clientes, proveedores, competencia, comerciantes/vendedores, mercado, sociedad en general, sindicatos...

Con todos y cada uno de ellos, la empresa que viva esta realidad tiene la necesidad perentoria de comunicarse, ya sea emitiendo mensajes o bien recibiendo información. Todos los elementos apuntados tienen un motivo, una razón para ser informados y ser objeto de la comunicación empresarial y, lo que es más importante, algo que decir en el futuro de una empresa en concreto o de un sector determinado.

A ninguno de ellos, la empresa le puede considerar un elemento ajeno a su actividad, y todos y cada uno de ellos requieren mecanismos y sistemas diferenciados de comunicación, ya que no es lo mismo dirigirse a unos accionistas que a unos sindicatos o a unos inversores de carácter institucional.

A la hora de escribir este sucinto y breve análisis, la sociedad española se enfrenta a un problema con fuertes repercusiones a distintos niveles. Me refiero a la descomunal subida de precios de la alimentación, y entre todos los ítems que conforman este sector, merece la pena detenerse en uno en especial por su significación cultural: el aceite de oliva.

El consumidor asiste perplejo a una subida del precio sin precedentes, sin que reciba por parte de los distintos protagonistas del proceso explicaciones convincentes, sino más bien inconexas, según de donde procedan tales explicaciones, y esto está llevando al consumidor a un nivel de perplejidad preocupante que no parece importar a ninguno de los agentes que intervienen en el proceso, pero que tiene o puede tener repercusiones indeseables. Que si la guerra de Ucrania, que si la sequía, que si los costes, que si los márgenes, que si la cadena alimentaria, que si la desidia gubernamental, que si los movimientos especulativos, que si el convenio sec torial, etc. Hasta la COVID-19 tiene su cuota de protagonismo. He aquí un claro ejemplo, no solo de descoordinación en materia de comunicación, sino de falta de sensibilidad por parte de los muchos protagonistas del proceso en algo de tanta importancia para un país como es la cesta de la compra. El consumidor, que también es elector, toma nota y sigue sin explicarse la razón de un incremento de más de un 200% en el precio de tan preciado alimento sin que nadie se digne a darle una explicación razonable y razonada.

Llegados a este punto, no nos cansaremos de llamar la atención sobre lo que hoy no deja de ser un error importante en la gestión empresarial: la parcelación de actuaciones en materia de comunicación o lo que es lo mismo: no dar un tratamiento unitario, global o integral a un fenómeno de enorme influencia interna y externa en el mundo de la empresa. Nada de lo que le preocupe al mercado le puede ser ajeno al trabajador y viceversa, y ningún cambio interno puede obviar las influencias que de todo tipo se producen en los equipos profesionales de la empresa.

¿Nos podemos imaginar el efecto negativo de una atractiva y potente campaña de publicidad dirigida a los clientes de una compañía aérea sobre las bondades de sus servicios y líneas, apoyada por toda una serie de acciones de mejora de la imagen en otros campos, si con posterioridad la atención y la calidad de sus empleados no se corresponde con los mensajes utilizados en otras actuaciones? La reacción del pasajero y de los críticos habituales será altamente negativa, y la responsabilidad de la empresa al no adecuar los comportamientos de sus empleados a los compromisos adquiridos públicamente se hará más que patente.

Como toda herramienta de gestión, la comunicación integral en la empresa requiere, de forma clara y determinante, definir una serie de fases y una batería de medidas que deben instrumentarse con una única condición previa: mantener un alto nivel de coherencia con objeto de alcanzar los objetivos propuestos. Entre ellas, el conocer las necesidades, el definir objetivos y mensajes y el elegir los medios serían las más relevantes.

Con independencia de seleccionar los medios o soportes, una política de comunicación (siempre integral) no solo se deberá contar con una estructura que se ajuste a las necesidades de la empresa, organismo o institución, sino que esta se incardine y dependa de lo que se conoce como alta dirección con objeto de que no sea ni cortocircuitada ni ignorada por el resto de las áreas de la organización, siempre renuente —cuando no claramente opuesta— a cualquier cambio que suponga variar sus esquemas profesionales o ventajas de estatus. Por ello, la insistencia de que la comunicación forme parte de los comités de dirección y no se limite a ser el brazo armado de esta, al estar más que demostrado que el grado de eficacia de esta última opción es sensiblemente inferior al primero.

Una empresa, como ya se ha apuntado anteriormente con reiteración, comunica tanto si quiere como si no, siendo numerosos los mecanismos, medios o soportes a través de los cuales la empresa comunica sus mensajes, directa o subliminalmente, y no es cuestión de despreciarlos o dejarlos al margen a la hora de emprender un proceso de comunicación que debería, en muchos casos, ir aparejado al nacimiento de la propia empresa.

Los procesos habituales, utilizados hasta bien recientemente en materia de comunicación, están siendo sometidos a una profunda y continuada revisión como consecuencia única y exclusivamente de ganarse al receptor que, al fin y a la postre, debe ser el objetivo prioritario de cualquier proceso comunicacional. La saturación de medios y soportes en materia de comunicación, en sus diferentes estadios, obliga permanentemente a la búsqueda de nuevos mecanismos que permitan llegar al gran público con el máximo grado de eficacia, porque de lo que se trata en comunicación es precisamente de eso: transmitir eficazmente mensajes, información.

La mayoría de los teóricos en la materia convienen en señalar que toda empresa tiene o debe tener claramente definidos los niveles de comunicación que requieren ser interrelacionados en un moderno sistema de gestión empresarial. Estos niveles configuran cuatro modos de expresión en la empresa, como pueden ser la comunicación de la identidad corporativa como expresión de códigos permanentes de existencia y de identificación; la comunicación institucional como expresión de los valores culturales y de la misión de la empresa; la comunicación de marca como expresión sociocultural y, por último, la comunicación del producto como expresión de la realidad física.

De estos niveles o modos de expresión, se desprenden toda una serie de formas o estilos de comunicación mediante los cuales se trata de hacer llegar la información específica a los receptores o destinatarios, compartimentados, tal y como se señalaba anteriormente. Así pues, una empresa puede y debe contemplar una comunicación interna que tenga como receptores a su personal, sindicatos, dirección, accionistas, filiales, etcétera; una comunicación profesional para distribuidores o profesionales del sector; una comunicación de negocios para empresas que son clientes; una comunicación con el gran público que atienda a los consumidores; y así hasta donde lo demanden las necesidades empresariales (comunicación financiera, comunicación política, comunicación social, comunicación de opinión pública, etcétera).

Pero todo ello no dejaría de ser un mero enunciado científico o un *wishful thinking*, si detrás de todos y cada uno de los planteamientos expuestos no existiera una estrategia, un diagnóstico, unos objetivos, unos planes de acción y un nuevo tipo de profesionales con una formación específica en un mundo tan atrayente como complejo: la comunicación.

Y, aun así, todos los esfuerzos resultarían baldíos si no se desarrollara un nuevo producto que es la esencia misma de la comunicación en sus distintas vertientes: la creatividad.

No es la comunicación un mundo proclive al adocenamiento y a la estandarización. Muy al contrario, en la comunicación integral la creatividad interviene de forma permanente en la búsqueda y aporte de soluciones nuevas, originales, potentes y discriminantes frente a la competencia.

La actual importancia de la comunicación lleva a Costa a afirmar que «la comunicación es hoy más fuerte que la acción, porque el cómo se comunica la empresa es infinitamente más importante incluso que lo que hace y cómo lo hace». O sea, el «hacerlo saber» es casi tan importante como el «hacerlo bien».

Resulta alarmante que aún hoy la creatividad se quiera limitar a ciertas parcelas, cuando de hecho la realidad es que esta es el valor central y estructurador de una comunicación global y corporativa que se precie de serlo y en la que esta debe permitir la permanente ruptura del orden establecido, la puesta en duda continua y la búsqueda de nuevos códigos de comunicación. En definitiva, la creatividad constituye el verdadero producto de la comunicación integral, tanto en su vertiente de contenidos como en el de continentes.

El fin último de la comunicación, con lo que de intercambio de informaciones supone, no es otro que el formar o transformar los comportamientos del receptor, y todo ello provoca que la comunicación, tanto en su vertiente interna como externa, se presente como el gran reto empresarial en la medida en que el empresario busque una situación cada vez más estable en un mercado cada vez más amplio y competitivo. La bi-direccionalidad se presenta aquí como una ecuación de obligada resolución sin la cual la comunicación no lograría completar el ciclo virtuoso para la que está convocada. El mundo anglosajón prefiere utilizar un término comúnmente aceptado. Digamos que hablamos del *feedback*.

Hoy por hoy, no deja de ser un lujo ignorar a los individuos en el marco de unas relaciones laborales, tal y como se entienden estas en una sociedad evolucionada. Los hombres, en su vertiente laboral y profesional, son el principal activo y el elemento diferenciador de una empresa frente a la competencia y al mercado por el valor añadido que pueden ofrecer en su labor cotidiana.

En 1959, el psicólogo Abraham Maslow creó una jerarquía de necesidades que sirve para explicar cómo se suelen clasificar las necesidades humanas básicas.

En el nivel más bajo, el hombre atiende a sus necesidades fisiológicas asociadas con nuestra propia supervivencia, tales como el agua, los alimentos o el cobijo.

El siguiente grupo de necesidades nace de vivir en un entorno concreto y giran alrededor de sentirse seguros y libres de amenazas.

En un tercer escalón, se sitúa la necesidad de sentirse aceptado por los demás, es decir, las necesidades de afecto y amor.

En el nivel siguiente de necesidad, nos preocupamos de la forma en que nos ven los demás y la forma en que nosotros mismos nos vemos.

Por último, en el nivel más alto de necesidad se sitúa la realización del individuo, el encontrarnos satisfechos con lo que hacemos y sentir que estamos materializando todo nuestro potencial, trátese de lo que se trate.

Estas necesidades, lógicamente, están organizadas de forma jerárquica y piramidal, puesto que solo podemos pasar a un nivel más elevado cuando se han satisfecho las necesidades del nivel precedente. Por ello, a la hora de comunicar es necesario motivar a los receptores con objeto de que escuchen su mensaje. Captar la atención por medio de la motivación, o sirviéndose de la necesidad que el individuo tenga que satisfacer, es un método mucho más práctico que tratar de conseguir la cooperación ajena por recursos tales como la amenaza, la coerción o el simple exhorto a actuar (el conocido método tayloriano). El éxito siempre dependerá de poder averiguar cuáles son las necesidades de un determinado individuo y hallar la forma de llamar su atención hacia su eventual satisfacción.

Superados los esquemas retributivos clásicos y cubiertas las necesidades de primer orden, el trabajador busca algo más en su centro de trabajo de lo que hace pocas décadas buscaba, y esto lo consigue por las vías de la integración, la motivación y la participación en la toma de decisiones y en el desarrollo de su labor creativa.

De ahí la creciente importancia que adquieren los estudios y *rankings* sobre las mejores empresas para trabajar en el mundo y que más motivan a sus empleados. Todos los que nos consideramos empleados estaremos de acuerdo en que hacen falta una serie de factores clave que nos motivan más para trabajar en una empresa u otra. Se puede pensar, por ejemplo, en una alta remuneración, flexibilidad para conciliar la vida laboral y familiar o un buen ambiente entre compañeros.

Por orden de importancia, según consultores y expertos independientes en recursos humanos, los trabajadores valoran la gestión del talento y la proyección profesional, el rendimiento y la conciliación, la retribución en especie y los beneficios sociales, la formación, el ambiente y las políticas sociales y de voluntariado en las que se involucra a la plantilla. De igual manera que son multitud de empresas las que han llegado al convencimiento de que su relación con los mercados mejora si enarbolan la bandera de la defensa de lo verde entre sus principios. Otra cosa es que esos principios y valores se sustenten en realidades.

De ahí el valor que, cada día más, las empresas conceden a términos y políticas relacionadas con la sostenibilidad, el impacto ambiental, la biodiversidad, el uso de plásticos o el cambio climático. Es importante saber que no vale mentir.

Que se lo digan a Volkswagen. El *dieselgate* resulta paradigmático y muestra de modo evidente cómo el hecho de evadir las normas y controles ambientales para conseguir beneficios propios perjudica claramente la confianza de los diferentes grupos de interés sobre una marca determinada.

La falta, en ocasiones, de imponer unos criterios morales y deontológicos estandarizados evidencia la necesidad de reforzar la ética profesional, no tan solo en las empresas sino también desde las propias universidades y escuelas de negocio.

Hoy en día, es fácil encontrar en numerosos foros la preocupación por llegar a conclusiones consensuadas sobre la razón por la que la sociedad actual ha sufrido una pérdida generalizada de un valor clásico como la ética.

Y no podía ser menos. La empresa es el lugar donde transcurre casi una tercera parte de la vida del individuo, de modo que en estas condiciones su actitud se ve sensiblemente mejorada a través de fórmulas integradoras que no enfrentado al empresario y a su propia empresa.

Por tanto, de lo que se trata en la actualidad es de buscar nuevas vías que permitan aumentar la reactividad, que es el componente de la motivación que más puede interesar a un líder, porque con ella se propicia la integración en el proyecto de empresa y, a su vez, la mejora de la productividad y la rentabilidad del producto.

Países como Estados Unidos, Gran Bretaña, Alemania y otros de nuestro entorno económico iniciaron hace años experiencias en este sentido, aunque el ejemplo que mejor proyecta el éxito de estas prácticas no es otro que el japonés, en el que la historia, la idiosincrasia y la cultura se han unido para, en un fenomenal esfuerzo, situar a Japón en la cima de las economías mundiales, pese a las deficiencias estructurales que este país tiene en el área de materias primas, hecho que la hace ser una nación fuertemente dependiente del exterior y poco rica en este aspecto.

Un estudio realizado hace años en el Reino Unido apuntaba el sorprendente dato de que una eficaz y coherente política de comunicación en el interior de la empresa podía llegar a incrementar su productividad hasta en un 30%. Aunque el porcentaje resulte difícilmente cuantificable, es bien cierto que cada día se impone con mayor nitidez la necesidad de una mayor apertura informativa en la que la empresa ha de vender su oferta, en primer lugar, a los hombres que configuran su plantilla para que esta, a su vez, venda el producto a la sociedad.

Pero hay que ser cautos. Alguien calificó a la comunicación como pura dinamita, como un juego de voleas continuas en una pista movediza con percepciones distintas del adversario, lo que condujo a Kenneth Arrow, a pesar de todo, a afirmar que «el único elemento de cohesión de un grupo social está constituido por una materia intangible como la comunicación».

La afirmación de Arrow nos da pie para volver sobre la metodología de la comunicación de la mano de N. Stanton quien refiriéndose al rumor —auténtico cáncer de la comunicación colectiva— afirmaba que no puede pasarse por alto porque existe; no puede ser eliminado; se hace viejo, pero no desaparece; tiene un gran potencial de distorsión; tiene un alto grado de credibilidad; exagera; se extiende y es la forma de comunicación más rápida y eficiente, aunque especialmente negativa y dañina.

Son muchos, quizá demasiados, los parámetros a tener en cuenta a la hora de elaborar un plan de comunicación que busque obtener un cierto grado de eficacia y por ende de éxito. Entre ellos podríamos citar la extracción social, la edad, la salud, el lenguaje, el sexo, la inteligencia, el interés, la personalidad, la raza, la religión o la formación. Todos ellos componentes de la vida de la persona que influyen de forma decisiva en la recepción, percepción y comprensión de los mensajes y, por tanto, elementos a tener en cuenta para conseguir grados elevados de eficiencia en cuantas actividades comunicacionales se pongan en marcha.

Dicho de otra forma, cada medio de comunicación tiene su público objetivo al que va dirigido y el éxito del medio residirá en la medida en que logre interesar y convencer al mayor número de receptores posibles de cuantos configuran su horizonte posible.

No es un mundo fácil ni simple, ni es esta la única fórmula que debe tener presente el profesional a la hora de enfrentarse a una tarea y verla coronada con éxito. Y por ello es bueno no perder de vista las necesidades e intereses de la audiencia y confirmar los puntos de vista y las actitudes que puedan haberse manifestado con anterioridad. Porque nadie es capaz de prestar una atención selectiva a aspectos que quedan fuera de su ámbito de influencia y porque el individuo busca, por encima de cualquier otra cosa, confirmar sus actitudes y creencias.

Ha llegado el momento de hablar de conceptos como corresponde a un mundo que ha pasado a formar parte del reino de las ciencias y para ello nada mejor que empezar con uno tan básico como simple y que nos indica que mensaje es cualquier estimulo que es capaz de provocar un significado en el otro, teniendo siempre presente, como señala W. Eilón, que el flujo de información en una red de comunicaciones es la vida de una empresa; es como la sangre que corre por las venas y las arterias del cuerpo. Y todo ello bajo una espada de Damocles que según definición de S. Barraclough amenaza a la empresa, la cual se encuentra cogida en la trampa: puede hablar para que no la presten atención o tergiversen sus palabras, o permanecer callada, despertando la sospecha de que oculta algo.

Al hablar de información, capítulo aparte merece el hecho de la ingente cantidad de ella que existe hoy en las organizaciones de cualquier tipo, lo que nos lleva a una verdadera explosión de información, pero no a una explosión de la comunicación. Hay una estimación que sugiere que el ejecutivo medio puede recibir y absorber tan solo entre una centésima y una milésima parte de la información disponible y que podría serle útil a la hora de tomar decisiones, lo que obliga a que la información que va ascendiendo dentro de la organización sea del todo clara y concisa.

Cualquiera que haya visto una página de estadísticas sin aparente sentido sabrá que hay una gran diferencia entre información y comunicación. Las cifras representan información, pero la comunicación no se produce hasta que se interpretan tales cifras, hasta que la persona que las estudia las dé algún significado. Esta reflexión de N. Stanton nos permite afirmar que un individuo recibe la información y luego la interpreta de acuerdo con su experiencia o sus expectativas. Así que el director o la persona que toma las decisiones siempre tendrá que basar estas teniendo en cuenta cómo se interpreta la información por la persona que se la hizo llegar, por quién la pueda recibir con posterioridad o por él mismo. Aquí se hallan las raíces del problema de la comunicación de toda organización. Los mensajes los transmiten constantemente distintas personas que forman una cadena de información/interpretación y lógico es que cuanta más gente haya en la cadena más probabilidades haya de diferentes interpretaciones y distorsiones del mensaje original.

Ha llegado el momento de abordar las siempre complejas relaciones entre la empresa-institución-organismo con los medios de comunicación y que forman parte de núcleo gordiano de la política de comunicación integral de cualquier empresa que se precie.

Una buena parte de las empresas tienen o han tenido la conciencia de que, a menos de que su actividad se vea respaldada por los medios de comunicación bien coyuntural o estructuralmente, algo importante le falta en su negocio.

¿A qué se debe esa creencia? Hace años, Herb Schmert apuntaba que «hoy, más que nunca, las empresas operan en un ruedo a la vista del público. Su éxito viene determinado no solo por su actuación en el mercado, sino también por lo que este mercado —el público, en otras palabras— piensa acerca de ellas. O, para ser más exactos, por lo que los diversos públicos en nuestra sociedad opinan de ellas, puesto que una empresa moderna trata en realidad con muchos subpúblicos relacionados entre sí».

Esta filosofía de concepto genera una permanente confrontación entre la empresa y la prensa, ya que, por definición, y tal como se entiende en uno y otro lado en este juego de relaciones, los planteamientos de base son antitéticos. Y ello, por una clara tendencia al oscurantismo por parte de la empresa al considerar que todo lo que le atañe es reservado y por la permanente afición de los medios de comunicación a contar lo inconfesable, a huir del oficialismo, a buscar el punto medio de dos versiones y a utilizar en ocasiones la crítica como arma arrojadiza aun cuando no exista un fundamento que así lo demande.

La empresa, históricamente y por múltiples razones, ha vivido y sigue viviendo en un mundo en el que la transparencia hacia el exterior ha brillado por su ausencia y, de ese comportamiento viciado, la empresa periodística no es, precisamente, una excepción.

Tomando como base el viejo aforismo sajón «*no news, good news*», los periodistas, los profesionales de la comunicación, los empleados de la empresa periodística, en definitiva, enfocan el negocio, irónicamente, de forma diametralmente opuesta al adoptado por la empresa en la que prestan sus servicios, hasta el punto de que, extremando el celo profesional, se puede llegar al absurdo de entender que noticia es todo aquello que gira en torno a lo que la empresa está interesada en ocultar y por lo tanto las buenas noticias no son noticias.

Nos encontramos, pues, en un proceso esquizofrénico que merece ser estudiado con vistas a clarificar las relaciones entre ambos estamentos y a situar las cosas en su justo término, si es que esto fuera posible.

El peso específico que en la última parte del siglo XX adquirieron los medios de comunicación en los países avanzados, la incidencia de estos sobre la sociedad y el alto grado de competencia del mercado son, sin duda, elementos de consideración a la hora de entender la permanente preocupación del empresario por la prensa, aunque esa preocupación no haya sido suficiente acicate para aumentar su grado de conocimiento sobre el funcionamiento de los medios ni sobre los mecanismos sobre los que se deben asentar unas relaciones operativas y eficaces entre la empresa y la prensa.

El empresario en España —y la diferencia en este punto con otros países industrializados es de matices— no ha sabido entender el papel de los medios de comunicación y los sutiles componentes que lo configuran, y puede que ahí se encuentre un elemento de primer orden que le lleva a la confrontación permanente.

Como casi todo en el mundo de las relaciones, estas suelen tener un carácter bi-direccional; es decir, es cosa de dos. Por lo tanto, de poco vale realizar análisis parciales o unilaterales en el que cada parte cree estar en su sitio porque ello lleva a la confrontación y la confrontación suele zanjarse, desde posiciones irreductibles, mediante un permanente cruce de acusaciones entre las partes, tan estériles como ineficaces, pues parten del desconocimiento mutuo y de la incomprensión, aunque como alguien llegó a afirmar no vas a enzarzarte en una pelea con el hombre que se encuentra al otro extremo de la manguera del aire. A pesar de ello, la tendencia es a la confrontación y hay empresas que creen que la solución a sus problemas de comunicación pasa por cambiar a su responsable de la cosa. Hasta tres responsables de comunicación ha cesado un ministro o un CEO en un año sin llegar a percatarse de que el responsable del fiasco continuado no es el responsable de comunicación, sino que suele ser él mismo.

El empresario, el líder o el político, en su generalidad, tienen una tendencia a considerar que los medios de comunicación cumplen con su razón de ser mediante la publicación de aquello que interesa a la empresa o a la organización correspondiente, cuando la realidad apunta al hecho de que los medios publican aquello que los periodistas creen que interesa a su audiencia, de la misma forma y manera que el empresario produce aquello que considera que es de interés para el mercado porque, de lo contrario, la vida de la empresa no tendría razón de ser.

Afirmar que los medios de comunicación son, ante todo y sobre todo, un negocio puede parecer una aseveración profundamente rotunda y pueril, pero de hecho no está exenta de un poso de realidad, una vez superadas las teorías que los hacían paladines de la libertad o garantes de otras muchas cosas.

Este principio, tan simple como irrebatible y elemento básico de la economía de mercado, no ha sido, sin embargo, bien entendido por el mundo empresarial o político, que siguen considerando los modernos medios de comunicación como algo ajeno a las reglas básicas del mercado y sujetos a un sinnúmero de influencias difícilmente sostenibles en una sociedad moderna.

En efecto, la audiencia de un medio es, a la postre, la que atrae la inversión publicitaria, inversión que es decidida libremente por los empresarios como soporte para la comercialización de sus productos. Por ello, buen cuidado tienen los ejecutivos empresariales a la hora de seleccionar aquellos medios que ofrecen un mayor índice de rentabilidad y que suelen coincidir con aquellos soportes que tienen una mayor aceptación por parte de los lectores, oyentes o telespectadores. Lo que ocurre, y aquí está el nudo gordiano, es que la sociedad tan solo concede sus favores a aquellos medios que satisfacen sus necesidades, y aquí la ley del mercado, nuevamente, se muestra implacable sin entender de aspectos tan periféricos e intrascendentes para el caso que nos ocupa como la deontología, la interpretación o la tendenciosidad de un medio. La materia prima utilizada en este sector es tan compleja como manipulable y ahí reside, sin duda, la fuerza y el peso de este sector de la vida española pese a los reducidos índices de lectura que sufre este país.

Comparando la libertad económica y la intelectual, una reflexión parece imponerse al señalar que los periodistas defienden la libertad de prensa alegando, en parte, que la competencia entre ideas ayuda a garantizar que la verdad prevalezca sobre el error, de la misma manera que en el mundo de los negocios se arguye que la competencia en los mercados tiene como fin asegurar el predominio de los buenos productos y las prácticas rectas. Los argumentos son exactamente paralelos.

Nos encontramos, pues, con un gran escenario en el que convergen todos los protagonistas del drama y en el que se concentran intereses contrapuestos, pero también coincidencias de primer orden. Si se publican informaciones sin interés para el gran público, el medio no se vende; si no se vende, la publicidad no llega; y si la publicidad no llega, el medio no es capaz de sobrevivir.

Esta interrelación entre ambos protagonistas lleva las relaciones mutuas a un nivel extraordinariamente complejo, ya que las dos partes mantienen planteamientos profesionales divergentes y convergentes a la vez y ello se traduce en un cierto desprecio que parte del hombre de empresa hacia la generalidad de los profesionales del periodismo, a la vez que en un temor reverencial que le obliga a entrar en un mundo que desconoce y no maneja o a encerrarse sobre sí mismo, olvidándose que la no comunicación es comunicación negativa.

Resultado: una relación normalmente tensa y difícil que la define con claridad George Orwell: «Periodismo es publicar algo que molesta a alguien. Todo lo demás es relaciones públicas». En esta línea, alguien con un sentido del humor ciertamente cáustico, afirmaba que noticia es lo que hace alguien en alguna parte que no quiere que sea publicado y que todo lo demás es publicidad. Es algo comúnmente aceptado, y la experiencia así lo confirma, que la relación de asuntos y personajes que los medios de comunicación consideran de interés publicar difieren bastante del criterio de la empresa. Los negocios, pese a la proliferación de medios existentes en nuestro país, no constituyen un tema *per se* para los medios de masas y los profesionales de la comunicación se deben, ante todo, a sus lectores potenciales y ello les exige ser extraordinariamente selectivos.

Cabe preguntarse si esta situación es irreversible. Personalmente creo que no, si unos y otros no son capaces de demoler esa barrera de incomprensiones y recelos y asumen y salvaguardan el sacrosanto derecho de unos a la información y a la crítica y de otros a crear riqueza en un mundo cada vez más complejo y competitivo. De comprar medios, ni hablamos, aunque en una época determinada se convirtió en moda por parte de algunos empresarios de sectores determinados.

Sobre otras opciones que se contemplan, todas están en proceso experimental y es difícil diagnosticar el final exitoso de tales experimentos, aunque las tecnologías en materia de comunicación están abriendo caminos hace poco intransitables.

Una regla de oro que el empresario nunca debería olvidar y tener siempre presente en consideración es que el criterio de los medios de comunicación sobre lo que es noticia es radicalmente distinto al que ellos tienen, y ello es tan patente que se encuentra en la propia naturaleza y razón de ser de los propios medios. Se ocupan de noticias y se ocupan de diferencias. Se ocupan de problemas y se ocupan de desacuerdos.

La tensión entre los llamados jefes de prensa y los periodistas no es nueva. Su misión es convencer a los periodistas del interés de las comunicaciones de los organismos o empresas para los que trabajan. Los periodistas, anegados de este tipo de informaciones, tienen la misión de no dejarse embaucar y discernir lo que es interesante y lo que no. El choque de intereses es inevitable.

Por lo tanto, hay que tener muy presente que las buenas noticias no son noticias. Este suele ser el primer elemento de controversia entre empresa y periodismo, aunque ello no inhabilita la posibilidad de buscar mecanismos informativos que permitan la consecución de logros en las relaciones entre empresa y medios de comunicación.

Son muchos los empresarios que sienten un cierto tipo de alergia, todavía no catalogada por la medicina moderna, hacia el periodista. Las relaciones entre ambos están marcadas por todo un cúmulo de sentimientos entre los que predomina el desprecio en unas ocasiones, el temor en otras y el respeto, por qué no decirlo, en ciertas y contadas ocasiones.

Conocer al periodista es, cuanto menos, una de las primeras recomendaciones que habría que hacerle a un empresario si este quiere iniciar una singladura de provecho en sus relaciones con los medios de comunicación. Y aquí es importante poner énfasis en el hecho de que el profesional de la comunicación es ante todo y, sobre todo, eso, un profesional. Y como en todos los campos profesionales los hay buenos y los hay malos.

En este punto, el empresario puede preguntarse: ¿y por qué el periodista no se ocupa de conocer al empresario? La respuesta parece obvia y hay que recurrir nuevamente a Hebert Schmertz que afirma que «entre todos los públicos con los que usted tratará, la prensa es, probablemente, el más importante... aunque solo sea porque sirve como conducto para todos los demás. Pero la prensa es también importante por otra razón, y es que en los últimos años (forzada por una competitividad feroz) se ha vuelto cada vez más hostil respecto a la gente y a las instituciones cuya información abarca. En consecuencia, los ejecutivos del mundo de los negocios y de otras instituciones tienen dos opciones: plantarle cara cuando se haga necesaria la confrontación o que haga lo que le dé la gana».

Una afirmación contundente y no necesariamente veraz y completa: redactar un anuncio puede resultar relativamente fácil, aunque ahí no acaba la comunicación de la empresa con el exterior. Realizar una declaración en un medio de comunicación solamente cuando al empresario le convenga es una actitud parcial y de escaso éxito. Patrocinar una gira de una filarmónica famosa podrá demostrar solamente que tienes un cierto interés por la cultura. Dedicar fondos a una obra social tendrá un reflejo en la opinión pública muy determinado. Crear una imagen corporativa con un símbolo, logo o marca demostrará tu nivel de creatividad. No valen acciones parciales y sí diseños especiales de carácter estratégico para ganar la batalla de la proyección externa.

Porque ganar la batalla de la comunicación externa es ganar la batalla de la imagen. Ese es el objetivo de la totalidad de los empresarios. Buscada y deseada con ahínco por todos y conseguida por muy pocos, la imagen es una representación mental. Es una auténtica realidad que afecta a actitudes que, a su vez, afectan al comportamiento.

Hasta aquí, un intento ligero, superficial y divulgativo destinado a los no profesionales de la comunicación corporativa que intenta dejar constancia de la existencia, desde hace décadas, de un corpus doctrinal que las empresas han debido tener en consideración para consagrar la comunicación institucional en el mundo de los negocios que se extiende a otros ámbitos como el político o deportivo y a cuantas instituciones conforman las sociedades modernas.

El sector de la comunicación corporativa con todo lo que ello comporta y la profesión que protagoniza su extraordinaria evolución se ha desarrollado de forma radical potenciando su relevancia y trascendencia a todos los niveles, dimensiones y estados en el seno de la sociedad en la que operan. La presencia de la comunicación es intrínseca a la sociedad, a las empresas y a las instituciones; y prueba de ello es que muchos de sus profesionales están presentes en consejos de dirección del *corporate world* y participan activamente en el auge e implantación de un nuevo paradigma.

La realidad de las sociedades avanzadas, y España lo es, convierte a la comunicación institucional en una disciplina imprescindible del nuevo marco conformado por el *stakeholdismo*, el *ESGismo*… y es un eficaz antídoto a la presión social, activista y política.

No hace falta ser futurólogo para aventurar que la comunicación, en permanente evolución, puede y debe dotar a compañías, instituciones, líderes, causas o marcas de la influencia, del respeto, de la reputación, de la prescripción y de la libertad en una ecosistema inestable, incierto, convulso, volátil y ambiguo.

Dicho esto, esta introducción quedaría incompleta si no se pusiera de manifiesto que ese *Best is yet to come* adolece todavía de soluciones a algunos problemas puestos de manifiesto por respetables teóricos como J. Villafañe que recordaba hace años, aunque la idea sigue vigente, que «el campo de batalla» se sitúa en el reparto de funciones, ya que algunos departamento o direcciones aún las tienen delimitadas (a veces no es el máximo responsable en comunicación el que no desempeña funciones básicas o no existe departamento de comunicación integral). Han sido tantos los cambios vividos en los gabinetes de comunicación en las últimas décadas que resulta necesaria una definición y delimitación de sus funciones. En este sentido asegura que la tarea profesional del director de comunicación «se ha hecho tan compleja en los últimos tiempos que requiere ser repensada para responder eficazmente a los retos profesionales de este presente complejo».

De esa idea participa también el que fuera presidente de DIRCOM, Antonio López, quien sostiene que resulta prioritario el reconocimiento social para la consolidación de la profesión: «nuestra labor es ganar la batalla a la opinión pública, debemos salir bien en el veredicto de los consumidores».

Tras toda esta riada de teorías y reflexiones, una realidad se impone y que se ha hecho pública en una reciente jornada organizada por la Federación de Asociaciones de Periodistas de España (FAPE) con la colaboración de Fundación «La Caixa», según la cual las distintas agencias y consultoras de comunicación generan nada menos que el 70% de los contenidos que publican diariamente los distintos medios de comunicación en España.

¡Queda dicho!

2

Una denominación equívoca

Desde la llegada de la Democracia a España hasta el día de hoy, el papel del responsable de comunicación en empresas e instituciones ha sufrido profundos cambios que han afectado, no solamente a la denominación del puesto de trabajo, sino también a las funciones del mismo y, por tanto, a su perfil profesional.

¿Hay diferencias entre comunicación empresarial y publicidad?, ¿comunicación corporativa o comunicación institucional?, ¿comunicación empresarial o relaciones públicas?, ¿PR, RP o RR. PP.?... ¿hablamos de comunicación o de comunicaciones?...

Estos son solo algunos de los interrogantes a los que se enfrentan, como es el caso, quienes tratan de aproximarse a un mundo que ha experimentado en el último medio siglo en España una evolución extraordinaria. Nos referimos a la comunicación empresarial, corporativa, mediática, institucional, política, comercial, relaciones públicas... Todo un mundo que se arremolina bajo el paraguas de lo que muchos teóricos han elevado al nivel de ciencia, pero que no han sido capaces de ponerse de acuerdo en algo tan simple como es su denominación y de eso dan cuenta los frontispicios de muchos edificios universitarios que aún hoy se debaten entre mantener la denominación de Ciencias de la Información o Ciencias de la Comunicación.

No hay que sumergirse en los conocimientos polisémicos, semióticos o de cualquier otro saber de Michel Bréal, Ferdinand de Saussure, Paul Watzlawick o Roman Jakobson, para ser conocedores de una realidad insoslayable, aunque para muchos menor: la carencia de una mínima unidad de criterio a la hora de denominar lo que hoy ya muchos han considerado elevarlo a nivel de «ciencia», entendiendo como tal el conjunto de conocimientos obtenidos mediante la observación y el razonamiento, sistemáticamente estructurados y de los que se deducen principios y leyes generales con capacidad predictiva y comprobables experimentalmente.

Una vez más, nos tenemos que remitir a los estudios que sobre la materia se imparten en España, tomando como referencia la Facultad de Ciencias de la Información de la Universidad Complutense de Madrid (UCM) en donde se imparten tres grados: Periodismo, Comunicación Audiovisual y Publicidad y Relaciones Públicas. Todo un ejemplo de *totum revolutum* o revoltijo en donde, deteniéndonos en la parte que nos concierne, la unión de Publicidad y Relaciones Públicas indica, al menos, no solo una cierta disfunción terminológica, sino una falta de coherencia de lo que significan o significaban la actividad de ambos oficios.

Al que hizo la norma —en este caso los planes de estudio— se le olvidó incorporar a estos estudios un grado de propaganda y guerra psicológica o de ceremonial, protocolo y organización de eventos, todas ellos disciplinas importantes y de enjundia en el mundo actual.

Consecuencia de todo ello es la nomenclatura utilizada en los años siguientes al final de la dictadura. En aquellos incipientes momentos de la Democracia, las denominaciones para el puesto de responsable de comunicación eran tan amplias como variadas y cada ministerio, organismo o empresa adoptaba la denominación más acorde con los nuevos tiempos: «Jefe de Relaciones con los Medios de Comunicación» (Palacio de la Zarzuela), «Jefe del Servicio de Información y Prensa» (Senado), «Jefe del Servicio de Medios de Comunicación Social e Información» (Congreso), «Asesor de Información y Prensa» (Defensor del Pueblo), «Jefe del Servicio de Relaciones Exteriores y Comunitarias» (Tribunal de Cuentas), «Jefe de Prensa» (INI) o «Director de Información» (ministerios, ICI y empresas varias).

Solo el término «Relaciones Públicas», que había desaparecido formalmente de la mayoría de organismos, instituciones y empresas, se mantuvo en los tres ejércitos, hasta que en 2017 el Ministerio de Defensa instauró una Dirección de Comunicación Institucional con rango de Subdirección General, que dependía directamente de quien estuviera al frente de ese departamento.

Como se comprueba, la nomenclatura, la lexicología y la semiótica o semiología, tiene su importancia.

Al igual que ocurre con el dilema del huevo y la gallina, hay un cierto debate en torno a qué vino primero: las relaciones públicas (PR) —con su discusión sobre si su traducción al castellano (RR. PP.) es la denominación más acertada— o la publicidad. De igual manera, existe una cierta porfía sobre dónde englobar estas funciones dentro de los organigramas de las empresa o las organizaciones, pues como toda ciencia, ambas aspiran a dejar patente no solo su utilidad, sino su primacía orgánica, por mucho que todas estas actividades se engloben dentro del término latino —*communicatio,ōnis*—, cuyo significado no es otro que la acción consciente de intercambiar información entre dos o más participantes con el fin de transmitir o recibir información u opiniones.

Hay quienes, por tratar buscar su lugar «social», apuntan que el objetivo de las RR.PP. tiene consecuencias ecónomicas, mientras la Publicidad es sencillamente comercial, como si ambos términos no fueran coincidentes. Igualmente existen estudiosos que sostienen que la Publicidad es una técnica de las Relaciones Públicas o que las Relaciones Públicas pueden emplearse como herramienta publicitaria. Véase entonces que el debate está servido y no es precisamente reciente.

Un estudio llevado a cabo por la Asociación de Directivos de Comunicación (DIRCOM) en 2005 identificaba hasta 76 formas distintas de referirse a esta actividad o profesión. Según datos de 2012, el concepto preferido para referirse a la disciplina es el de comunicación corporativa (81 %), seguido de comunicación estratégica (72 %) y gestión de la comunicación (67 %). Sin embargo, en Estados Unidos lo tienen más claro y la terminología que predomina es *public relations* (*PR*), expresión que en España se tradujo por relaciones públicas (RP) o, para más *inri*, RR. PP., sin que la mayoría de los ciudadanos que no domine la lengua inglesa acierte a explicar a qué se debe la repetición de los dos signos gráficos.

Aunque en la actualidad existe todavía una cierta tendencia a la uniformidad del término, la diversidad por la que se ha atravesado y todavía se está atravesando demuestra que nos encontramos ante un sector novedoso, que aún está a medio definir o, por lo menos, aún no está definido del todo.

Por buscar una equivalencia en las organizaciones, se podría traer a colación la denominada «Dirección de Personal» con sus limitación de funciones, que está siendo sustituida por la de «Dirección de Recursos Humanos» o «Dirección de Personas» que lo mismo tiene competencia en los procedimientos organizacionales que en las relaciones laborales, en los procesos de selección, en el reglamento interno, en las retribuciones, en el análisis del puesto, en los contratos de trabajo, en la formación, en la evaluación del desempeño y, posiblemente, en el pago de las nóminas, aunque esta última función hoy ya no se «lleva», ya es una operativa completamente digitalizada.

En 1995, la American Marketing Association definió las relaciones públicas como una forma de gestión de la comunicación que busca influir en las percepciones y sentimientos que tienen las personas sobre la empresa y/o sus productos, a través de formas no pagadas (ya que en ese caso se trataría de publicidad), como el envío de notas de prensa a los medios de comunicación (*publicity*).

Diecisiete años más tarde, la Public Relations Society of America actualizaba y clarificaba el concepto al considerar a las relaciones públicas como un proceso de comunicación estratégica que construye relaciones mutuamente beneficiosas entre las organizaciones y sus públicos.

Aceptado que nada tienen que ver las RP españolas con las PR americanas y menos con las RR. PP., el que fuera presidente de la Asociación de Empresas Consultoras de Relaciones Públicas y Comunicación (ADECEC) —hoy bautizada como Asociación de Consultoras de Comunicación (ADC)—, Agustín Uribe, entendía en su momento que eran varios los condicionantes que no habían permitido el desarrollo adecuado de la profesión de relaciones públicas. En primer lugar, destacaba «la confusión, el intrusismo y las malas interpretaciones debido a la equivocada traducción del término relaciones públicas» y, en segundo lugar, «la confidencialidad que nuestra profesión exige para con el cliente no nos ha permitido dar a conocer los ejemplos de casos bien resueltos». Posiblemente, si se pudiera difundir el contenido de determinados casos, se contribuiría al reconocimiento social que tanta falta hace a la profesión.

Lo que consiguió Uribe con tan acertada reflexión es que la ADECEC se desprendiera del término «relaciones públicas» en su denominación asociativa. Todo en línea con el sentimiento generalizado de un mercado que prefiere cualquier otro tipo de denominación al de relaciones públicas, porque en España esta acepción se confunde en demasía con el ocio nocturno o las azafatas de eventos que nada tiene que ver con el tema que aquí nos ocupa y menos con el significado por se otorga en EE. UU. a este término. De hecho, seis de cada diez DIRCOMs españoles consideran que relaciones públicas tiene connotaciones negativas, un 14% más que en el resto de Europa, según datos del Anuario de la Comunicación, elaborado por DIRCOM.

De similar opinión es Antonio Castillo, de la Universidad de Málaga, que enfatiza que la expresión anglosajona «*Public Relations*» no ha sido traducida de una manera correcta ya que debería haber sido expresada como Relaciones con los Públicos. «Esa es la esencia de las Relaciones Públicas y consiste en conocer, gestionar e investigar a los diferentes públicos que posee una organización. Con esa nueva traducción se podrían haber evitado connotaciones tergiversadas sobre su función. Toda organización ya sea empresa, movimiento asociativo, sindicato, partido político, organización no gubernamental o asociaciones patronales deben conocer con quienes se relacionan, establecer acciones con ellos, conocer sus demandas y satisfacer sus necesidades de una manera acorde con los objetivos de la organización».

Hoy por hoy, existe un cierto consenso sobre la necesidad de unificar criterios y conceptos, siendo muchos quienes defienden que el paraguas de la «Comunicación» cubre las distintas actividades que se refieren a una misma realidad, la gestión de las relaciones con los públicos, una traducción mucho más acertada de *public relations* que la de relaciones públicas como defiende Ana Almansa, investigadora de la Universidad de Málaga.

Dado el origen estadounidense en su sentido moderno, las Relaciones Públicas —*Public Relations*—, iniciaron su andadura como actividad encargada de relacionar una empresa o institución con sus diferentes públicos. En esta originaria denominación, *Public* hace referencia a «públicos» como los grupos de personas, y no al adjetivo calificativo del tipo de relación, en el sentido de público como distinto de privado. Esta inexactitud en la traducción, que a simple vista parece poco significativa, ha generado muchas confusiones a la hora de comprender el rol del profesional de las Relaciones Públicas.

Según el experto Marcelo Baró, el término «Relaciones Públicas» en castellano se presta a confusión, puesto que se origina en una traducción desacertada del término original en inglés. Como explica el profesor, al tratarse de un vocablo con capacidad polisémica, por «públicas» se pueden interpretar diversos tipos de relaciones: las que se establecen en el ámbito público en contraposición al privado; las que establecen las organizaciones de gestión pública en contraposición a las que establecen las organizaciones de gestión privada; y las que establecen las organizaciones o los individuos con sus públicos, entre otros. Otros estudiosos de la materia apuntan que, para desambiguarlo, el concepto debió haber pasado a nuestro idioma como «relaciones con los públicos».

En 2012, la Escuela de Organización Industrial también detectó una falta de homogeneidad en las empresas a la hora de designar estas funciones. El 28,9% dijo tener director de comunicación, mientras otras prefirieron hablar de director de comunicación y relaciones institucionales, o director de comunicación e imagen corporativa (6,7% cada uno), entre otras 17 denominaciones diferentes que se habían identificado para referirse a este cargo, cifra muy inferior a la contabilizada años antes por DIRCOM.

Ignorando esta tendencia generalizada, son todavía demasiados los que defienden la plena vigencia de la Relaciones Públicas como entidad trascendente en una empresa u organización de cualquier tipo, demostrando que hay defensas numantinas dignas de mejor causa.

Pero no por ello hay que ignorar la tendencia seguida todavía por numerosos estudiosos que defienden intereses varios, aunque muchas veces vayan contra los tiempos, olvidando que la cuestión principal y que no es otra que, debido al uso que hicieron los nazis, el término «propaganda» tenía connotaciones negativas, sugería mentiras, verdades a medias e información engañosa, así que el austriaco Edward Bernays, publicista, periodista e inventor de la teoría de la propaganda y las relaciones públicas, y además sobrino de Freud, decidió adoptar los términos «relaciones públicas» para sus actividades y el de «ingeniería del consentimiento» para sus teorías, ya que el término «propaganda» había adquirido connotaciones negativas tras el nazismo.

Sea cual fuera el año exacto de la concepción del término «Relaciones Públicas», se puede afirmar que desde hace más de un siglo existe una verdadera preocupación por la gestión de las relaciones en el ámbito de las empresas e instituciones. De hecho, ya a finales del siglo XIX varias organizaciones crearon funciones e incluso departamentos específicos en sus organigramas. Mutual Life, Westinghouse y AT&T, por ejemplo, establecieron departamentos de Relaciones Públicas en 1888, 1889 y 1907, respectivamente; mientras que el gobierno de Estados Unidos, bajo la presidencia de Woodrow Wilson, creó el Comité Creel con funciones similares en 1917.

Así, en cualquiera de los proyectos de investigación que circulan en el ámbito universitario, no puede sorprender como la «batalla» entre relaciones públicas y comunicación sigue o seguía en todo lo alto y que para obtener una licenciatura o un doctorado en la materia hay que dedicar folios y folios a desarrollar y defender una idea o un concepto.

Pero el hecho que probablemente haya sido más determinante, fue la aparición de los *Robber Barons*, metáfora despectiva con carácter de crítica social referida a poderosos hombres de negocios, como P. T. Barnum, William Henry Vanderbilt, J. P. Morgan y John Rockefeller, por mencionar solo algunos de ellos, que contrataban agentes de prensa para que «crearan» noticias, a menudo imprecisas o sin valor noticioso, que los beneficiaran. La aparición de los *muckrakers*, periodistas que verificaban la autenticidad de la información y exponían los escándalos asociados a los industriales, puso en evidencia la necesidad de un cambio profesional. En este sentido, Ivy Lee elaboró la conocida «Declaración de Principios» que abogaba por un *publicity* oportuno y verídico. En poco tiempo, esta técnica se popularizó hasta el punto de que varias organizaciones tenían su responsable, a veces llamado «periodista interno» o «periodista residente».

Entre los principales aportes de Lee a las Relaciones Públicas está el hecho de descubrir que lo que más perjudica la imagen de algo o alguien es el rumor, y contra el rumor lo mejor es la información veraz y constante. Por eso defendió la libre información, el que el público siempre estuviera informado y apostó por la claridad y la transparencia informativa como la vía de crear opinión positiva hacia la empresa. Además, intentó ya en los primeros años delimitar las fronteras esenciales entre la actividad informativa y la publicidad, iniciando acciones ofensivas de comunicación y vinculando, por primera vez, la empresa con fines filantrópicos, a través de fundaciones sin ánimo de lucro, llegando a producir, por primera vez, un video institucional para dar a conocer esas acciones al público.

En 1906 una compañía minera contrató a este pionero de las Relaciones Públicas. El motivo de su contratación fue una huelga de mineros que manifestaban fuertes críticas a la empresa. En este momento, el área empresarial abría la puerta, por primera, vez a la libertad de expresión. Lee se encargaría de responder a todas las preguntas de los medios de comunicación, que eran los públicos de las relaciones públicas.

En 1914, sería Rockefeller quien solicitaría los servicios de Lee. Dos compañías suyas reanudaban las huelgas y Lee, antepuso, otra vez, la transparencia comunicativa (datos reales) a la publicidad e hizo públicos los resultados de cada una de las empresas para justificar el salario de sus trabajadores. Después de dar esos datos, se crearía la Fundación Rockefeller con toda la carga subliminal que esa decisión conllevaba.

En esa línea, y sin rebuscar demasiado, es fácil encontrar extensos documentos, producto de distintas «investigaciones» interesadas, en los que se defiende y confirma «la naturaleza gerencial de las Relaciones Públicas, sus objetivos de mutuo beneficio y recíproco entendimiento entre la organización y sus públicos, y su carácter socialmente responsable», hasta el punto de que tasan la actividad de las relaciones públicas como una cuestión competencial de forma y manera que estas copan la casi totalidad de las actividades de una empresa u organismo en materia de comunicación y más.

Sin apartarnos de su textualidad, alguna tesis universitaria, en síntesis, formula las siguientes conclusiones:

1. Las Relaciones Públicas constituyen una política gerencial que implica la planificación estratégica para la consecución de unos resultados, fundamentada en la investigación científica, traducida en decisiones y acciones, y proyectada con planteamientos coherentes de acuerdo con unos parámetros temporales y presupuestarios.

2. La mayor parte de las definiciones formuladas reconocen indudablemente la función directiva de las Relaciones Públicas. El plan de Relaciones Públicas compromete el comportamiento de la organización y de las personas que la forman; por eso el departamento de Relaciones Públicas, localizado como órgano *staff*, debe asesorar directamente a la presidencia y a la alta dirección de la organización.

3. Los principales objetivos de las Relaciones Públicas consisten en crear, establecer, obtener, suscitar, mantener y mejorar el entendimiento, la confianza y la comprensión recíproca con los públicos, fundamentados en el beneficio mutuo de la organización y los diferentes grupos sociales con los que se relaciona.

4. Los objetivos persuasivos de las Relaciones Públicas, derivados de los principales, se plasman en la construcción de la opinión pública, en general, y la opinión de los públicos internos y externos, en particular. Estos objetivos se concretan en la creación, modificación y refuerzo de

la notoriedad, imagen, actitud, aceptación, intención, conducta y hábito de conducta de los públicos hacia la organización.

5. Las Relaciones Públicas científicas y socialmente responsables se fundamentan en la planificación de la comunicación, en sus diligencias negociadoras y mediadoras y en sus aplicaciones persuasivas. La mediación, la negociación y la comunicación persuasiva son los principales instrumentos de las Relaciones Públicas para la consecución de sus objetivos, erigiéndose como sus elementos proveedores de sentido.

6. Los sujetos de las Relaciones Públicas pueden ser personas naturales o jurídicas: empresas, organizaciones, grupos, entidades, tanto de índole público como privado y personas físicas.

7. Los públicos externos receptores y objetivo de las Relaciones Públicas se amplían inexorablemente al concebirlas como política gerencial socialmente responsable. Los límites se dilatan al incluir en su consideración como públicos objetivo a las personas beneficiarias de las acciones del ejercicio de la responsabilidad social de la organización. Personas que de otro modo nunca se relacionarían con la empresa, al no mantener con ella vínculos o lazos de ningún otro tipo, productivo, económico, o ni siquiera persuasivo.

Frente a toda la artillería desplegada por quienes consideran imprescindible prorrogar la vigencia del término, la realidad se impone de manera demoledora y un floreciente negocio emergió al calor del término «relaciones públicas». Y basta con asomarse a algún inserto publicitario de un medio cualquiera para llegar a la conclusión de que «la celebración de eventos y las relaciones públicas vuelven a estar en auge. Las empresas han recuperado esta forma de presentarse en el mercado, de darse a conocer y de transmitir sus actividades y las características de su marca».

«Si te gusta la relación con los demás —reza uno de los anuncios— y conocer gente, a la vez que te formas en esta área, consulta nuestras ofertas especializadas en las siguientes posiciones: Azafatas/os de imagen, azafatas/os de protocolo, azafatas/os de congresos, azafatas/os de animación, azafatas/os «*transfer & hospitality*», entre otras. ¿Quieres aprender sobre la licenciatura en relaciones públicas y protocolo? ¡Bienvenido!».

El publicitario o el autor del *copy* no se corta un pelo y continúa con su estrategia de redactar un texto persuasivo al remarcar que «la licenciatura en relaciones públicas y protocolo actualmente es una de las carreras más necesarias e importantes para distintos eventos de toda clase social. De hecho, es impresionante ver que, con el pasar de los años, esta profesión se hace indispensable en cierto tipo de actos gubernamentales y privados que requieren de un especialista en esta área».

A partir de ahí, el desiderátum: que si a cualquier persona interesada en comenzar un nuevo camino laboral y a profesionales que quieran mejorar su formación; que si a quien quiera prepararse para trabajar en congresos, ferias, exposiciones, promociones o eventos como azafata, promotora, relaciones públicas, imagen publicitaria o cualquier otro puesto equivalente; que si quieres trabajar en empresas como recepcionista y relaciones públicas, especializándote en la atención al cliente y en la gestión de eventos, «aquí te presentamos nuestros cursos por correspondencia, ahora ya *online*, para que resuelvas tu futuro».

Imposible competir con tan atractiva oferta. ¡La creatividad no tiene límites!

Pero el *I want you* prosigue: «Este curso *online* incluye temas específicos con los que aprenderás a comunicarte en público, las normas de protocolo, de indumentaria y atención al cliente para poder desarrollar un trabajo perfecto para cualquier tipo de situaciones».

Al finalizar el curso *online*, la empresa que forma a los futuros/as RR. PP. entregará «un Diploma Oficial que certificará la realización y superación del curso y podrás incluirlo en tu *curriculum vitae*».

Y entre las materias a impartir y/o a recibir, toda una declaración de intenciones que van desde habilidades comunicativas y sociales hasta relaciones públicas y *marketing*, pasando por normas de protocolo social y empresarial, etiqueta en el vestir, estética y cuidados personales, atención al cliente, gestión de reclamaciones, organización, gestión y decoración de eventos, primeros auxilios y prevención de accidentes. Difícil dar más en tan corto espacio.

Llegados a este extremo, no es de extrañar que el concepto de Relaciones Públicas haya entrado en una pendiente cuyo final resulta impredecible, incluso para aquellos que determinan que, aunque las relaciones públicas no son una ciencia propiamente dicha, con carácter autónomo, sí es una materia interdisciplinar que necesita de otras muchas disciplinas para buscar soluciones efectivas a los problemas que le sobrevienen.

Mientras tanto, no son pocos quienes defienden la tesis de que las relaciones públicas pertenecen al conjunto de las ciencias sociales como materia interdisciplinar a través de las ciencias de la comunicación como la psicología general, la diferencial, la social y la del consumidor, la economía, la antropología, la sociología, la filosofía, etc.

A tal grado ha llegado la confusión sobre qué son y qué no son las relaciones públicas que alguien se ha sentido en la obligación de publicar en internet una especie de decálogo aclaratorio en donde se deja muy claro que las relaciones públicas no son «simplemente buenos modales», «el arte de conversar», «la diplomacia», «la publicidad y propaganda», «la fórmula mágica del arregla-todo», «los anuncios gratuitos» o «los tiketeros de discoteca».

Recuperando a Bernays y a su teórico debate entre relaciones públicas y propaganda y tratando de cubrir el debate con una pátina de academicismo, no faltan quienes se han adentrado en marcar las diferencia entre unas y otra, poniendo de manifiesto que mientras «las RR. PP. son una filosofía gerencial que se traduce en una serie de acciones de comunicación, generalmente de carácter informativo, cuyo objetivo principal es crear o modificar las actitudes, creencias o conductas del público objetivo, la propaganda es toda aquella información persuasiva de carácter ideológico realizada o impulsada directa o indirectamente por un individuo, y cuyo fin real o aparente es difundir tal ideología y captar adeptos a esta».

Pero no es esta la única definición de relaciones públicas que se puede encontrar en la amplia bibliografía existente sobre la materia, lo cual dice bien poco de esta actividad si la consideramos como ciencia.

Lo cierto es que todo depende de quién esté detrás de la función y que la definición de relaciones públicas será distinta, aunque lo cierto es que en los últimos tiempos la terminología usual no ha beneficiado a la actividad que en tiempos pretéritos dio cobijo a grandes profesionales de la comunicación y cuyos nombres son reconocidos a lo largo de estas páginas.

Con problemas terminológicos o sin ellos, lo cierto es que en el mundo anglosajón las *Public Relation* fueron y siguen siendo las protagonistas y las guardianas de la imagen y la reputación de las empresas, más incluso que la publicidad, concentrada en los productos o servicios o, en el mejor de los casos, limitada a la publicidad institucional, en cuya concepción intervenía de todas maneras. En España, el concepto y la función se ha ido desvirtuando y si es cierto que la función crea el órgano, habrá que convenir que ni la función ni el órgano han encontrado acomodo en el mundo de la comunicación actual.

Sin ánimo de caer en el derrotismo, lo cierto es que, pese a que defensores y «profesionales» de las relaciones públicas tratan de defender esta convenidamente llamada «ciencia» con especial contundencia, la pulsión social, a poco que se escarbe, deja la sensación de que el oficio languidece en España sin que sus funciones hayan estado nunca demasiado claras.

¿Y si los relaciones públicas de antes resulta que son los *influencers* de ahora? Ya Bernays, teorizando sobre las funciones de un encargado de relaciones públicas, decía que debe ser un «defensor de un punto de vista ante el público»; «el relacionista es el artífice de hacer coincidir los intereses entre los públicos y las organizaciones, beneficiándolos»; «persuasión dirigida al público para modificar sus actitudes y acciones», No parecen ser funciones muy alejadas de las que llevan a cabo hoy en día los cientos de *influencers* que circulan en todas direcciones creando contenidos, vendiendo hábitos

Es quizá por eso que recientemente una universidad de Irlanda empezaba a ofrecer una licenciatura para convertirse en creador de contenidos, cierta y desgraciadamente el sueño de muchos adolescentes. Ha sido concretamente la South East Technological University (SETU), de la ciudad de Carlow, la creadora de una carrera cuyo plan de estudios incorpora todo lo necesario para que sus alumnos se conviertan en *influencer*. Y adivinen qué se cursa: el plan de formación incluye gestión de crisis, psicología social, diseño gráfico, edición de video, y sí, formación en relaciones públicas.

Igual de difusa que fue su aparición ha sido el desarrollo de la carrera de relaciones públicas. La relación de los usuarios con la información ha cambiado radicalmente, por eso, el «vendedor» de información, en el caso de las relaciones públicas, siempre una información interesada —pues para eso forman parte de una organización que, en principio, les paga el sueldo—, tiene una tarea difícil en sociedades hiperinformadas y en las que, como la historia ha enseñado, huye de convencimientos facilones o mal disimulados.

Como muestra de que hay ciencias que nacen muriendo, llama la atención cómo en su último periodo activo, Bernays ya combatió contra el empirismo, la improvisación y los abusos cometidos en nombre de las relaciones públicas, estando a favor de una mayor formalización y sistematización académica, con la que puede que, si pudiera verlo, no estaría muy satisfecho. En la siguiente declaración, ya Bernays expresaba su preocupación y pesimismo por el futuro de esta profesión: «Las relaciones públicas hoy en día son horribles... Cualquier idiota, cualquier mentecato, cualquier tonto puede llamarse un o una profesional de las relaciones públicas... Algunas personas utilizan relaciones públicas como un eufemismo para "agencia de prensa"... Estoy encantado de ser conocido como el padre de las relaciones públicas cuando el campo es tomado con seriedad».

A la luz de los miles de debates que todavía se cruzan tratando de poner en orden ese cajón de sastre que son las relaciones públicas, no parece que el «padre» de la criatura estuviese muy satisfecho. Menos aún, mientras el oficio se mezcle de maneras tales como: «Pronto se le adjudicó la etiqueta de empresario del ocio nocturno, pero siendo precisos, en realidad, siempre ejerció como relaciones públicas sin tener ningún tipo de participación en los negocios con los que ha estado vinculado». No tenemos que ir muy lejos para cotejar la teoria con la realidad como lo atestigua el curriculum laboral del recientemente nombrado marqués de Griñón consorte, Íñigo Onieva.

3

¿De dónde venimos?

Prueben a no comunicarse; no lo conseguirán. Y no lo conseguirán por el mero hecho de que no comunicarse implica una comunicación en sí misma. Uno no se muere por no comunicarse —en principio—, pero lo cierto es que evadirse de la comunicación es verdaderamente imposible desde el momento en el que un ser humano nace y ha de comunicar, por ejemplo, que tiene hambre. La comunicación es tan intrínseca al hombre pensante como el mismo razonar, es una capacidad natural que, en mayor o menor medida, posee todo ser humano y, como el coger aire, lleva sacándonos de apuros desde hace millones de años. Fecha a partir de la que se cuenta la comunicación verbal. Nos ahorraremos todas las manifestaciones previas de comunicación no verbal, que ni fueron pocas ni menos importantes, pero uno ha de saber desde dónde empieza a andar, pues, cuando de capacidades innatas al hombre se trata, el término «acotar» se hace imprescindible.

Se estima entonces que la comunicación verbal humana se inició con la aparición del *homo sapiens*, la especie de nuestra raza que desarrolló por primera vez la capacidad de comprensión y expresión, hasta el punto de desarrollar un primer sistema de comunicación basado en señas y onomatopeyas básicas. A partir de ahí, no es que todo fuese coser y «contar», pero el fenómeno de la comunicación no hizo más que evolucionar, perfeccionarse y ser cada vez más y más imprescindible.

No es ninguna novedad que la comunicación es una de las habilidades más importantes que posee el ser humano. En la prehistoria, era útil para la supervivencia en su acepción más literal, y en la actualidad sigue haciendo esa labor, además de permitir que personas o grupos transmitan ideas, emociones o conocimientos, alcanzando la categoría de herramienta fundamental para el desarrollo y evolución de las sociedades, con todo aquello que una sociedad moderna conlleva.

Aclarada la evidencia de que la comunicación nace con el primer hombre que razonó, cabe avanzar apostando por la idea de que más allá de larga, la historia de la comunicación es también intensa, pues lo que en el principio del hombre era una herramienta de supervivencia, pronto se convertiría en una pieza fundamental de la vida moderna con sus modernos modos de supervivencia.

Poco a poco, la comunicación pasó de ser algo rudimentario para convertirse en toda una ciencia, y, prácticamente sin saberlo, las artes comunicativas fueron calando más y más hondo en todos los estamentos de la sociedad, en todas las facetas de la vida de las personas, también en la industrial.

Hay quienes cuentan entre los primeros comunicadores al mismísimo Moises, cuya labor consistió, ni más ni menos, que en llevar el mensaje —los mandamientos— de Dios —como emisor— a la población —los receptores—. Porque eso sí que no ha evolucionado tanto, el funcionamiento, por más que se haya perfeccionado, sigue siendo aparentemente sencillo: emisor, mensaje y receptor. Pero de la comunicación más básica a las distintas aplicaciones que a lo largo de siglos ha ido adaptando muchas cosas han influido, una de las que más, la técnica.

Aunque muchos consideran 1900 como el año en el que se fundó la profesión de comunicador, muchos años atrás ya existieron formas de influencia y gestión de las comunicaciones en antiguas civilizaciones. Por ejemplo, durante el antiguo Egipto (2200 a. de C.), ya se escribía sobre la necesidad de comunicarse con otras personas, y se hablaba de 'portavoces'.

Julio César también se encuentra entre los más primigenios ejemplos de la portavocía. El político y militar romano ordenó que se hicieran copias de las actas del senado y de otras instituciones públicas, publicación denominada Acta Diurna. También, durante la Edad Media, los gremios de artesanos se organizaron para conseguir salvaguardar su reputación colectiva. Unos cuantos siglos más tarde, en el siglo XVII, el Papa Gregorio XV fundó el término «propaganda» tras crear la comisión de cardenales encargada de difundir el catolicismo en los países no católicos. Un siglo más tarde, el colono americano Samuel Adams, fue considerado por algunos como un «maestro de la propaganda» que promovía mensajes políticos para oponerse a la monarquía británica. Usando la palabra escrita para motivar el cambio, inspiró el Boston Tea Party, una protesta fiscal que publicitó con gran ventaja. Fue así como Adams, mediante la continua presión a los líderes coloniales y la no menos importante labor de convencimiento de las masas logró que declararan la independencia de Gran Bretaña.

Entre los hitos más reseñables de la historia comunicativa, cabe desatacar la invención en el siglo XV de la imprenta que permitió la producción masiva de libros y periódicos, o lo que es lo mismo, la difusión al por mayor de conocimientos e información. La imprenta supuso un antes y un después, la capacidad de llegar a un primer «gran público», contar, transmitir, informar y convencer de una atacada a un mayor número de personas. Un salto que no cabría comprender sin una necesaria evolución social: la alfabetización fue también fundamental, pues de nada sirve un mensaje en un formato que no alcanza a entender la mayoría. Más adelante vendría el telégrafo, el teléfono, la todopoderosa televisión… hasta llegar a aquello que se dio en llamar la *World Wide Web* y que supuso un salto cuántico en lo que a comunicación se refiere.

La historia de la comunicación no se habría escrito sin los avances tecnológicos que facilitaron la transmisión de mensajes y acortaron distancias entre emisores y receptores. Y todos ellos se dieron bajo la presión de una necesidad: la importancia y el interés de que ciertos mensajes lleguen a ciertas personas.

Las diferentes revoluciones industriales que se han ido sucediendo a lo largo de la historia —si abarcamos las cuatro que se cuentan en los libros, entre 1760 y 2000— han implicado en la comunicación cambios constantes como consecuencia de los cambios sociales y el desarrollo de diferentes necesidades de los miembros de las sociedades.

La revolución industrial trajo la mayor transformación social experimentada hasta entonces por la humanidad y con ello la formación del pensamiento empresarial y la aparición de un cada vez más formado empresario. Fue a partir de entonces cuando se formaron los primeros grandes grupos empresariales, y los primeros que, por necesidad, tenían que dar a conocer aquello que hacían para ganarse el favor de sus clientes o público.

No cabe abordar la comunicación empresarial sin tener en cuenta este hito de la historia que marcó en todos los aspectos el mundo y las sociedades modernas. La revolución industrial marcó las pautas de la vida moderna, la empresa es industria y la industria es empresa y no fue, por tanto, sino a partir de este acontecimiento histórico cuando se formó la cultura empresarial, se engendró la sociedad industrializada y se plantó la semilla de lo que más adelante devendría en el sistema capitalista.

Primero en las sociedades occidentales y más adelante en todo el mundo, la revolución industrial desencadenó cambios sin precedentes, transformaciones económicas y sociales en los que la comunicación tuvo mucho que decir y se caracterizó por el uso de nuevas tecnologías aplicadas a la producción a gran escala y la concentración de fábricas en ciudades. La invención más importante del periodo fue la máquina de vapor, cuyo combustible era el carbón mineral y cuyo uso incrementó a niveles sin precedentes la producción y el transporte. También fueron importantes otros inventos como las máquinas hiladoras y el telar mecánico, que permitieron producir más textiles en menor tiempo.

Fue en Inglaterra donde comenzó la Revoluciónn Industrial, dado que allí habían confluido una serie de condiciones económicas, políticas, sociales y tecnológicas favorables a este gran fenómeno. Mánchester fue el primer centro urbano industrializado, lo que convirtió a la ciudad en un modelo a seguir para muchas otras ciudades inglesas.

Mánchester es una de esas ciudades que permite entender de manera rápida cómo las grandes urbes se reinventaron a golpe de grandes proyectos. Es bastante esclarecedor, por ejemplo, que Mánchester —sin tener mar— construyera un canal marítimo que ha estado entre los principales del mundo durante buena parte del siglo XX. ¿Y por qué? Por la necesidad de avanzar. La industria se hacía cada vez más y más potente y necesitaban dar salida y entrada a materias primas y productos.

Los ríos Mersey e Irwell fueron convertidos en navegables por primera vez a principios del siglo XVIII. Se empleó también para el transporte de mercancías la prolongación del canal de Bridgewater (desde 1776) y el ferrocarril de Liverpool y Mánchester (desde 1830), pero a finales del siglo XIX la navegación por los ríos Mersey e Irwell resultaba a menudo impracticable. Además, la comunidad empresarial de Mánchester consideró excesivas las tarifas impuestas por los muelles de Liverpool y las compañías ferroviarias. Se propuso, por lo tanto, un canal de navegación para dar a los buques oceánicos acceso directo a Mánchester. La región sufría los efectos de la depresión prolongada, y para los partidarios del canal, que argumentaban que el plan impulsaría la competencia y crearía puestos de trabajo, la idea de un canal marítimo tenía sentido desde el punto de vista económico. Iniciaron una campaña pública para obtener apoyo para el plan, que se presentó por primera vez al Parlamento como un proyecto de ley en 1882. Ante la dura oposición de Liverpool, los seguidores del canal no pudieron obtener la necesaria ley del Parlamento para permitir que el plan continuara hasta 1885.

La construcción comenzó en 1887, duró seis años y costó 15 millones de libras (el equivalente a aproximadamente a 1.650 millones de libras en 2011). Cuando el canal de navegación se inauguró en enero de 1894, era el canal de navegación fluvial más grande del mundo, y permitió que el recién creado puerto de Mánchester se convirtiera en el tercer puerto más transitado de Gran Bretaña, a pesar de que la ciudad se encuentre a unos 64 km de la costa.

Y de la misma manera que la necesidad llevó a las industrias de Mánchester a apoyar una idea quizá disparatada sin conocer el contexto, la industrias se dieron cuenta de la importancia que, en primer lugar, anunciar sus productos, y luego comunicar sus códigos podría tener para la buena marcha de sus negocios. Comenzaron así también las primeras muestras de publicidad, y una tímida aproximación ignorante a lo que hoy se denomina de manera bastante difusa como relaciones públicas.

Existe un ejemplo que se cita en América que muestra de manera bastante evidente cómo iban evolucionando las mentes de la época. Se trata del caso de la inauguración del ferrocarril que viajaba de Nueva York a San Francisco, en 1837, para lo cual se organizó un viaje al que fueron invitados 150 líderes de opinión y un grupo de periodistas que viajó en un vagón para escribir en un periódico, en el cual se informaría del suceso a quienes no pudieron estar presentes.

He ahí la importancia de un «boca-oreja» cada vez más planificado. La necesidad de comunicar por otras vías menos obvias que la publicidad y la constancia de que es mejor controlar el mensaje que dejarlo a su libre albedrío.

La era industrial trajo consigo importantes avances en la tecnología de la comunicación. La invención del telégrafo, en 1837, permitió la comunicación instantánea a larga distancia, lo que revolucionó los negocios y la política. El teléfono, inventado en 1876, permitió la comunicación de la voz en tiempo real, lo que facilitó la coordinación de actividades y la resolución de problemas.

Al tiempo que los procesos industriales se modernizaban y la sociedad demandaba cada vez más derechos laborales, también los modelos de negocio cambiaban. Entre las pequeñas empresas familiares, empezaban a sobresalir algunas que ya apuntaban maneras de multinacional, y el crecimiento no se iba a dar sin comunicación.

Empezaron a presentarse fenómenos de innovación en la manera de dirigir las empresas, ya no existían solamente empresas familiares, sino que empezaron los primeros accionistas, había adquisiciones hostiles de las organizaciones, aparecieron los primeros sindicatos, las primeras absorciones, entonces las empresas empezaron a ser conscientes de la necesidad de presentarse en sociedad y no solamente a través de la publicidad.

Kongō Gumi está registrada como la empresa más antigua del mundo y su longevidad tiene mucho que agradecerle a la comunicación. Fue a través de la transmisión de lo que ahora llamamos el *know how* y a la constante comunicación de los valores de su fundador como se ha permitido sus más de 1.400 años de historia. Fue fundada en 578 y operada por más de 1.400 años como un negocio independiente, antes de convertirse en una filial de Takamatsu Kensetsu en 2006. Sigue funcionando hoy en día y está especializada en la construcción, el mantenimiento y la reparación de templos budistas, con el uso de herramientas y técnicas tradicionales transmitidas a través del tiempo desde su fundador. El 32° líder de la empresa, Yoshisada Kongō, escribió durante el período Meiji y dejó un credo, más tarde titulado *Shokuke kokoroe no koto*, es decir, «conocimiento familiar del comercio», una lista de dieciséis preceptos destilados del pasado glorioso de la empresa con la intención de guiar y preservar las operaciones de la familia en el futuro.

Yoshisada Kongō también hizo hincapié en la importancia de las buenas relaciones con los clientes, y Kongō Gumi tuvo éxito en la gestación y el mantenimiento de relaciones sólidas con sus clientes, muchos de los cuales (como su primer proyecto Shitennō-ji) se mantuvieron fieles durante siglos. Varios de los preceptos enumerados en *Shokuke kokoroe no koto* lo reflejan: «Escuche lo que dice el cliente», «Trate a los clientes con respeto» y «Presente la estimación más barata y más honesta». El credo va más allá, sin embargo, para referirse a las relaciones en general: «No se privilegie a sí mismo», «Nunca pelee con los demás», «No avergüence a una persona ni la alardee de ella» y «comuníquese con respeto». Relaciones cercanas, estables y mutuamente beneficiosas ayudaron a sostener a Kongō Gumi en tiempos de dificultades económicas, ya que la empresa proporcionó un servicio experto y confiable a un precio justo a los clientes, los cuales a su vez proporcionaron ingresos fiables a largo plazo.

Este es tan solo un ejemplo de la importancia que la comunicación empresarial y la salvaguarda de la reputación tienen en la marcha de los negocios. El caso de Kongō Gumi deja claro que tan importante es desarrollar bien tu producto como dejar constancia de tu filosofía y método de trabajo, tanto hacia dentro como hacia fuera de la organización. Yoshisada Kongō no era un publicista, ni mucho menos un relaciones públicas; sencillamente, era un empresario que, como más adelante harían muchos otros, supo valorar el potencial que una buena comunicación tiene para un negocio productivo y sostenible.

Muy pronto, políticos y empresarios, al igual que hizo este singular japonés, empezarían a darse cuenta de la relevancia de la comunicación en sus profesiones, en sus negocios, en sus ideas y en sus empresas. Aunque en un principio la única manera de comunicar que valoraban las empresas era la publicidad, pronto se dieron cuenta de que comunicar, ya no solo sus productos o servicios sino sus códigos, sus valores, su manera de hacer y su trato con la sociedad, era una herramienta que contribuiría a su reputación, y por qué no decirlo, en última instancia, a sus cifras de negocio.

En la década de 1920, la radio se convirtió en un medio de comunicación muy popular y un poco más adelante, ya en la década de 1950, la televisión se convirtió en el medio de comunicación más popular del mundo.

Fue así, a través del desarrollo de diferentes tecnologías de la comunicación, como las empresas se dieron cuenta de la oportunidad que les sobrevenía. De manera primero inconsciente y luego tímida, las campañas de publicidad se fueron refinando y la comunicación empresarial se abría un hueco en las organizaciones.

En España, no cabe comenzar a hablar de comunicación empresarial hasta bien entrada la década de los setenta. Los cuarenta años de dictadura de Franco, con la nula libertad de prensa y el máximo control de los medios, la propiedad pública de las empresas y las escasas libertades individuales a nivel general, impidieron que esta materia se desarrollara al tiempo que se desarrollaba en otros países europeos, y mucho menos al ritmo que la comunicación empresarial llevaba en Estados Unidos.

Conviene reconocer, por lo demás, que la historia de la comunicación empresarial ha corrido en paralelo con la del periodismo económico, hasta el punto de que, sin este, aquella no existiría o lo haría de forma muy diferente. Por ello, es interesante hacer referencia a un opúsculo que la Asociación de Periodistas de Información Económica (APIE) publicó en

1999 bajo el título «La profesionalización de la informaciónn económica en España», y cuya autora fue Rosa del Río, una de las firmas más reconocidas en esta especialidad.

La prensa económica, tal como ahora se entiende, aún no había nacido. Las notas de prensa se llamaban gacetillas, que se publicaban íntegramente, sin variar una coma, y los probos y maduros periodistas de la sección, entonces en segundo plano, acudían a las juntas generales con espíritu servicial y conciliador, hacían las preguntas políticamente correctas en aquel tiempo y, por su asistencia, además de trasladar a la redacción la página de publicidad y la gacetilla, percibían unos sobres con las «dietas», razón por la cual los periodistas jóvenes y con ganas de cambio, los reconocían como «sobre-cogedores».

Por supuesto, este panorama empezó a corregirse una vez que en nuestro país se inició el sustancial cambio de régimen político.

El entorno empresarial tampoco favorecía otro planteamiento informativo. Los consejos de administración adolecían de falta de representatividad, y los mercados de valores eran estrechos y artificiosos, por lo que realmente no se exigía ni se echaba en falta una fiel información a los accionistas y, por consiguiente, a la prensa especializada, de todo cuanto acontecía en el interior de la sociedad. Si a esto unimos el hecho de que información empresarial y publicidad, como ya hemos señalado, estaban íntimamente unidas, nos explicaremos mejor el escaso interés de las empresas españolas por proporcionar información.

El sector bancario era, quizá, el que mayor volumen de información generaba en nuestro país; su protagonismo informativo se lo proporcionaba su gran importancia económica, que superaba el marco puramente monetario para internarse poderosamente en los sectores industriales y de servicios.

Por lo que respecta a las empresas, sí se debe mencionar de alguna manera a las referidas que cotizaban en bolsa, obligadas a mantener una mínima y básica política de comunicación, la cual se limitaba a las cartas a los accionistas, en la mayoría de los casos de carácter trimestral.

En los periódicos diarios, se daba mayor importancia a la llamada «información financiera» que a la estrictamente económica. Las crónicas de Bolsa y las noticias remitidas por las empresas que cotizaban en ella ocupaban la mayor parte de un espacio no muy amplio, en el que se iba asomando tímidamente una información laboral; cuarenta años en los que la información económica, simplemente, no existía y ni tan siquiera poseía una sección al uso en los medios. Solamente los precarios mercados de valores tenían un pequeño espacio informativo para notificar las cotizaciones bursátiles de las empresas, pocas, que negociaban sus títulos en el parqué. Pero esta información no solamente era ofrecida por las empresas cotizadas, sino también pagada por ellas, como hemos dicho.

Cuatro hechos confluyeron para que se iniciara el ejercicio de una profusa y especializada información económica como actividad profesional con identidad propia: en primer lugar, la crisis energética, que abrió la puerta a una gran recesión económica internacional y supuso también el aumento del interés ciudadano hacia este tipo de información. Por otra parte, la propia creación de APIE, de la mano de periodistas que aspiraban a vivir solamente de su profesión y no de las prebendas y corruptelas de las empresas y entidades financieras. En tercer lugar, los estertores del franquismo, que vislumbraban una incipiente democracia en España y una apertura de fronteras hacia Europa, con el motor económico como acelerador del cambio político. Finalmente, el propio crecimiento económico del país que se inició verdaderamente ya en los ochenta.

Los primeros pasos de lo que después se convertiría en la APIE se dieron en el otoño de 1970, si bien no se registró como Asociación hasta 1986, y hasta 1988 no hubo sede social ni documentación archivada. Pero, desde sus inicios, los objetivos estaban bien definidos: consolidar la agrupación, eliminar la corrupción y conseguir la profesionalización de la información económica que tenía grandes carencias, tanto por el ostracismo de las fuentes de información como por la valoración que de la misma hacían los medios de comunicación.

En 1977, el entonces presidente Jaime Sanz, durante estos últimos años responsable informativo de la Bolsa de Madrid, señaló en la Asociación para el Progreso de la Dirección (APD) que «la prensa económica ha aprendido, al fin, a criticar, a ejercer un papel tutelar y de control sobre los diferentes intereses en juego y llegar hasta la denuncia ante la opinión pública dentro de los límites marcados por el Código Penal. Este nuevo giro de la prensa ha sorprendido y desconcertado a la empresa, durante demasiado tiempo acostumbrada al sometimiento de la información, y ha reaccionado, con algunas excepciones, sin imaginación y a la defensiva». Se acababa el *statu quo* que se había mantenido en las relaciones entre las empresas y la prensa, ahora dispuesta a informar sin miramientos. Era un toque de campana para advertir que había que pensar en cómo comunicar en cualquier situación, incluida las de crisis.

Los periodistas económicos cada vez eran más incisivos, pedían más información y ya no valía esa conversación que se podía tener con ellos en plan informal, pues eso daba lugar a titulares. Fueron proliferando los Gabinetes de Prensa que profesionalizaban la relación empresa-medios.

En esta tesitura, se fue perfilando la necesidad de estar preparados ante las contingencias adversas, lo que se agravó en el segundo lustro de la década, cuando se fraguaron multitud de operaciones financieras, salidas a Bolsa, fusiones, adquisiciones y demás variedades de lo que se dio en llamar ingeniería financiera y que, a la postre, resultó ser fontanería chapucera.

Era la época en la que emergieron en el escenario empresarial personajes como Mario Conde, Javier de la Rosa, los Albertos, Miguel Durán... Posiblemente fue este período cuando se instauró el concepto de «comunicación en crisis», y se reguló su tratamiento, a la vista de la creciente potencia de los medios económicos y de las numerosas situaciones de emergencia que se presentaron. Ante este panorama, cuando la empresa se encontraba inmersa en un hecho no controlado por sus órganos de gestión y que además afectaba de forma relevante y negativa a la sociedad, a su imagen y a su desarrollo normal y que podía tener interés social y, por lo tanto, susceptible de interesar a la prensa, el comunicador tenía como objetivo prioritario restaurar y reparar lo antes posible el buen nombre de la empresa.

Ya desde finales de la década de los 80, las consultoras en comunicación habían dado determinados pasos y gestiones al objeto de constituir un órgano corporativo que ordenara y regulara su actividad y que, al mismo tiempo, representara al sector en los diferentes estamentos profesionales y sociales. Esta inquietud se fraguó en torno a Joaquín Maestre, sin duda el pionero de este oficio en España, pues no en vano fundó la Agrupación Española de Relaciones Públicas (AERP) en 1960.

En abril de 1991, una veintena de compañías de Madrid y Barcelona crearon la Asociación de Empresas Consultoras en Comunicación (ADECEC), organización profesional y sin ánimo de lucro que, desde su nacimiento, se constituyó como la patronal del sector y hoy está adscrita a la CEOE.

Entre las agencias-consultoras de Comunicación, se lleva a cabo, en el comienzo del siglo XXI, el desarrollo de la especialización, por lo que se constituyen, y con solidez, las dedicadas a temas financieros, tecnológicos, salud, lujo y moda, comunicaciónn interna, consumo, gestión de crisis, *public affairs* y un cada día más largo etcétera. Esta tendencia no es coyuntural, sino una necesidad que, en determinadas situaciones, impone el mercado, que es quien parcela su actividad.

Aunque tradicionalmente el responsable de comunicación suele ser una persona de absoluta confianza de los máximos dirigentes de cualquier organización, este único atributo no es condición suficiente para reunir los requisitos necesarios en una labor cada vez más compleja y que requiere un elevado grado de conocimiento en diferentes ámbitos de la nueva cultura empresarial.

Por otra parte, las profundas transformaciones operadas en los modelos de negocio de los media, los cambios impulsados por la digitalización y las crecientes exigencias de los *stakeholders* y, en general, de los consumidores, se han comenzado a definir cambios de organigrama en los equipos de comunicación de las empresas y se han impulsado nuevas exigencias formativas.

Aunque puedan encontrarse precedentes claros hacia finales de los años setenta, justo con la llegada de la democracia, no sería hasta bien entrados los años ochenta y la década de los noventa cuando la gestión estratégica de la comunicación se transformó realmente «en un vector de competitividad fundamental dentro de los nuevos escenarios organizacionales y forma parte de los procesos de gestión integral», según afirman Álvarez-Nobell y Lesta, investigadores universitarios.

El fin de siglo añadiría una mayor complejidad a la gestión orgánica, a causa de la incorporación de las nuevas tecnologías, la búsqueda de nuevos perfiles profesionales, los retos en la formación y los importantes cambios en los organigramas de los departamentos de comunicación, donde algunos de los grandes protagonistas del pasado más reciente —los especialistas en mediación con los media— han perdido parte de su protagonismo a favor de nuevos profesionales, más acordes con los cambios experimentados, tanto en los desarrollos tecnológicos como en la gran influencia que detentan hoy los consumidores y los grupos de interés.

Al principio todo era publicidad. Al contrario de lo que pueda parecer, la publicidad no es un concepto de reciente creación. Mucho antes, realmente mucho antes de que las ahora muy normalizadas páginas webs se llenaran de *banners* que te arrollan con anuncios personalizados en base a tus últimas búsquedas, ya existía la publicidad. Aunque la publicidad, tal y como la conocemos hoy, surge en el siglo XIX y se desarrolla como parte de la Revolución Industrial, la primera muestra publicitaria de la que se tiene constancia cuenta con más de 3.000 años.

«Habiendo huido el esclavo Shem de su patrono Hapu, el tejedor, este invita a todos los buenos ciudadanos de Tebas a encontrarle. Es un hitita, de cinco pies de alto, de robusta complexión y ojos castaños. Se ofrece media pieza de oro a quien dé información acerca de su paradero. A quien lo devuelva a la tienda de Hapu, el tejedor, donde se tejen las más hermosas telas al gusto de cada uno, le entregará una pieza de oro».

Es precisamente esta frase, «donde se tejen las más hermosas telas al gusto de cada uno», la que invitó a los investigadores a pensar que el primer anuncio publicitario tuvo lugar en un papiro egipcio, más concretamente el papiro de un negociante egipcio de la ciudad de Tebas llamado Hapu, que mientras ofrece una recompensa para recuperar a su esclavo, aprovecha la ocasión para anunciar su producto y hablar de su negocio.

Al principio, como suele suceder, se trataba de algo muy básico. Se mostraba el producto, qué hacía y cómo respondía a una necesidad. Simple, sencillo, sin grandes alharacas, básicamente una información a secas. Pero, para ser efectiva, la publicidad necesita llegar a mucha gente, cuanta más, mejor, más opciones de vender. Por eso, 1450 marca también la historia de la publicidad.

Gutenberg hizo posible alcanzar a un gran público con la invención de la imprenta, que permitía la multiplicación de imágenes y textos sobre papel, invención que más tarde abriría camino para el primer medio de comunicación: el periódico impreso.

Y desde entonces... hasta ahora.

4

Las *big four* y otras grandes del sector

El tamaño sí que importa cuando eres una consultora de comunicación. Por eso, estas empresas llevan alrededor de 15 años reorganizando y consolidando sus negocios para hacerlos más potentes, más ágiles y más fuertes frente a sus competidores. Se trata de una carrera de fondo que el sector lleva atisbando prácticamente desde sus inicios, pues, como cualquier otro segmento económico, el de la comunicación también cuenta con una historia bastante ajetreada en lo que a las fusiones y adquisiciones se refiere. De ahí que, en la actualidad, la mayoría de las grandes consultoras de comunicación pertenezcan, a su vez, a otros conglomerados empresariales mayores.

La buena salud del sector de la comunicación es un fenómeno global patente: en 2022, la consultoría de comunicación alcanzó un volumen superior a los 20.000 millones de dólares, un 9 % más que en 2020, según las estimaciones de Scopen, reflejadas en un estudio impulsado por la Asociación de Consultoras de Comunicación (ADC).

Son muchos los datos que avalan el momento dorado que atraviesa la consultoría estratégica de comunicación y asuntos públicos, entre los más destacados, los volúmenes de facturación de las consultoras y la aparición de cada vez más empresas dedicadas a ofrecer estos servicios. Según *Mergermarket* y *PRovoke* —abril 2023— el mercado mundial está liderado a nivel global por Brunswick, con casi 500 millones de dólares de facturación anual; Finsbury Glover Hering, con 400; seguido, a cierta distancia, por H/Advisors, FTI Consulting y Teneo, con volúmenes de entre 200 y 100 millones de facturación. Todos han experimentado crecimientos anuales de doble dígito.

Aunque las cifras son, como queda claro, abultadas, se ha de mirar con especial minuciosidad este tipo de clasificaciones del sector, tanto por su cantidad, como porque, dependiendo de quién las lleve a cabo toma unos u otros indicadores para elaborarlas, lo cual supone que, por ejemplo, en la clasificación de *Mergermarket* y *PRovoque* no aparezcan otros colosos del sector como, por ejemplo, WPP.

Además, el baile de fusiones provoca más confusiones aún. Si nos paramos a mirar otra de las listas más esperada del sector —la que realiza de manera anual el portal *PR Week*—, la mayoría de las diez primeras marcas del mundo de la consultoría pertenecen a cuatro grandes grupos de comunicación, los cuales se han ido conformando a lo largo de las últimas décadas. Así es como las llamadas *Big Four* —WPP, Omnicom Group, Interpublic y Publicis Groupe— aglutinan las mayores y más reconocidas firmas de comunicación. WPP tiene bajo su paraguas empresas tan importantes del sector como Burson Cohn & Wolfe, Hill & Knowlton y Ogilvy; Omnicom Group cuenta entre sus filas con Fleishman Hillard y Ketchum; Interpublic es dueña de Weber Shandwick; y entre las muchas marcas de Publicis Groupe se encuentra MSL. Más allá de los cuatro «supergrupos», existen otras como Edelman, Blue Focus y Brunswick que siguen funcionando de manera independiente. Y el grupo Havas, propiedad de la no menos potente Vivendi, pese a no formar parte de las siempre mencionadas *big four* merece también su reflejo si hablamos de las grandes marcas de consultoría de comunicación.

Es este baile de fusiones y adquisiciones y no otro el motivo por el que, por ejemplo, en los *rankings* de las más grandes del mundo no aparece WPP como tal, pero sí muchas de sus empresas. Lo mismo sucede con Interpublic, Omnicom Group o Publicis, los otros gigantes del sector, que como conglomerado empresarial no se cuelan en los *rankings* de consultoras de medios, pero sí, muchas de sus firmas. De igual manera resulta complejo llegar hasta el fondo de las ganancias, beneficios o facturación de estos grandes grupos. No es extraño que cada cual por su parte se autoproclame como la más grande del sector, sin especificar en detalle, en base a qué cifras se «autodenomina» ganador.

En todo caso, de lo que no cabe duda es de que la mayor parte de las grandes consultoras del mundo pertenecen a alguno de estos conglomerados internacionales, y que conviene mirar la letra pequeña del número ingente de *rankings* que se realizan dentro de la industria.

Es una cuestión económica, pero también de demostración de fuerza y de adaptarse, al fin y al cabo, al cliente que, pese a los años de desarrollo y avances, sigue siendo el que manda. Y ya no se conforma con unos cuantos comunicados o su presencia en los medios, el cliente de una consultora de comunicación quiere, necesita y cada vez más está dispuesto a pagar mucho por campañas de comunicación extraordinariamente completas, un acompañamiento comunicacional de principio a fin, especializado, integral, orientado y basado en los comportamientos más íntimos de su comprador o cliente último.

El desembarco de la llamada «comunicación integral» ha obligado a las empresas consultoras de comunicación a rearmarse. Si el cliente necesita una comunicación integral, a las consultoras les interesa más que nunca contar entre sus filas con agencias especializadas que puedan cubrir esas necesidades, evitando que el cliente satisfaga sus necesidades fuera de sus límites. En parte, fue la evolución natural hacia la comunicación integral la que propició la creación de los grandes grupos de comunicación ya que, contando con todo tipo de servicios, las consultoras tienen más fácil retener a sus clientes.

Si una de las características del sector desde sus orígenes ha sido la de ir comprando, fusionando y vendiendo negocios, a partir de la crisis económica de 2008 esta tendencia se aceleró de manera meteórica. La crisis golpeó al sector como a todos o incluso más, pues la comunicación o las relaciones públicas y la publicidad, por indispensables que sean, también son el primer «lastre» del que se suelen prescindir cuando amenaza tormenta.

Buscando el ahorro de costes gracias a las sinergias entre agencias y con el fin de conseguir una gestión más global —como consecuencia de la demanda de los clientes—, las consultoras se han ido conformando cada vez más en mayores grupos de comunicación empresarial.

Fue así como los grandes grupos de comunicación apostaron fuerte por la concentración como fórmula para conseguir crecer en áreas como los asuntos públicos. Mientras Publicis reestructuraba sus áreas de negocio dejando al grupo MSL al frente del negocio de las relaciones públicas, en WPP la integración del área de comunicación de Ogilvy PR en la de *marketing* y las posibles fusiones entre Burson Marsteller y Hill + Knowlton, más la creación de Omnicom PR en cuatro mercados apuntaban ya hacia un panorama de concentración en el mundo de las agencias de comunicación.

Puesta sobre la mesa la complejidad organizativa de las empresas del sector y la variedad de *rankings*, top 5 o top 10, listas y clasificaciones, podemos abordar estos colosos de la comunicación sin atender en demasía a un orden que resultaría a fin de cuentas poco esclarecedor.

WPP, un emporio de la comunicación surgido del alambre

BCW, Kantar, CMI Media Group, MediaCom o Grey Group son nombres de alguna de las empresas de gran peso en el sector de la comunicación y todas ellas, junto a muchas más, forman parte del gran *holding* de empresas multinacional WPP, cuya sede principal está en Londres.

El comienzo de este grupo consultor resulta bastante curioso, pues en un principio no tenía nada que ver con el *marketing* ni con la publicidad. En el año 1985, Martin Sorrell compró una participación mayoritaria de un pequeño fabricante británico de cestas de alambre y teteras llamado *Wire and Plastic Products*. En 1987, le cambia el nombre a WPP y la usa como base sobre la cual construir un grupo internacional de servicios de publicidad y *marketing*.

Durante los últimos años de la década de los 80, la empresa comenzó a ejecutar una estrategia de crecimiento basada en la adquisición de otras empresas importantes del sector de la comunicación. Entre sus primeras compras figuraron Scott Stern Associates, una de las compañías de publicidad y diseño más importantes de Escocia, y J. Walter Thompson, actualmente Wunderman Thompson, una de las mayores agencias creativas del mundo.

En las siguientes tres décadas, el imperio de WPP continuó creciendo con las adquisiciones de empresas de la industria de la publicidad, *marketing* digital, compras *online*, medios digitales, gestión de datos, consultoría corporativa y minorista y *marketing* deportivo.

En mayo de 2000, WPP adquirió la empresa de *marketing* y comunicaciones estadounidense Young & Rubicam Group, en un acuerdo por 5.700 millones de dólares, una de las mayores adquisiciones en el sector publicitario del momento. Esta compra hizo que, en términos de facturación e ingresos, WPP se convirtiera en la empresa de publicidad más grande del mundo, dejando atrás a Omnicom Group e Interpublic.

Actualmente, WPP forma parte de las empresas de agencias denominada *Big Four* de la publicidad, junto con los gigantes Publicis, Interpublic Group of Companies y Omnicom. Su plantilla reúne, aproximadamente, a 107.000 empleados distribuidos en 3.000 oficinas en 112 países.

WPP, en 2022, consiguió unos ingresos de 14.400 millones de libras (unos 16.000 millones de euros), cifra que suponía un 12,7% más que en el año 2021. Los ingresos, menos los costes repercutidos, se situaban en 11.800 millones de libras (10.400 M£ en 2021). El beneficio operativo del grupo se cifraba en 1.358 millones de libras. Las ventas netas, concepto que el *holding* británico destaca en sus cifras al mismo nivel que los ingresos, fueron de 11.799 millones, tras un crecimiento del 13,5% que supone a su vez una evolución orgánica positiva del 6,9%. En su presentación, la compañía señalaba que habían sido «capaces de hacer crecer nuestro negocio, mejorar la rentabilidad, mantener un balance sólido y recompensar a los accionistas». Y se sentían satisfechos con los logros porque, según el grupo, se encuentran en el buen camino para alcanzar su objetivo de crecimiento del 3-4% de los ingresos, menos los costes repercutidos en el medio plazo.

Dentro de su ecosistema de empresas, WPP destacaba alguna perteneciente a la división de agencias globales integradas. Así, por ejemplo, GroupM, la compañía en la que se integran todas sus agencias y unidades de servicios de medios experimentaba un crecimiento orgánico del 9,1%.

Como se señalaba al inicio de este capítulo, bajo el paraguas de WPP se agrupan muchas empresas y marcas relacionadas con la comunicación. Alguna de ellas, de especial relevancia para el sector, tanto, que por ejemplo BCW, Hill & Knowlton y Ogilvy, son tres de sus firmas habituales en todos los *rankings* de consultoría de comunicación.

Las marcas que componen WPP son las siguientes:

Redes integradas:

AKQA. Es una agencia de diseño e innovación fundada en Londres en 1994 que se expandió internacionalmente en 2001 mediante una fusión con agencias de Estados Unidos y Singapur. Funcionó como agencia independiente hasta 2012, cuando fue adquirida por WPP, matriz que, en 2020, anunció que fusionaría a su vez Gray Group con AKQA para crear AKQA Group.

Grey. Una de las empresas de publicidad y *marketing* más importantes del mundo que presta sus servicios a una quinta parte de las 500 empresas de Fortune.

VMLY&R. Agencia de *marketing* global con más de 7.000 empleados en todo el mundo y oficinas principales en Kansas City, Londres, Nueva York, São Paulo, Shanghai, Singapur y Sydney.

Wunderman Thompson. En parte agencia creativa, en parte consultoría y en parte empresa tecnológica, sus expertos ofrecen capacidades integrales a escala mundial.

Media:

GroupM. La principal empresa de inversión en medios de comunicación del mundo (central de medios), responsable de más de 63.000 millones de dólares anuales de inversión en medios de comunicación a través de sus agencias.

Mindshare. Empresa de servicios de comunicación cuya máxima la retrata: «el buen crecimiento es un crecimiento empresarial duradero y sostenible que, al mismo tiempo, contribuye a mejorar la sociedad y el mundo».

Essencemediacom. La mayor y más reciente agencia de GroupM, comprometida con los avances en *marketing*. Ha trastocado los antiguos modelos de medios, creatividad, innovación y análisis para encontrar nuevas oportunidades para los anunciantes y ofrecer soluciones de medios realmente integradas.

Wavemaker. Agencia de nueva generación con ingresos de 1.000 millones de dólares que se sitúa en la intersección de los medios de comunicación, los contenidos y la tecnología.

Xaxis. Plataforma de medios y tecnología programática. Combina inteligencia artificial avanzada con datos propios y experiencia demostrada para optimizar las inversiones en medios programáticos de sus clientes.

Datos e información:

Choreograp. Empresa global de tecnología y productos de datos, creada a partir del legado de WPP para una nueva era que exige un enfoque más útil de los datos. Describe su misión como el desbloqueo de los datos dentro de las marcas para impulsar conexiones más profundas con los clientes.

Kantar. Empresa líder mundial en datos de *marketing*, análisis y consultoría. En esta área de WPP saben más que ninguna otra empresa sobre cómo viven, sienten, compran, votan, ven y publican las personas en todo el mundo.

Relaciones y asuntos públicos:

FGS Global. Consultora global de comunicación y asesoramiento estratégico que cuenta con más de 1.200 expertos multidisciplinares en los principales centros financieros, gubernamentales, empresariales y culturales del mundo.

WPP Government & Public Sector Practice. Agencia de asesoría para los responsables políticos y de comunicación del sector público sobre estrategia, innovación, desarrollo de capacidades y mejores prácticas globales.

Consultoría de marca:

Landor & Fitch. Empresa global de transformación de marcas.

Design Bridge & Partners. Agencia de diseño que redefine lo que es el diseño y lo que el diseño puede hacer por las marcas, las empresas, las personas y el planeta.

Producción:

Hogarth. Agencia de implementación de *marketing*. Produce publicidad y otras comunicaciones de *marketing* para sus clientes en todos los medios y en todos los idiomas.

Salud y bienestar:

CMI Media Group. Agencia que reúne «la mejor tecnología, los mejores datos y el mejor personal del sector como principal recurso mediático para las principales empresas sanitarias, farmacéuticas y de ciencias de la vida del mundo».

Mención aparte especial merecen tres de las empresas de WPP, por su potencial, su historia y porque forman parte de las más conocidas y valoradas dentro de la consultoría de comunicación. Se trata de BCW, Ogilvy y Hill & Knowlton.

Burson Cohn & Wolfe (BCW), insignia de WPP

Burson Cohn & Wolfe es una empresa multinacional de PR y comunicación, con sede Nueva York que pertenece a WPP.

BCW tiene sus raíces en la fundación de Burson-Marsteller en 1953 y Cohn & Wolfe en 1970. Como parte de una estrategia de reestructuración, en 2018 la empresa matriz WPP fusionó Burson-Marsteller, la sexta empresa de PR más grande del mundo, con Cohn & Wolfe, que ocupaba el puesto 12. La fusión dio lugar a la tercera empresa de PR más grande, que recibió el nombre de BCW (Burson Cohn & Wolfe). Según WPP, la fusión de ambas empresas se justificaba por sus habilidades complementarias, incluidos los asuntos públicos y el trabajo corporativo de Burson-Marsteller y el contenido creativo digital, el consumidor y el trabajo de atención médica de Cohn & Wolfe.

A su vez, BCW adquirió también en 2018 la empresa HZ, una agencia creativa integrada, con sede en Rockville, Maryland, y oficinas adicionales en Baltimore, Los Ángeles, Nueva York y Washington.

Burson-Marsteller tiene sus orígenes en la empresa unipersonal iniciada por Harold Burson en 1946, que funcionó en sus comienzos bajo el nombre de Harold Burson Public Relations y que puso su sede en una oficina facilitada por uno de sus dos primeros clientes. Burson se presentaba en ese momento como un especialista en relaciones de empresa a empresa.

En enero de 1953 Harold Burson propuso una fusión entre su empresa y la empresa de publicidad Marsteller Gebhardt & Reed, con sede en Chicago, lo que la convirtió en una de las grandes consultoras de comunicación del mundo.

En 1961, fue la primera empresa de PR estadounidense en establecerse en Europa. Fue también la primera empresa de relaciones públicas en alcanzar ganancias anuales de 100 millones de dólares (1985), 200 millones de dólares (1992) y 300 millones de dólares (2000).

En 1999, Harold Burson fue nombrado por *PRWeek* como el empresario «más influyente del siglo XX».

En la historia de la comunicación empresarial en España, se cuenta a Burson-Marsteller, como la consultora internacional que despertó al sector hace más de 40 años. Cuando llegó a nuestro país, prácticamente no había nada. En los primeros años, la consultora competía básicamente con otras dos multinacionales —Weber Shandwick y Hill & Knowlton— y con un par de pequeñas firmas nacionales, como Maestre o Ulled.

En la actualidad, su consejero delegado en España es Francisco López, y Carmen Valera es presidenta no ejecutiva de la firma tras ostentar el puesto de CEO durante 16 años.

BCW tuvo una facturación en 2022 que superó los 840 millones de dólares, un incremento del 8,8% sobre el año anterior, según *PRovoke*, cifra que revisa *PRWeek* hasta situarla en los 745 millones de dólares.

Hill & Knowlton, alcance global desde 1927

Hill+Knowlton Strategies es una empresa estadounidense de consultoría de relaciones públicas globales con sede en la ciudad de Nueva York y más de 80 oficinas. La empresa fue fundada en Cleveland en 1927 por John W. Hill y desde 2019 es propiedad de WPP.

Su denominación definitiva es consecuencia de la quiebra de uno de sus primeros clientes, Union Trust Company, y hoy factura más de 366 millones de dólares.

Cuando esta compañía fue cerrada por la Gran Depresión, Hill contrató a su exdirector de publicidad Don Knowlton y juntos fundaron Hill & Knowlton.

Cuando Hill murió en 1977, la empresa tenía 560 empleados, con 36 oficinas en Estados Unidos y 18 en el extranjero.

En 1980 la empresa fue adquirida por JWT Group, una de las agencias de publicidad más grandes de la época. Tras la adquisición, Hill & Knowlton continuó operando como una entidad independiente bajo el paraguas del grupo JWT. La empresa se expandió a China en 1984 y adquirió Gray & Company y Carl Byoir & Associates, dos firmas de relaciones públicas. En 1987 JWT, con Hill & Knowlton incluida, fue adquirida por WPP.

En 1989, Hill & Knowlton adquirió la agencia de relaciones públicas más grande de Canadá, Public Affairs Resource Group y en enero de 2011, Hill & Knowlton anunció su fusión con Public Strategies, otra empresa del grupo WPP.

Ogilvy, el toque más mítico de WPP

Ogilvy es también parte de la red global de agencias de WPP y proporciona servicios en cinco áreas: crecimiento e innovación; publicidad, marca y contenido; PR e influencia; experiencia, y salud. También opera una división de estrategia, Ogilvy Consulting. Su organización está formada por 131 oficinas distribuidas en 93 países.

Es una de las consultoras de comunicación más míticas y, antes de pasar a formar parte de este conglomerado societario, la agencia ya contaba con una amplia historia que se remonta a los comienzos del siglo XX.

Ogilvy tiene sus orígenes en Londres, cuando en 1850 Edmund Charles Mather fundó una agencia de publicidad en Fleet Street. Después de la muerte de Mather en 1886, su hijo, Harley Lawrence Mather, se asoció con Herbert Oakes Crowther y la agencia de Londres pasó a ser conocida como Mather & Crowther. Fue pionera en la publicidad en los periódicos y enseñó a los fabricantes de la época la eficacia de la publicidad al tiempo que producía manuales de instrucciones para la naciente industria publicitaria. La empresa ganó relieve en la década de 1920 después de crear importantes campañas publicitarias sin marca, como «una manzana al día mantiene alejado al médico» (*an apple a day keeps the doctor away).*

En 1921, Mather y Crowther contrataron a Francis Ogilvy como redactor, quien finalmente se convirtió en el primer miembro no familiar en presidir la agencia. Cuando la agencia lanzó la cocina AGA, una estufa sueca, Francis redactó cartas para atraer a las escuelas públicas británicas, las mejores ventas del electrodoméstico. Francis también ayudó a su hermano menor, David Ogilvy, a conseguir un puesto como vendedor de

AGA. El joven Ogilvy tuvo tanto éxito en la venta de la cocina que escribió un manual de ventas para la empresa en 1935 llamado *La teoría y práctica de la venta de la cocina AGA*. Más tarde, la revista *Fortune* lo calificó como «probablemente el mejor manual de ventas jamás escrito».

En 1948, David Ogilvy propuso que Mather & Crowther y otra agencia del Reino Unido, S. H. Benson, se aliaran para crear una agencia de publicidad estadounidense en la ciudad de Nueva York y dar apoyo desde allí a los clientes de publicidad británicos. Cada una de las agencias invirtió 40.000 dólares estadounidenses en la empresa, pero insistieron en que Ogilvy encontrara un estadounidense con más experiencia para dirigirla. David Ogilvy reclutó a Anderson Hewitt de J. Walter Thompson (JWT) para que actuara como presidente y supervisara las ventas.

Durante la década de 1950, Ogilvy, Benson & Mather se hizo conocida por sus exitosas campañas regidas por las «grandes ideas» de Ogilvy. La agencia, principalmente bajo la dirección creativa de Ogilvy, se ganó una reputación de publicidad de «calidad», definida por el uso de «copias largas» hondamente investigadas, fotografías de gran tamaño y diseños y tipografía limpios. Ogilvy creía que el propósito de la publicidad era vender a través de la información y la persuasión.

En los ochenta, la agencia abrió su división de PR, Ogilvy & Mather Public Relations.

Ogilvy & Mather estableció Interactive Marketing Group y se convirtió en la primera agencia importante en establecer una capacidad interactiva.

En 1985, Ogilvy & Mather International pasó a llamarse Ogilvy Group Inc y en 1989, el grupo WPP adquirió el Grupo Ogilvy por 864 millones de dólares, lo que, en ese momento, fue la cifra más alta jamás pagada por una agencia de publicidad.

En 2005 Ogilvy compró Federalist Group, una empresa de *lobby* republicana, sustituyendo su nombre por el de Ogilvy Government Relations. La empresa es conocida por ejercer presión contra los esfuerzos de mitigación del cambio climático en nombre de algunos de los grupos petroleros y químicos más grandes del mundo.

En 2010, la agencia creó OgilvyRED, una consultoría estratégica especializada. En junio de 2013, OgilvyAction, la unidad de activación de la agencia, se fusionó con otras propiedades de WPP (G2 Worldwide y JWTAction) para formar Geometry Global, una red de activación que opera en 56 mercados. La división de producción de Ogilvy, RedWorks

Worldwide, se fusionó con la productora Hogarth Worldwide, formando Hogarth & Ogilvy en marzo de 2015 para satisfacer las necesidades de producción de todas las agencias de WPP.

Hoy la facturación de Ogilvy se sitúa por encima de los 300 millones de dólares.

Como puede verse, WPP, coloso de la comunicación, es líder por su escala empresarial, cuenta entre sus filas con algunas de las empresas de comunicación más importantes del mundo, pero también es significativo por su capacidad de adaptación a la modernización que requiere el sector. Entre sus hitos destaca, por ejemplo, ser pionera en la aplicación de datos y tecnología a las comunicaciones, en la consolidación de la compra de medios para lograr mejores resultados para los clientes y en la integración de diferentes servicios de *marketing* para ofrecer a los clientes las soluciones más eficaces y eficientes.

WPP fue también la primera empresa de servicios de *marketing* en publicar un informe de sostenibilidad (en 2002) y forma parte del índice FTSE4Good y del índice de sostenibilidad Dow Jones.

Omnicom Group, la red de medios

Omnicom Group Inc es un grupo empresarial formado por agencias de publicidad y compañías de comunicación de talla mundial cuyos máximos competidores son WPP y Publicis Groupe. Sus intereses incluyen todas y cada una de las facetas de la comunicación: la publicidad, el *marketing* directo, las relaciones públicas, el patrocinio, los servicios *posmarketing*, la comunicación interactiva y la compra de espacios de publicidad.

Fue creado en el año 1986 de la mano de Allen Rosenshine, Keith Reinhard y John Bernbach fruto de la fusión de las compañías BBDO Worldwide, Doyle Dane Bernbach y Needham Harper Worldwide, lo que supuso un coste total de 40 millones de dólares.

En la actualidad, más de 50 marcas integran el grupo, divididas en:

BBDO. Trabaja para crear y ofrecer el contenido comercial más atractivo posible. Durante 12 años consecutivos, BBDO ha sido clasificada como la red de agencias más creativa del mundo en *The Gunn Report* y durante siete años, BBDO fue nombrada Red del Año en el Festival Internacional de Creatividad Cannes Lions. Durante los últimos cinco años,

BBDO ha encabezado el WARC 100 como la red de agencias más estratégica del mundo.

Grupo de Empresas DAS. El Grupo de Empresas DAS (DAS) es un grupo mundial de empresas de servicios de *marketing* que incluye más de 200 empresas en las siguientes disciplinas de *marketing*: especializado, relaciones públicas, salud, CRM, eventos, *marketing* promocional, *branding* e investigación. Operando a través de una combinación de redes y organizaciones regionales, DAS atiende a clientes internacionales, regionales, nacionales y locales a través de más de 700 oficinas.

DDB Worldwide. Es una de las redes de publicidad y *marketing* más grandes e influyentes del mundo. En el prestigioso Festival Internacional de la Creatividad de Cannes 2014, DDB se llevó a casa 87 Leones, así como los galardones de Agencia del Año y Red Regional del Año para adam&eveDDB y DDB EMEA, respectivamente. Además, DDB ha sido nombrada Agencia del Año en numerosas ocasiones por las principales publicaciones publicitarias y galas de premios del sector. El *Gunn Report* ha incluido a DDB entre las tres mejores redes mundiales durante 12 de los últimos 15 años. Fundada en 1949, DDB cuenta con más de 200 oficinas en más de 90 países y su sede principal está en Nueva York.

Omnicom Media Group. Una de las principales redes mundiales de medios de comunicación, que se distingue por su enfoque ágil y orientado al cliente, que ayuda a las empresas a prosperar hoy y en el futuro. Con más de 21.000 empleados en todo el mundo, OMG cuenta con el talento, la experiencia y la influencia necesarios para ofrecer a sus clientes altos niveles de innovación. El grupo está formado por las galardonadas agencias Hearts & Science, OMD y PHD. Y cuenta con Omni, el primer sistema operativo de *marketing* del sector, que transforma los datos en información práctica para obtener mejores resultados empresariales.

TBWA Worldwide. TBWA Worldwide es The Disruption Company. Es una de las diez redes publicitarias más importantes del mundo, cuyo núcleo es Disruption para desarrollar ideas que cambien el negocio de las marcas con las que trabaja. TBWA incluye marcas como AUDITOIRE, BEING, Digital Arts Network (DAN), eg+ worldwide, The Integer Group, TBWA\Media Arts Lab y TBWA\WorldHealth.

Communications Consultancy Network (CCN). Está formado por Omnicom Public Relations Group, que incluye a las galardonadas marcas FleishmanHillard, Ketchum, Porter Novelli y Marina Maher Communications, y Omnicom Brand Consulting Group, y a las galardonadas agencias de investigación y branding Interbrand, C Space, Wolff Olins, Sterling, Siegel & Gale y Hall & Partners. Cuenta con un grupo de consultores de gran talento y especializados en distintos sectores y disciplinas de *marketing*, que ofrecen a los clientes pensamiento estratégico e innovación líder en el mercado.

Como en el caso de WPP, dos de las empresas del Omnicom Group merecen especial mención al tratarse de dos de las agencias punteras del sector de la comunicación. Es el caso de FleishmanHillard y Ketchum.

FleishmanHillard, la gestora de crisis comunicacionales de Omnicom

Es una agencia de PR y *marketing* fundada en San Luis, Misuri. Fue adquirida por Omnicom Group en 1997, pasando a formar parte de la división *Diversified Agency Services* (DAS). La empresa fue fundada en 1946 por Alfred Fleishman y Robert E. Hillard y se ha convertido en una de las mayores empresas de PR del mundo.

Aparece en las listas como una agencia de PR con capacidad de gestión de crisis, de hecho, ha gestionado crisis para industrias especialmente delicadas como la del petróleo, los ferrocarriles, las aerolíneas, la carne, las aves de corral, los productos agrícolas y las comunicaciones de alta tecnología.

En 1994, la empresa amplió sus operaciones a la región de Asia-Pacífico con una oficina en Pekín. En mayo de 2013, la empresa cambió su nombre a FleishmanHillard (antes Fleishman-Hillard) y lanzó el eslogan *the Power of True*.

Entre sus características históricas destaca su larga y a veces controvertida relación con la administración norteamericana, como lo demuestra el hecho de que una larga lista de excongresistas, expresidentes y exsenadores hayan pasado por su plantilla.

Así, según destacaba en una ocasión el *Holmes Reports*, el departamento de Relaciones Gubernamentales de FleishmanHillard «tiene oficinas en Washington, D.C., Nueva York, Albany y Minneapolis» y el bufete está «dirigido por los copresidentes, el excongresista Max Sandlin, el expresidente del distrito del Bronx y candidato demócrata a la alcaldía de Nueva York Fernando Ferrer, y Michael McKeon, exdirector de comunicaciones del gobernador George Pataki».

Rebautizada como FleishmanHillard, y con unos ingresos mundiales de más de 500 millones de dólares y 2.500 empleados, los cambios en el seno de la agencia pretenden señalar cómo se está esforzando por convertirse en una agencia integrada de comunicaciones de *marketing* que ofrezca servicios como publicidad y *marketing* en redes sociales, además de PR.

Según *PRWeek*, en 2019 facturó un total de 606 millones de dólares, cifra que otras fuentes sitúan en 692 millones de dólares.

Ketchum, la adquisidora adquirida por Omnicom

Nace en 1923 cuando George Ketchum, recién salido de la Universidad de Pittsburgh, fundó Ketchum Publicity, nombre que sustituyó un año más tarde por el de Ketchum, Mcleond & Grove (KM&G). Su misión originaria consistía en hacer una mezcla de publicidad, actividades para recuperar fondos y comunicación. En el año 1934, la agencia estableció su departamento de PR prestando su primer servicio a la compañía People's Gas Natural.

En 1969 adquirió la agencia Bostford Constantine & McCarty, formando así Botsford-Ketchum y continuó su proceso de adquisiciones durante la década de 1970.

Los 80 representaron una gran década de crecimiento y expansión para esta consultora, hasta el punto de que en los *rankings* del sector llegó a ocupar el puesto número ocho de las diez compañías más importantes de Estados Unidos. En el año 1980, la compañía pasa a denominarse definitivamente Ketchum Communications Inc.

Habría que esperar todavía 16 años, en los que la empresa solidificó su compromiso de ofrecer servicios especializados de PR, para que el Grupo Omnicom se hiciera con ella, y dos años más tarde se fusionaría con Life PR.

En España la consultora cuenta con un centenar de trabajadores, situándose como cuarta consultora a nivel nacional con mayores ingresos en el año 2015 con 7,8 millones de euros. Ofrece a sus clientes asesoría adaptada y personalizada en todos los ámbitos de la comunicación a través de interpretaciones del *marketing* de consumo, nuevas tecnologías, comunicación corporativa, diseño, comunicaciónn interna, gestión y prevención de crisis, comunicación digital, nutrición, alimentación y salud, *lobbys* y relaciones institucionales.

En el año 2009, Ketchum se uniría con la agencia Pleon, la mayor consultora de comunicación estratégica de Europa y pasaría a denominarse Ketchum Pleon.

Hoy Ketchum, del grupo Omnicom, factura 515 millones de dólares.

Interpublic (IPG), de McCann a Big Four

Interpublic Group es un proveedor global de soluciones de *marketing*. Con aproximadamente 57.000 empleados en los principales mercados mundiales; sus empresas están especializadas en publicidad, *marketing* digital, planificación de comunicaciones, medios de comunicación, relaciones públicas y *marketing* especializado.

La empresa está formada por cinco grandes redes: FCB, IPG Mediabrands, McCann Worldgroup, MullenLowe Group y *Marketing* Specialists, así como varias agencias especializadas independientes en las áreas de relaciones públicas, *marketing* deportivo, representación de talentos y atención sanitaria. Es una de las *Big Four*, junto con WPP, Publicis y Omnicom.

IPG se fundó en 1930 en Nueva York con el nombre de McCann-Erickson, tras la fusión de H.K. McCann Co. (fundada en 1911) y Erickson Co. (fundada en 1902). En aquel momento, era la mayor agencia del sector publicitario.

En 1960, McCann se reestructuró en cuatro unidades operativas, cada una de las cuales dependía de un nuevo *holding*. Las cuatro unidades eran McCann-Erickson Advertising (Estados Unidos), McCann-Erickson Corp. (internacional), McCann-Marschalk y Communications Affiliates. En enero de 1961, McCann pasó a llamarse Interpublic Group (IPG) y creó el primer *holding* de gestión de servicios de *marketing* con McCann-Erickson como filial.

A finales de 1973, cuando los clientes empezaron a centrarse más en estrategias internacionales, McCann-Erickson combinó sus sucursales nacionales e internacionales en una única agencia mundial dependiente de IPG. En 1997, se formó el McCann-Erickson World Group con varias de las distintas unidades de IPG.

En diciembre de 2000, Deutsch Inc, de la que el New York Times dijo entonces que era la mayor y última gran agencia independiente, fue adquirida por IPG para convertirse en una unidad autónoma. En 2001, IPG adquirió True North Communications, el *holding* de Foote Cone & Belding.

El descenso en el volumen de actividad de sus dos grandes agencias de servicios digitales, Huge y R/GA, durante la última parte de 2022, no impidió que Interpublic firmara un buen año, en el que consiguió unos ingresos netos de 9.450 millones de dólares (unos 8.913 millones de euros), lo que representó un incremento del 3,7% respecto al año anterior. El crecimiento orgánico fue del 7%, según recogía la web *ReasonWhy*.

Casi 100 empresas se agrupan bajo el paraguas de este conglomerado: Acxion, Avrett Free Ginsberg, Big Family Table, Black Glass Consulting, BPN, Campbell, Carmichael Lynch, Cassanova//McCann, Craft, Deutsch NY, dna Communications, Elephant, FCB, FutureBrand, Genuine, Hill Holliday, HUSTLE, Identity, Jack Morton, McCann, Mediahub, Octagon, Steelhead, The Martin Agency, Weber Shandwick...

De entre todas, destacaremos por su aparición en las clasificaciones de consultoras de comunicación a Weber Shandwick.

Weber Shandwick, un conglomerado dentro de Interpublic

Empresa de comunicación de marketing creada en 2001 mediante la fusión de Weber Group, Shandwick International y BSMG. Forma parte de la red mundial de IPG dentro de la división operativa IPG DXTRA.

Weber Shandwick llegó al ecosistema de marcas de IPG mediante una larga historia de fusiones y adquisiciones ya típicas en el sector que se desarrolló así: Shandwick International, fundada en 1974, fue adquirida por IPG en 1998. En septiembre de 2000, IPG anunció la fusión de Shandwick con el Grupo Weber para formar Weber Shandwick. La fusión se completó el 1 de enero de 2001, y en octubre, BSMG (anteriormente Bozell Sawyer Miller Group), que había sido adquirido por IPG como parte de la adquisición de True North, se fusionó con también con Weber Shandwick.

Entre los hitos de la consultora destaca la creación en 2010 de un simulador de crisis en medios sociales llamado Firebell.

Además, en marzo de 2013, Weber Shandwick lanzó MediaCo, una unidad de *marketing* de contenidos que presta servicios a sus clientes, entre ellos publicidad nativa y compra de medios digitales.

Y en mayo de 2014, la empresa adquirió una agencia con sede en Suecia, Prime, y su división de inteligencia empresarial, United Minds.

A su vez, el ecosistema de marcas de Weber Shandwick es amplio, formado por:

Flipside. Con sede en Londres es una agencia especializada en tecnología móvil y en el ámbito digital.

KRCResearch. Es una consultora global de estudios de opinión pública que presta servicios integrales. Los clientes utilizan sus estudios de mercado cuantitativos y cualitativos para tomar decisiones estratégicas y para conseguir titulares en los medios.

That Lot. Es una agencia creativa especializada en contenidos y producción específicos para el ámbito de los medios sociales.

Unitedminds. Consultoría de gestión especializada en la transformación de negocio que ayuda a las organizaciones a llevar a cabo un cambio positivo y duradero combinando una estrategia alimentada por datos y soluciones de comunicación creativa.

Prime Weber Shadwick. Ofrece servicios de comunicación basados en su experiencia digital y creativa. Está formada por la agencia de comunicación Prime y la empresa de inteligencia de negocio United Minds.

DNA Communications. Con sede en Londres y Nueva York y representación en Alemania y Suiza, elabora campañas de comunicación de salud diferenciales. El equipo consigue dicha diferenciación a través de aspectos como *insights* diferentes basados en la ciencia y documentados por expertos.

En 2022, Weber Shandwick, según *Provoke*, facturó 920 millones de dólares con un incremento del 7 % sobre el año anterior. Esta cifra es modificada por *PRWeek* que la sitúa en 872 millones de dólares.

Publicis Groupe, el sello de la experiencia

Publicis Groupe es una empresa multinacional francesa de publicidad y relaciones públicas, con sede en París. Fue fundada en 1926 por Marcel Bleustein-Blanchet, siendo una de las empresas de publicidad más antiguas y grandes del mundo. Forma parte de las *Big Four* compañías de comunicación, junto a Omnicom, Interpublic y WPP. Su actual presidente es Arthur Sadoun. Publicis Groupe S.A. suministra publicidad digital y tradicional, servicios de media y agencias especializadas y servicios de marketing para clientes nacionales y multinacionales.

Publicis Groupe está organizado en cuatro áreas de soluciones para facilitar la conectividad y la integración: Publicis Communications, Publicis Media, Publicis Sapient y Publicis Health.

Publicis Communications es el centro de comunicaciones creativas de Publicis Groupe, y reúne las redes Leo Burnett, Saatchi & Saatchi, Publicis Worldwide, BBH, Marcel, Fallon, MSLGROUP y Prodigious.

Publicis Sapient es un socio de transformación digital que ayuda a las organizaciones establecidas a alcanzar su estado futuro, habilitado digitalmente, tanto en la forma en que trabajan como en la forma en que sirven a sus clientes.

Publicis Media crea valor para los clientes a través de marcas de agencias de medios globales y capacidades a escala en inversión, estrategia, perspectivas y análisis, datos y tecnología, comercio, *marketing* de resultados y contenidos. Dentro de esta área se encuentran: Starcom, Zenith, Digitas, Spark y Performics.

Publicis Health busca la transformación del negocio de la salud y el bienestar mediante la alquimia de la creatividad y la tecnología para el bien. Cubre las necesidades de los clientes desde el lanzamiento del producto hasta su evolución a una marca genérica, y todas las necesidades digitales y comerciales intermedias.

La cifra neta de negocios de Publicis Groupe en el ejercicio 2022 ascendió a 12.572 millones de euros, un 19,9 % más que los 10.487 millones de euros de 2021. Las variaciones de los tipos de cambio durante el periodo tuvieron un impacto positivo de 864 millones de euros y las adquisiciones (netas de cesiones) tuvieron un impacto positivo de 77 millones de euros.

Con un crecimiento orgánico de dos dígitos en 2022, el grupo siguió mostrando su capacidad para captar los cambios estructurales en la industria hacia la gestión de datos de primera parte, los medios digitales, el comercio y la transformación empresarial.

Esto es visible a través del aumento del crecimiento orgánico en Epsilon y Publicis Sapient a nivel mundial, con un 12,0% y un 18,5%, respectivamente, y en ambos casos muy positivos para el rendimiento del grupo. También fue visible a través del rendimiento de las operaciones creativas y de medios de comunicación del grupo, que experimentaron un crecimiento orgánico de dos dígitos y medio dígito respectivamente.

Dentro del conglomerado de empresas de Publicis, llama la atención el grupo MSL por su recurrente aparición de alguna de las listas de las consultoras más importantes del mundo.

MSL Group, de Leo Burnet a Publicis Groupe

MSLGroup es una red de empresas de relaciones públicas especialista en comunicación estratégica. Forma parte de la multinacional francesa Publicis Groupe y surgió de la fusión de Publicis Consultants y Manning Selvage & Lee (de la cual se quedó con el acrónimo MS&L).

En 1980, MS&L fue adquirida por la agencia de publicidad Benton & Bowles, Inc., que acabó fusionándose con la agencia Leo Burnett antes de que toda la fusión fuera comprada por la francesa Publicis Groupe, para formar la cuarta mayor empresa de comunicación del mundo.

Se define como una «empresa global de relaciones públicas centrada en crear influencia para lograr un impacto significativo en las empresas y en el mundo». Entre sus servicios, ofrece: relaciones públicas, comunicación financiera, *marketing* experiencial, gestión de eventos en directo, comunicaciones sanitarias, asuntos públicos, gestión de la reputación y *marketing* en redes sociales. Opera en más de 40 países y emplea a más de 2.000 personas.

En 2021, la empresa de análisis de relaciones públicas The Holmes Report clasificó a MSL como la séptima mayor agencia de relaciones públicas del mundo por ingresos.

Edelman, un legado familiar

Edelman Public Relations fue fundada en Chicago por el experiodista Daniel J. Edelman, su primer nombre fue Daniel J. Edelman & Associates y uno de los mayores logros que se le atribuye a su fundador fue la puesta en marcha de las primeras «giras de medios» en compañía de Toni Home Permanent Co. Junto con esta marca de productos para el cabello y las famosas «gemelas Twins», recorrió el país demostrando la calidad del producto: una gemela usaba un salón profesional para arreglarse el pelo y la otra los productos para arreglarlo en casa de Toni. Tal fue el éxito de estas campañas tan icónicas que, cuando Edelman fundó su propia firma en 1952, Toni no dudó en ser su primer cliente. En la actualidad, la empresa está dirigida por su hijo, Richard Edelman.

En ocho años, la pequeña agencia ya daba servicio a 25 marcas más y abría su primera oficina en Nueva York, a la que siguieron aperturas por todo el mundo durante las siguientes siete décadas: Londres, Washington DC, Hong Kong, Silicon Valley y Pekín. En la década de 1990, la agencia se expandió por Latinoamérica, Alemania y España, además de en Silicon Valley para atender a los cada vez más clientes tecnológicos. Y a partir del año 2000 Edelman abrió oficinas en Calgary, Dubái, Sudáfrica y Colombia.

Testigo del éxito de la empresa son las cifras de la oficina de Nueva York, que entre 1979 y finales de los 80 pasó de ingresar 1 a 20 millones de dólares.

Algunos exempleados y expertos de la industria señalan que su enfoque en el crecimiento financiero condujo a una alta rotación y problemas de servicio al cliente como resultado. También, como es habitual en el sector, hubo intentos fallidos por parte de algunos empleados de iniciar su propia empresa a costa de llevarse clientes.

En 1995, Edelman fue la primera firma de PR en tener un sitio web y empezó a ofrecer a sus clientes proyectos basados en el incipiente mundo de internet a través de Edelman Internet Services. A principios de la década de 2000, alcanzó los 210 millones de dólares de facturación, el 25% de estos ingresos procedentes de Europa.

En 2006 adquirió la firma de relaciones públicas de tecnología, A&R, y en 2010, siguió de compras y adquirió tres empresas: una de PR con sede en Houston, otra brasileña de branding, Significa, y el *think tank* belga The Centre.

Corría el siglo y en 2012 abrían su primera oficina en Turquía y un año después lanzó The Daniel J. Edelman China Group.

También en 2012 introdujo la división de Negocios y Objeto Social y presentó el índice de compromiso de los empleados, que ayuda a los usuarios a evaluar el compromiso de los trabajadores a traves de datos recopilados en encuestas, conversaciones en redes sociales y comentarios de los departamentos de recursos humanos.

En 2014, Edelman lanzó una empresa conjunta con United Talent Agency que terminaría formando una unidad dentro de la compañía llamada United Entertainment Group (UEG) y se especializaría en *marketing* de entretenimiento, deportes y estilo de vida.

En septiembre de 2018, Edelman fue incluida por la empresa británica Richtopia en el puesto número cuatro de la lista de las 200 empresas de PR más influyentes.

En España, Edelman inauguró su primera oficina en Madrid en 1995 y unos años después abrió la oficina de Barcelona. Al frente del negocio en España se encuentran Pelayo Alonso, desde 2020 como general manager y líder de la división de Marca.

Según las estimaciones de la publicación especializada *PRovoke*, Edelman superó los 1.000 millones de dólares en 2022. Los datos ofrecidos por *PRWeek* reducen esta cifra a 985 millones de dólares.

Blue Focus, el nuevo y asiático aire en el sector

Fundado en julio de 1996 por Oscar Zhao, BlueFocus Communication Group, es el principal grupo de comunicación de Asia y tiene su sede principal en Beijing. En 2017, se situaba en el noveno puesto del Top10 del *ranking* Global PR que elabora *The Holmes Report*. En la actualidad, cuenta con más de 6.000 empleados trabajando en sus cien oficinas repartidas en diez países y su facturación supera los 330 millones de dólares. Es la primera firma del sector por tamaño que no es originaria de Estados Unidos.

En 2010, salió a la bolsa de valores de Shenzhen y se convirtió en la primera empresa china de comunicaciones que cotizaba. En 2014, su capitalización ascendía a 3.800 millones de dólares.

BlueFocus ofrece un amplio espectro de servicios de *marketing* y gestión de marca en las disciplinas de estrategia digital, publicidad, medios, redes sociales, PR, diseño, marca, *Customer Relationship Management* (*CRM*), *big data*, comercio electrónico y soluciones móviles, a más de un millar de empresas.

Pese a su corta edad, si lo comparamos con la larga historia de otras consultoras, ha recorrido un largo camino también repleto de adquisiciones hasta convertirse en un grupo de comunicación integrada e inteligente.

Comprometido con hacerse un hueco entre los grandes, no ha dejado de expandirse. En 2013 adquirió una participación minoritaria en Huntsworth, un grupo de relaciones públicas con sede en Londres, por 36,5 millones de libras. En diciembre del mismo año se hizo con una participación mayoritaria en la organización de *marketing* de redes sociales We Are Social por 18,7 millones de libras.

En 2014, adquirió una participación mayoritaria en Fuseproject, una agencia de diseño estadounidense, por 46,7 millones de dólares y una participación mayoritaria en los activos norteamericanos de la empresa de publicidad canadiense Vision7 International, que incluía Cossette, una agencia de publicidad, y Citizen Relations, una empresa de PR, por 210 millones de dólares.

En 2019, llegó a un acuerdo mediante el cual sus filiales internacionales se vendieron parcialmente a una empresa independiente, Blue Impact, que iba a ser comprada por una empresa de adquisición con fines especiales (SPAC), *Legacy Acquisition*, dirigida por los exejecutivos de Procter & Gamble.

En 2023, protagonizó una pequeña crisis de pánico al anunciar que adoptaría contenidos generados por inteligencia artificial, dando por hecho que muchos de sus redactores y creativos serían reemplazados. El anuncio no dejaba lugar a dudas: «El grupo líder chino de agencias de *marketing*, BlueFocus, sorprendió al mercado al anunciar que pondrá fin «total e indefinidamente» a la subcontratación del diseño creativo, la redacción, la planificación, la programación y al empleo interino». La noticia se compartió a través de correos electrónicos internos, indicando que esto era parte de una decisión de la gerencia de adoptar contenido generado por inteligencia artificial. Al saltar la noticia, el precio de sus acciones se disparaba.

A principios de este año, se esperaba que BlueFocus registrara entre 1.800 y 2.200 millones de renmimbi (entre 263 y 321 millones de dólares) en pérdidas durante el año fiscal 2022.

Entre sus marcas globales destacan:

Cossette. Agencia canadiense con proyección internacional que se dedica a la comunicación integrada de marca. Cuenta con 50 años de experiencia en el asesoramiento a compañías de «alto nivel».

Citizen Relations. Empresa de PR de tamaño mediano con sede en Nueva York. Se centra en la comunicación de creación de marca y tiene experiencia en dirigirse tanto a audiencias *Business to Business* (B2B) o *Business to Consumer* (B2C).

Vision 7 Media. Empresa de comunicación y *marketing* totalmente integrada.

We Are Social. Agencia de origen británico que se ha convertido ya en todo un icono para los contemporáneos del sector gracias a sus trabajos en redes sociales. Cuenta con 1.300 empleados y 19 oficinas repartidas por el mundo. Cuenta con una filial en España que se abrió en 2018.

Fuse Project. Agencia de diseño e innovación con sede en San Francisco. Trabaja con fundadores de empresas, ejecutivos de alto nivel y líderes para llevar al mercado productos «primigenios» o líderes en sus categorías.

Financial PR. Firma de relaciones con inversores de Singapur, sus negocios abarcan ya seis ciudades de Asia. Blue Focus Group es su accionista principal y aprovecha su extensa red para hacer crecer su negocio. Su fundación tuvo lugar en 2001.

Metta Creation y The Camps Collective. Son también dos de las marcas que conforman su portafolio global y cuenta, además, con otras 15 marcas domésticas (BlueDigital, BlueStrategy, Bojie Media, Phluency...) y 17 compañías asociadas (Iclick, AdMaster, Zamplus, Tianyukong, Aries International...).

Brunswick, asesoramiento de alto nivel

Es, junto a Edelman y BlueFocus, de las pocas consultoras que de momento trabajan ajenas al paraguas de alguno de los grandes conglomerados de consultoras y agencias abordados en las páginas anteriores; es independiente y hasta el momento no ha sido comprada ni fusionada ni absorbida por ninguno de estos grandes grupos. Fundada en 1987 ofrece servicios de comunicación en medios y relaciones con inversores, cuestiones regulatorias, fusiones y adquisiciones, comunicación con empleados, gestión de crisis y campañas corporativas. Posee empresas especializadas, incluidas Brunswick Arts (que atiende a museos, escuelas y fundaciones benéficas), MerchantCantos (que atiende a clientes europeos), el Lincoln Center (clientes de Londres) y Trinity (ofrece presentaciones y asesoramiento sobre medios).

Fue creada en Londres por tres socios y en la actualidad la empresa cuenta con más de un centenar socios que asesoran a más de 300 compañías y organizaciones y emplea a 650 personas en sus oficinas repartidas por todo el mundo.

Ofrece asesoramiento de alto nivel a gobiernos, empresas y otras organizaciones de todo el mundo, ayudándoles a abordar retos fundamentales en materia de comunicación que pueden influir en su valoración, reputación y capacidad para conseguir sus objetivos.

La oficina en España se abrió en 2022 pero antes de esta apertura, en 2018, la Cámara de Comercio de España contrató a esta consultora para contrarrestar el independentismo y defender la democracia española a nivel internacional, especialmente en los países en los que se encontraban fugados los altos cargos de la Generalidad tras el referéndum ilegal. Entre las tareas encomendadas a la consultora se encontraba mitigar «las consecuencias dañinas derivadas del intento de proceso secesionista catalán». La Cámara de Comercio encomendaba esta misión a Brunswick -no sin polémica- al tratarse de una consultora extranjera y, por entonces, sin oficina en el país. Entre sus tareas estuvieron las de «llevar a cabo una estrategia de relaciones públicas, que incluye acciones con los principales medios de comunicación, creadores de opinión y entidades representativas de la comunicación empresarial».

Hoy factura más de 307 millones de dólares.

Havas, el buque insignia del coloso Vivendi

Havas es una multinacional francesa de publicidad y relaciones públicas con sede en París. Opera en más de 100 países y es uno de los mayores grupos globales de publicidad y comunicación. Está conformada por dos principales divisiones operativas:

- Havas Creative Group (que incluye Havas Worldwide, Arnold Worldwide y otras agencias).
- Havas Media Group (que incluye Havas Media, Havas Sports & Entertainment y Arena Media).

El grupo ofrece un amplio rango de servicios de comunicación, incluyendo digitales, publicitarios, de *marketing* directo, de planificación de medios y compras, comunicaciones corporativas, promoción de ventas, diseño, recursos humanos, *marketing* deportivo, comunicaciones multimedia interactivas y relaciones públicas.

La compañía que hoy lleva el nombre de Havas es, en sí misma, una antigua filial de la Havas original, que adquirió los derechos del nombre en 2002.

Havas fue la primera agencia de noticias francesa, creada en 1835 por Charles Louis Havas; la agencia *France-Presse* tiene sus orígenes en esta empresa. En 1998 Havas fue adquirida por Vivendi, todo un icono de las telecomunicaciones y el entretenimiento, y renombrada como Vivendi Universal Publishing (VUP) que a su vez se fusionó con Lagardere para convertirse en Editis en 2004.

Sus empresas subsidiarias proveen de servicios de consultoría de comunicación, a través de los medios tradicionales de publicidad (televisión, radio, prensa y pantalla), para la compra de medios, y diversos servicios de *marketing*, tales como la gestión de la publicidad, el *marketing* directo, promoción de ventas, comunicaciones corporativas, comunicaciones de salud, la comunicación interna, patrocinios de televisión, diseño, comunicaciones de recursos humanos y comunicaciones interactivas.

Havas adoptó una nueva estructura a finales de 2012. La red de agencias conocida como Euro RSCG fue renombrada como Havas Worldwide, al igual que sus compatriotas de Publicis con su red Publicis Worldwide. Otras agencias de publicidad propiedad de Havas, como Arnold

Worldwide se renombraron de nuevo como Havas Creative. La división de los medios de comunicación sigue siendo Havas Media. Havas ha creado una marca paraguas, Havas Digital Group, para operar a través de las divisiones creativas y de medios.

En España, Havas trabaja a través de las agencias Arena, Havas Media, Arnold, Havas Health & You, Data Business Intelligence, Havas International, Proximia, etc.

Además, el *holding* propiedad de Vivendi anunció en 2022 la compra de una participación mayoritaria en Tinkle, agencia de referencia dentro del campo de la comunicación y relaciones públicas en España y Portugal; desde ese mismo año, la agencia fundada por Javier Curtichs quedaba integrada en la red global de asesoría estratégica de Havas Group/amo.

Además de la de Tinkle, Havas adquirió ocho participaciones mayoritarias que fortalecen sus posiciones geográficas y reforzarán el crecimiento futuro del grupo: Bastion Brands (Australia, comunicación sanitaria), Expert Edge (Reino Unido, medios de comunicación), Additive+ (Reino Unido, creatividad basada en datos), Search Laboratory (Reino Unido, medios digitales), Front Networks (China, creatividad), Frontier Australia (Australia, *marketing* de resultados), Inviqa (Estados Unidos) y Kingdom (Reino Unido).

Esta política de crecimiento externo, junto con los sólidos resultados comerciales de sus tres divisiones (Creative, Health & You y Media) condujo a unas sólidas cifras en el año 2022, con unos ingresos de 2.765 millones de euros, un 18,1% más que en 2021. Todas las regiones geográficas lograron un crecimiento orgánico altamente satisfactorio. Los dos mayores contribuyentes, Europa (+7,6%) y Norteamérica (+5,2%), continuaron su sólido historial de crecimiento orgánico. Asia-Pacífico (+5,8%) y América Latina (+13,6%) también reportaron buenos niveles de crecimiento orgánico.

El EBITA, después de los gastos de reestructuración, fue de 286 millones de euros, en comparación con 239 millones de euros en 2021, un aumento de 19,7%. El margen EBITA alcanzó el 11,0% de los ingresos netos (frente al 10,7% a 31 de diciembre de 2021), un aumento de la rentabilidad con respecto a 2021 a pesar de un menor crecimiento orgánico y un aumento significativo en los costos de nómina.

5

Burson Marsteller, vivero de triunfadores

En cuestión de comunicación, las empresas están activas permanentemente con objeto de actuar con la rapidez y eficacia necesaria ante sus públicos objetivos, desde inversores y accionistas a empleados y consumidores, pasando por medios de comunicación, proveedores y opinión pública en general, y todo ello manejando personal, herramientas y tecnologías que no siempre las empresas o instituciones tienen a su disposición.

Pese a la incorporación estructural de las direcciones de comunicación (dircom) en las empresas, organismos e instituciones, no terminan por cubrirse las necesidades de las mismas, de igual manera que a pesar de la existencia de las direcciones tan consagradas como las financieras o las de recursos humanos, las empresas tienen necesidad, temporal o permanentemente de contar con apoyo externo para resolver problemas o encontrar soluciones.

Así ha sido desde el auge de la revolución industrial y con ella la necesidad de una organización científica del trabajo. Taylor, Gilbreth, Gantt, o Emerson son considerados los pioneros de la organización científica del trabajo, dando empuje a la consultoría, como consecuencia de la necesidad de las empresas en conseguir altos grados de eficiencia de los procesos productivos en las empresas, aunque algunos documentos revelan que el primer trabajo de consultoría se realizó en 1870 cuando Charles T. Sampson fue contratado en Estados Unidos para reorganizar el trabajo de los operarios chinos de una fábrica de zapatos.

Por seguir con la historia de la consultoría, cabe mencionar un estudio realizado por W. Taylor, tratando de resolver los problemas de eficiencia en los métodos de trabajo utilizados en las líneas de producción de los patios de acarreo de la Bethelem Steel Company, dando así inicio a lo que sería conocida como la administración científica.

Otro pionero de la consultoría como Gilbreth, a través de su estudio de tiempos y movimientos, ayudó a los trabajadores a emplear su capacidad de producción, volviendo eficientes los movimientos en la producción.

No fue hasta 1975 cuando se empezó a definir el campo de acción con el que cada profesión contribuiría a las empresas, por lo cual comenzaron a surgir diversas firmas multidisciplinarias que abarcaban de manera reseñable los distintos problemas que se presentaba a las empresas.

Lo que resulta de interés es que buena parte de los relevantes y eficientes consultores con los que se nutren las grandes consultorías proceden del mundo empresarial, en donde han adquiridos los conocimientos que con posterioridad y sustancialmente mejorados implantaran en la cartera de clientes que así lo soliciten.

Las consultoras de comunicación no se apartan de las grandes líneas operativas que siguen el resto de las grandes consultoras especializadas o generalistas y su objetivo no es otro que garantizar que sus clientes tengan todo lo que necesitan para gestionar con éxito sus esfuerzos en esta materia, poniendo sus conocimientos y experiencia al servicio de sus clientes, lo que permitirá a estos a posicionar su marca, definir su identidad corporativa y construir su reputación y su imagen pública.

Un repaso a los porfolios de las grandes consultoras integrales españolas en materia de comunicación corporativa permite obtener una radiografía de las razones que maneja una empresa u organización a la hora de contratar sus servicios con independencia de que cuente en su organización con un dircom tan diligente como buen profesional.

Entre estas razones podemos citar las siguientes:

—Obtener una visión externa global que permita a la empresa contrastar y complementar el análisis que se realiza desde dentro la organización, especialmente cuando se necesita una perspectiva de cómo resolver el problema al que se enfrentan, pero necesitan asegurarse de que lo que están pensando es correcto. El consultor cuenta con ventajas considerables a la hora de afrontar una crisis como es el hecho haber vivido situaciones similares en múltiples ocasiones y, al venir de fuera, los árboles no le impiden ver el bosque, lo que no le sucede a nadie que está viviendo el problema en su epicentro.

—Adquirir habilidades especializadas que complementen las existentes en el seno de la propia organización empresarial.

—Conseguir ideas innovadoras en la medida en que un consultor puede aportar una nueva perspectiva y una nueva vida a su negocio ya que sus ideas pueden impulsar a su equipo interno a nuevas formas de pensar y abordar los problemas.

—Complementar la actividad interna de la organización cuando los miembros del personal, pese a disponer de los conocimientos necesarios, no tengan tiempo de completar proyectos o investigaciones especiales.

—Utilizar al consultor como catalizador del cambio ya que ciertas plantillas suelen ser reacias a modificar su cultura empresarial y son reticentes a modificar estructuras. La independencia de que goza un consultor es una ventaja especialmente valorada.

Una consultora de comunicación es una empresa que ofrece todo tipo de servicios relacionados con la comunicación a otras compañías, siendo su objetivo principal el garantizar que sus clientes tengan todo lo que necesitan en materia de comunicación para gestionar con éxito sus esfuerzos. Aunque esta definición corresponde a Weber Shandwick, una de las mayores consultoras mundiales de comunicación, no difiere mucho de la utilizada por la mayoría del resto de las grandes consultoras operativas de implantación internacional.

En definitiva, las consultoras de comunicación buscan construir la imagen de una empresa o ente, público o privado, diseñando, desarrollando y midiendo las estrategias de comunicación con el fin de obtener los resultados esperados y lograr el principal objetivo de la manera más eficiente.

Algo similar podría decirse de los servicios ofrecidos por estas, aunque en este caso la amplitud del porfolio está íntimamente ligado con la dimensión de la consultora y de la implantación territorial de esta.

Una ojeada a las propuestas de servicio de las principales consultoras de comunicación que actúan en España nos permite aproximarnos a una amplísima gama de actividades que razonablemente cubren todas las necesidades de las empresas, corporaciones u organismos en materia de comunicación.

Descendiendo al detalle, y haciendo una labor de agrupamiento de los servicios ofrecidos por un selecto grupo de este tipo de sociedades, nos encontramos con que ofrecen un amplio catálogo de actividades y servicios, cuyo fin último no es otro que crear valor a través de la comunicación, y cuya relación terminológica conviene traer a estas páginas.

UNA OFERTA COMPLETA Y VARIADA

Asuntos públicos
Branded content
Comunicación corporativa
Comunicación cultural
Comunicación de crisis
Comunicación de marca
Comunicación digital
Comunicación en litigios
Comunicación financiera
Comunicación interna
Comunicación política
Comunicación de salud
Consultoría de comunicación
Consumo y producto
Data e *insights*
Diseño, publicidad y multimedia
e-influencers marketing
Estrategia y transformación digital
Estudios de clima laboral y compromiso
ESGismo
Eventos
Eventos Experienciales
Formación de portavoces
Habilidades de Comunicación para líderes
Investigación social y estudios de mercado
Lobby
Marketing digital
Marketing y comunicación
Media y negocio
Posicionamiento SEO
Public affairs y relaciones institucionales
Publicidad: creatividad, producción, medios
Redes sociales
Relaciones con inversores
Relaciones con los medios de comunicación
Relaciones Públicas
Reputación empresarial
Responsabilidad Social Corporativa
Social listening, inteligencia digital y *data analytics*
Soportes, publicaciones y memorias corporativas
Vigilancia y *tracking*

Como en tantos otros aspectos, cuyo detalle es abordado en otros capítulos, la transición de la dictadura a la democracia viene a ser el momento clave de la comunicación empresarial en todos los sectores de la vida política y social de España y, de modo particular, en el mundo empresarial.

Las empresas se vieron «obligadas» a abandonar el oscurantismo sobre su gestión tras comprobar que el silencio no era rentable y ello dio alas al mundo de la comunicación, a través de los departamentos de marketing y de publicidad y, posteriormente, con la creación de gabinetes de prensa que posteriormente se transformaron en direcciones de comunicación que se fueron responsabilizando de la gestión integral de la comunicación, asumiendo las tareas de intentar crear una imagen positiva sobre su empresa ante sus diferentes públicos. Cada vez más vinculados a la dirección de las mismas, los directores de comunicación fueron asumiendo responsabilidades y nuevos retos entre los que se encuentra la comunicación con una diversidad de público.

No tardaron mucho las empresas en detectar numerosas brechas en su funcionamiento en un entorno complejo y con un mercado cada vez más competitivo que las obligaba a buscar fuera lo que no encontraban dentro.

Ello supuso la irrupción con fuerza de las grandes consultoras de comunicación y el desembarco de los gigantes mundiales de la cosa que aportaban experiencias, métodos y técnicas en la materia escasamente implantadas en España.

Su llegada a España representó un considerable impulso para el entonces poco menos que incipiente sector de la consultoría especializada en materia de comunicación, y con él los primeros movimientos asociativos cuyo resultado en la actualidad se plasmó en la constitución de ADECEC, y que hoy ha pasado a denominarse Asociación de Consultoras de Comunicación (ADC).

Gracias a ese movimiento asociativo, se puede contar con estudios sobre el *Valor de las consultoras de comunicación y agencias de relaciones pública*, una de cuyas principales conclusiones es que el sector de las consultoras de comunicación ha experimentado una notable evolución, centrada especialmente en la diversificación de servicios y la oferta de distintas disciplinas. Esta transformación se debe a la importante demanda de servicios de comunicación de las empresas, que cada vez valoran más la consultoría estratégica, tecnológica y creativa de las agencias, siendo los servicios más demandados por clientes de sus asociados la comunicación corporativa

(89,8%), la comunicación de crisis (88%) y la comunicación de marca o producto (87,8%).

De entre todas las consultoras de comunicación y PR merece especial consideración Burson-Marsteller (BM) (actualmente BCW) la agencia norteamericana que impulsó la comunicación corporativa en España allá por 1980. Su actual denominación obedece a su fusión con otra de las agencias de la matriz, WPP Group.

Si algo hay que agradecerle a Burson Marsteller y a la norteamericana que la hizo aterrizar en España, es la implantación en el sector de la comunicación integrada. En Burson hace tiempo que descubrieron que el futuro de la comunicación pasaba por el desarrollo de programas integrados de comunicación efectiva que abarcan relaciones públicas, *public affairs, marketing*, creatividad, servicios digitales y contenidos. En definitiva, generan conexiones que movilizan voluntades y actitudes para lograr un impacto positivo en el negocio del cliente.

Cuando llegó a nuestro país, según Pablo Arjona de *Dirconfidencial*, prácticamente no había nada en el sector. En España competía en sus inicios básicamente con otras dos multinacionales —Weber Shandwick y Hill & Knowlton— y con un par de pequeñas firmas nacionales, como Maestre o Ulled. Hoy la situación del sector es muy distinta y la competencia es máxima.

La historia de su impulsora en España, la norteamericana Teresa Dorn, no deja ser una historia apasionante, ya que esta *Bachelor of Business Administration (B.B.A.) journalism + public realtions* de la Universidad de Wisconsin-Madison, fue la responsable durante quince años, no solo de posicionar a Burson en las más altas cotas del mercado español de la comunicación empresarial, sino en convertirla en un semillero de brillantes profesionales que han marcado la trayectoria del sector. Y como muestra, cuatro botones: Teresa García, Olga Cuenca, José Antonio Llorente y Javier Curtichs. La primera, fundadora de Agencia SEIS; Cuenca y Llorente creadores de LLYC, primera empresa española en el *ranking* de las consultoras de comunicación y el último, por estricto orden cronológico, fundador y CEO de Tinkle, tercera mayor empresa del sector por facturación y primera por productividad.

Pero, volviendo a Teresa Dorn, podemos seguir sus pasos en España, aunque no sin dificultad, y así anotamos que, como una norteamericana más, llegó a Madrid en 1974, quince meses antes de la muerte de Franco y seis años antes de que ayudara a Burson-Marsteller a abrir su primera oficina en España, convirtiéndose en la primera multinacional del sector de las relaciones públicas en nuestro país, logro que le fue reconocido con el nombramiento como presidenta europea de la firma a nivel europeo en 1994, puesto que abandonó para dedicarse a uno de sus sueños: gestionar un atractivo hotel rural en Gredos (Ávila) de su propiedad.

Burson-Marsteller, agencia norteamericana de relaciones públicas y comunicación, fue creada por Harold Burson (experto en relaciones públicas) y Bill Marsteller (publicitario) en 1953, ambos son considerados una referencia en el mundo de la comunicación empresarial y de las PR, aunque hoy en día esa referencia haya quedado diluida tras sus últimas fusiones.

Fue el maestro de Dorn, Scott M. Cutlip quien le hizo ver que las relaciones públicas eran mucho más que relaciones con los medios: «Y ahí está mi pasión. La comunicación no tiene que ser solo a través de medios, sino dirigirse a otras muchas audiencias». Hoy se la considera como la profesional que transformó el mundo de la comunicación y las relaciones públicas en España.

Dorn probó suerte enviando una carta de presentación con su CV a Joaquín Maestre, pionero en el establecimiento de una consultoría de relaciones públicas en Barcelona, en noviembre de 1960. La relación profesional que se inició aquel otoño duró apenas unos meses, hasta la primavera de 1975.

Bernard Jennings, responsable de otra de las agencias de relaciones públicas pioneras en España, Jennings Public Relations S.A., fue el encargado de dar una segunda oportunidad laboral a su compatriota en Madrid ese mismo año.

No eran años fáciles. La muerte del dictador metía a España en un proceso complicado, aunque terminó saldándose con éxito gracias a una Transición política modélica y a la elaboración de una Constitución delicadamente consensuada. Fueron años en los que las multinacionales se enfrentaban con conflictos laborales y tenían que recurrir a servicios externos cuando querían mandar una nota de prensa a los medios españoles o gestionar una entrevista o un reportaje.

Con Jennings permaneció Dorn hasta abril de 1979 y es en ese momento cuando BM —que acababa de ser absorbida además por Young & Rubicam— vio la oportunidad de iniciar su actividad en España, lo que ocurriría a principios de 1981, pese a que Dorn estaba preparando su aterrizaje desde el verano de 1979.

En 1983, Burson ocupaba el cuarto puesto en el *ranking* de consultoras de relaciones públicas en España, según su cifra de negocio, por detrás de dos agencias nacionales y de la internacional Hill and Knowlton. Siete años más tarde, BM alcanzó el primer puesto en la lista de agencias del sector por ingresos y empleados. La cuenta de la Expo 92 de Sevilla la catapultó a la primera posición del *ranking* de agencias en España en 1991, duplicando el volumen de ingresos de la segunda agencia española, por aquel entonces Ulled y Asociados.

El éxito de BM y de su principal ejecutiva no cabe estudiarlo ni analizarlo sin tener en cuenta a un fenomenal equipo de jóvenes profesionales dispuestos a comerse el mundo y a aprender todo lo que ese mundo estuviera dispuesto a enseñarles. Dorn fue, por encima de todo, propulsora de carreras profesionales y defensora de apostar por la cantera.

Allí coincidieron, bajo la batuta de Dorn, nombres conocidos del mundo de la comunicación y de las PR en este país en años posteriores como Daniel Abad, Juan Astorqui (exdircom de Caja Madrid), Víctor Ayala (fundador de Agora GCI), Enrique Beotas, Evelyne Cieslak, Javier Curtichs (fundador y CEO de Tinkle), Sara Blázquez, Olga Cuenca (fundadora de LLYC), María Gil, Mayte González, José Antonio Llorente (presidente y fundador de LLYC), Carlos Lareau (fundador de Conduit Market Engineers), Sol Núñez, María José Olmedillas, Teresa Rincón, María José Rubio, Lázara Sosa, Carmen Valera (presidenta de BM), Mar Velarde (*Managing* Director y Fundadora de ASECOM), Paco Polo (dircom de Ferrovial), Miguel López-Quesada (dircom de Gestamp y presidente de DIRCOM), Marta Avilés (dircom de Mahou), Juan Navarro (dircom de Repsol) o Miguel Ángel Aguirre (*managing partner* de Kreab).

Unos y otros tienen sus propias experiencias en BM y con Teresa Dorn, pero la casi totalidad coinciden en reconocer que Dorn profesionalizó las relaciones públicas en España.

Fueron los años dorados de BM en España y algunos de quienes se han ocupado de investigar la historia de la consultora no dudan en señalar que una docena de profesionales formaron el *dream team* de BM España. Dorn supo crear un gran equipo. Construyó una estructura horizontal, con ella como directora general y directores de cuentas en áreas hasta entonces no incluidas en las agencias del sector. Buscaba talento según las áreas de negocio en las que querían estar: relaciones con los medios; comunicación corporativa y financiera; asuntos públicos; comunicación de crisis; multinacionales y multiculturalismo; comunicación de salud; más un director financiero que fue su mano derecha (Enrique González). Dorn reconoce que lo que más satisfacción le ha producido de su experiencia en Burson han sido «los retos, ser emprendedora y emprender desde el asociacionismo».

La clave residía, según Dorn, no solo en tener buenos clientes, sino también en tomar decisiones estratégicas en equipo: «No éramos amigos, pero bailábamos juntos profesionalmente muy bien». Hasta el punto de que Dorn llevó a BM España a ser el segundo gran mercado de Europa para la multinacional norteamericana.

Si lo consiguió fue porque su reto vital de ese momento era profesionalizar las relaciones públicas haciendo de BM la mejor agencia. La propia Teresa Dorn considera que ese carácter emprendedor, trabajador, que le llevó a asumir semejante empeño, así como su amor por los retos, radican en su infancia: «Nadie creía que me iba a ir a la Universidad de Madison. Nadie creía que iba a vender todo el maíz del camión en la carretera. Mi padre dijo que eso no se podía hacer, pero yo veía que era la forma más fácil de hacerlo. Los retos me gustan y BM me ha dado todos los retos que uno pueda imaginar».

Y el reto era en verdad enorme, como reconoce su compañera Carmen Valera: «Teresa no solo trajo BM a España, sino que formó un equipo que cambió la profesión en España». Aceptó el desafío de empezar desde cero una agencia, incluso una profesión que, hasta entonces, se basaba en establecer una relación amistosa con los medios de comunicación.

Porque, según sus colaboradores, no hay ninguna duda de que Dorn profesionalizó las relaciones públicas en España y la comunicación empresarial o corporativa dejó de ser el resultado de «hacer amigos entre los periodistas, quedar a comer, sino de gestionar información», según Astorqui.

La sucesora de Dorn va en una línea similar al resaltar que fue la primera persona de la que aprendió que las relaciones públicas son 360°, que es lo que todo el mundo dice ahora.

Sus antiguos colaboradores no se recatan al afirmar que, para llegar a ese éxito profesional, Teresa Dorn trabajó siempre con la máxima profesionalidad, entrega y exigencia posibles. «Trabajaba todas las horas del día», reconocen, porque como recuerda «si te apasiona un tema, no hay horas. En toda mi trayectoria profesional he sido bastante emprendedora. No necesito un jefe, soy mi peor jefe». Esta ética del trabajo exigía mucho también de los demás y como recuerda una de sus colaboradoras más cercanas relacionada con las cuentas «Teresa era muy dura. Quería que todo estuviera perfecto. Ella revisaba todo, que no hubiera ni una errata. Conocía todos los programas que se hacían. Revisaba todas las facturas y órdenes de pedido, gastos de empleados, todo; no se le escapaba nada».

Hay consenso en afirmar que esta mujer, que reconoce que lo tuvo más complicado por el hecho de ser joven que por ser mujer, tenía una visión estratégica para los negocios y su habilidad para tratar con los clientes, entenderlos y ofrecerles lo que realmente necesitaban, les gustase o no.

Porque, aunque ella nunca recalque el hecho ni le dé demasiada importancia, lo cierto es que Dorn fue parte de ese escaso 3% de mujeres que ocupaba un cargo directivo a principios de los años 80 en España y, además, en el sector de la comunicación. Un entorno donde ser mujer sí era un rasgo discriminatorio o extraño, pero ella lo recuerda con humor como algo anecdótico, no se ve como una víctima.

La propia Teresa insiste en este punto: «No quiero incidir en temas de discriminación femenina porque no creo que la haya sufrido, o he adoptado una actitud de no sufrirlo, pero sí hay dos o tres situaciones que muestran discriminación». Por ejemplo, cuando vino a España, Maestre le pidió que hiciera contactos. En Madrid había un club americano de hombres de negocios al que Teresa quería entrar, pero no le dejaron unirse. «Me aconsejaron ir al club de mujeres, donde había clases de punto y de arreglos florales».

«He tenido discriminación por ser tonta. Porque, por ejemplo, como mujeres no exigimos los sueldos que exigen los hombres. Pero ese es un problema nuestro, no es una discriminación. Los sueldos no te los dan gratis. Los tienes que pelear». Y ganaba la pelea con la excelencia de su trabajo. «Yo no tenía discriminación como mujer cuando presentaba ante la central de Nueva York unos ingresos alucinantes para BM desde Europa».

Como explica alguno de sus antiguos clientes, las consultoras externas como BM están para decir a las empresas lo que no quieren oír y lo que los empleados de su departamento de comunicación no se atreven a decir: «Y eso Teresa lo hacía muy bien. Podía ponerse enfrente de un cliente y decirle que lo que pensaban hacer no iba a funcionar o le ponía las objeciones que consideraba».

Esta actitud le aportaba credibilidad, según su colega Teresa García Cisneros, fundadora y CEO de Ketchum Pleon España y vicepresidenta en España del Grupo de empresas Omnicom. Y en su momento presidenta de ADECEC patronal que representa al sector de la comunicación y las RR. PP., «Teresa tenía las ideas muy claras y las transmitía muy bien. Era muy analítica, muy estratégica. Siempre le daba una vuelta de tuerca a todo». Pero esa actitud también fomentaba, según alguno de sus colaboradores, «un carácter a veces agrio, duro, no dulce». Para Astorqui, Teresa Dorn «era la anti-relaciones públicas en España. No era simpática. Era muy profesional. No trataba de venderte una burra, sino que decía las cosas con una sinceridad brutal».

En una concentrada investigación periodística realizada por Beatriz Gómez y Natalia Rodríguez de la Universidad de Navarra, con entrevista incluida, es la propia Dorn —que además se reconoce como introvertida— la más crítica con su gestión. «Ser directivo es un papel muchas veces incómodo, que ha sido difícil de aprender», pero que asumió porque es lo que tocaba hacer. Fue directiva muy joven y en sus primeros años hubo mucho «ordeno y mando» por no estar preparada. «Cuando me promocionaron yo no tenía ni idea, y aprender a base de errores no es la mejor forma de aprender», reconoce.

«Yo era muy exigente, era poco humana, me daba igual la vida personal de la gente. No me importaba si estaban casados o solteros. No aceptaba los errores. Supongo que tenía mucho estrés y eso lo transmitía a los demás, porque siempre estaba explorando terrenos desconocidos en comunicación que no había explorado nadie». Recordaba divertida que Enrique Beotas, fallecido en el accidente ferroviario de Angrois, dijo de ella que era la peor jefa que había tenido nunca. «Un tipo que había trabajado para Fraga, que ya es decir».

De la importancia de la formación continuada en la vida profesional, Teresa Dorn atribuye su mejora como directiva, en gran medida, a la oportunidad que le brindó BM de formarse. «En los años gloriosos de BM en los 80 tuvimos mucha formación en Europa. Lo llamábamos la «Universidad Burson en Brujas»». Durante una semana, entre 50 y 60 personas de toda Europa presentaban y discutían casos, problemas, ejercicios prácticos. «Tenían un programa de Dirección que a mí me salvó. Cursos de fin de semana, un día o dos, con gente de fuera que nos formaba en Dirección, en 360º». Le enseñaron a utilizar test psicológicos para entender cómo trabaja la gente y para adaptar los estilos de Dirección a las personas.

«Me di cuenta de que lo que estaba haciendo antes en la práctica estaba fatal».

Como explica una de sus colaboradoras, «de Teresa cabe destacar su gran inteligencia emocional aplicada a la empresa. Pese a ser dura de carácter, era muy flexible con las ideas y se amoldaba muy bien a las necesidades de los clientes». Algo que corroboran profesionales como José Antonio Llorente: «Implicaba a la gente en la toma de decisiones porque se podía hablar de todo, se le podía llevar la contraria. Aguantaba bien el debate».

También sabía gestionar las emociones de los clientes con creatividad, como muestra la propia Dorn con una anécdota: «Jacinto Pellón, director de la Expo 92, era el hombre con mayor capacidad de trabajo que he conocido en mi vida. Tenía cuatro secretarias que no daban abasto y una agenda repleta, imposible. Si quería hablar con él más de cuatro minutos, si quería que me prestara atención y reflexionar con él, me lo llevaba a una ferretería en Madrid. Allí se relajaba. Y en media hora con Jacinto Pellón en una ferretería, lograba plantear soluciones diferentes».

Teresa Ann Dorn Stecker nació en 1951 en New Holstein, Wisconsin, en el rural medio Oeste norteamericano. La mayor de cuatro hermanos de una familia muy católica, se crió en una granja de cerdos y para ella, desde siempre, el contacto con la naturaleza fue fundamental.

Dorn reconoce que lo que más satisfacción le ha producido son «los retos, ser emprendedora. Y emprender desde el asociacionismo». «Fui fundadora de ADECEC y eso me llevó a montar Rusticae y la asociación de empresarios de nuestra zona (ASENORG). Me gusta asociar a gente que no tiene ninguna costumbre de trabajar en común. Eso me da mucha satisfacción. Tal vez viene de la Transición, de trabajar en asociaciones vecinales y movimientos políticos y sindicales».

Dejando a la consultora en lo más alto de los *rankings* para volver al medio rural, Dorn cedió el testigo a José Antonio Llorente, el que había sido su número dos hasta ese momento que, después de ser director de la oficina de Madrid, fue nombrado CEO de Burson en España.

Como coinciden todos los que por allí pasaron, y todos los profesionales del sector, Burson fue fuente de talento e innovación en la profesión. No ha dejado ni de crecer ni de adaptarse, gracias a eso sigue entre las más potentes de las consultoras de comunicación. La firma supo siempre bandear los tiempos y hoy ofrece muchos más servicios que hace años, integrando diferentes áreas de la comunicación y el *marketing* para adaptarse a las nuevas necesidades de los clientes.

6

Grandes consultoras españolas: tamaño vs. productividad

Desde hace años, la consultoría de comunicación es un negocio en auge en España. Cada vez más, empresarios, políticos y líderes sociales demandan los servicios de estas compañías especializadas, cuyos servicios forman parte de los planes estratégicos de las empresas y de los servicios básicos demandados por muchas instituciones y organismos, públicos y privados, de España.

Todo ello es consecuencia de un incremento sustancial de los servicios ofrecidos, que se traduce en una mayor especialización y una mayor profesionalidad de las consultoras españolas lo que se traduce en un incremento de la cifra de negocios de las compañías de este sector, cuyas cifras de facturación entre las grandes supera el doble digito en los últimos ejercicios.

En su conjunto, las consultoras de comunicación facturaron en España el último ejercicio un total de 455 millones de euros, según las estimaciones de Scopen, reflejadas en un estudio impulsado por ADC.

De acuerdo con el estudio de Scopen, la facturación media de las consultoras analizadas fue de 4,3 millones de euros, un 14% más que hace dos años. El tejido empresarial de este sector se caracteriza por su fragmentación y está protagonizado por empresas medianas y pequeñas, aunque existe una tendencia clara a las fusiones y adquisiciones, lo que ha permitido procesos de concentración en la parte alta del *ranking*, gracias a lo cual el 7% de las consultoras analizadas factura más de seis millones de euros. Es decir, en torno a una decena de compañías superan esa cifra de negocios en España.

La mayor línea de negocio de las consultoras sigue siendo la comunicación corporativa, que aportó un 22% del negocio total. También tiene un gran peso en las cuentas de resultados, la comunicación de marca (20%). A cierta distancia ya están otras disciplinas pujantes como el *marketing* de contenidos (8,5%), creatividad (7,9%) y *lobby* (6,4%).

Las expectativas continúan siendo positivas, hasta el punto de que 8 de cada 10 consultoras prevén incrementar su facturación entre un 5% y un 30% en 2023. El 14% cree que sus ingresos permanecerán estables y prácticamente ninguna ha afirmado que se reducirá su negocio.

Con toda la cautela que se requiere, ya que en cuestión de *rankings* todo es posible, y tomando como referencia el *ranking* de facturación en España de las principales consultoras de comunicación elaborado por *Dircomfidencial* en base a los datos depositados en el Registro Mercantil sobre la facturación de las consultoras en España, solo LLYC, Atrevia y Tinkle superan los treinta millones de euros de facturación.

Esta explicación obedece a la confusión que generan los procesos de fusión que se han producido en los últimos años, lo que nos obliga a seguir la metodología de *Dircomfidencial* que recurre a los datos depositados en el Registro Mercantil sobre la facturación de las consultoras en España. En los casos en los que los datos no están todavía disponibles, las cifras las han aportado las propias consultoras, bien mediante nota de prensa o bien a partir de una respuesta a preguntas del medio.

El ranking está liderado LLYC, cuya facturación en España asciende a los 88,9 millones de euros en 2022 y 7 millones de beneficios, lo que supone un crecimiento interanual del 39%. Al ser cotizada, está obligada a ofrecer sus cifras de negocio de forma semestral.

En segunda posición se sitúa Atrevia, que obtuvo el pasado ejercicio 36,1 millones de euros, un 29% más que en el ejercicio precedente. De ahí, 27,7 millones proceden de sus operaciones en España (+27%). El año pasado la compañía logró alcanzar un EBITDA de 4,66 millones de euros, lo que marca un avance del 16% respecto al año anterior.

Tan llamativas o más son las cifras de Tinkle, según *Dircomfidencial*, al disparar sus ingresos hasta los 32,8 millones de euros, con una cifra récord también en beneficios, algo por encima de los 4 millones de euros. Con esta cifra, es la primera en ganancias con una operativa 100% concentrada en el mercado ibérico, con solo tres oficinas: Madrid, Barcelona y Lisboa.

Otra cosa es el ranking de productividad. Ahí, las cosas son muy distintas. Una simple operación aritmética invierte el orden del pódium y Tinkle se impone.

Entre las tres consultoras líderes, suman casi 1.800 empleados. La mayoría pertenecen a LLYC, que supera los 1.100 consultores en todos sus mercados; mientras que Atrevia posee 550 y Tinkle, 202.

El medio utilizado como fuente señala que LLYC tiene 21 oficinas en 12 países y Atrevia dispone de casi 20 oficinas en 20 países. Tinkle, por su parte, realizó en 2021 una operación corporativa de integración con Vivendi, mientras Atrevia está en modo expansión mediante adquisiciones, como LLYC: la última fue la operación de Apple Tree en Colombia.

En el cuarto lugar de la tabla, se sitúa Newlink, que además es la que más ha crecido del ranking. Facturó el pasado año un total de 19,3 millones de euros, un 58% más, como consecuencia de varios factores, entre ellos el de haber integrado en el grupo a la consultora Both People & Comms.

Seguidamente, se sitúan tres consultoras de similar nivel de facturación: Kreab, 16,6 millones de euros, (+11% sobre el ejercicio anterior), Roman, 16,3 millones (+44%) y Marco, 15,3 millones, (+15%).

La primera de las firmas pertenecientes a un gran *holding* multinacional de comunicación es OmnicomPRGroup —octava en el *ranking* español—, con 13 millones de euros de ingresos, un 31% más.

Cierran el *top ten* de facturación Apple Tree, con 12,3 millones de euros (+36%); y Prodigioso Volcán, con 11,3 millones de euros (+46%).

Por debajo de los diez primeros, ya se sitúan las compañías que facturan menos de 10 millones de euros. Encabeza este grupo Edelman, con 9,5 millones (+48%). Esta firma independiente norteamericana —la más grande del mundo— es además la segunda de más crecimiento en España.

Para encontrar la primera consultora en decrecimiento hay que bajar a la posición 12°, puesto que ocupa Estudio de Comunicación. Su facturación cayó un 25%, hasta los 9,2 millones de euros. Esta firma solía estar en las primeras posiciones del ranking en ejercicios pasados, pero su desempeño en 2022 le ha dejado fuera del *top ten*. Otra de las que también ha perdido facturación ha sido Equipo Singular, con 7,1 millones de euros, un 7,8% menos.

Rompe una racha negativa BCW Spain —del grupo WPP—, que el pasado ejercicio logró mejorar un 16% su facturación, hasta rozar los 8 millones de euros. En igual proporción, ha crecido Evercom, que se sitúa una posición por debajo de la multinacional, con 7,8 millones de euros.

La segunda firma de PR del grupo WPP es H+K, que también mejora sus cifras a doble dígito (+17%), hasta los 6,6 millones de euros registrados en 2022. Cierra esta tabla Harmon con 5,5 millones de euros en su primer ejercicio de actividad.

LLYC (Llorente y Cuenca)

En 1995, Olga Cuenca y José Antonio Llorente, con una amplia experiencia en Burson Masteller, tenían una idea clara: las necesidades de los clientes exigían un modelo de servicio más allá del tradicional de una agencia de relaciones públicas. Bajo este pensamiento fundaron Llorente y Cuenca (ahora LLYC) aunando sus apellidos, una consultora de comunicación que se ha convertido en la primera en España. Está especializada en comunicación, gestión de la reputación y asuntos públicos, y posee oficinas y presta servicios en más de una veintena de países.

Desde el comienzo trabajaron para convertir sus promesas de valor en una realidad para sus clientes, principalmente grandes empresas con presencia o intereses en los mercados de habla española o portuguesa. Entre sus aportaciones al sector, cuya acotación ha estado históricamente empantanada entre los conceptos de publicidad, relaciones públicas y comunicación, destaca haber adoptado el concepto de «Comunicación» frente al de «Relaciones Públicas».

Apenas dos años después de haber iniciado su andadura, concursaron para un *pitch* —lanzamiento— en Nueva York; se trataba de un encargo para una multinacional americana en Argentina y, para su sorpresa, lo ganaron, un paso que supuso el germen de su internacionalización.

Tan solo un año después de este éxito inesperado, en 1998, fueron de nuevo recomendados para asesorar a otra gran compañía, esta vez en Lima. Fue entonces cuando decidieron fundar su primera oficina en Latinoamérica a la que seguirían rápidamente otras hasta llegar a la red de 16 oficinas en 13 países que tienen hoy en día. De ese modo, respondieron a una idea que les rondaba desde su fundación: las empresas precisaban en los países de habla hispana y portuguesa de la misma ayuda sofisticada en comunicación que obtenían en el resto del mundo.

En 2020, LLYC adquirió la consultoría Diplolicy, especializada en asuntos públicos, relaciones institucionales y análisis de inteligencia competitiva.

En línea con su apuesta tecnológica, dentro del plan estratégico 2020-2022, LLYC se incorpora como *corporate partner* a Barcelona Tech City, la asociación privada que representa a más de 900 empresas del sector tecnológico y digital y que es el clúster de referencia del sector en el sur de Europa. A finales de 2019 se une a Torre Juana Open Space Technology para incorporar las tecnologías más avanzadas a la comunicación.

En 2019, la facturación de la compañía fue de 43,1 millones de euros, un 12,4% de crecimiento neto respecto al año anterior. América Latina representó el 55% de los ingresos y Europa el 45%. En 2020, LLYC alcanza una alianza con Voikers, compañía de estrategias de voz, así como con The Hub of Brands, comunidad empresarial colaborativa especializada en marketing y tecnología.

El tamaño y la importancia de esta consultora queda patente en los rankings más seguidos del sector: en el año 2020, LLYC ocupaba el puesto número 44 del ranking mundial de *PRWeek* y se situaba en el puesto 48 del Global Top 250 PR Agency Ranking 2020 de *PRovoke*.

El 22 de julio de 2021, la firma española debutó en el BME Growth (antes Mercado Alternativo Bursátil, MAB) con una capitalización de 109,3 millones de euros, convirtiéndose en la primera consultora cotizada en el mercado español. La compañía explicó que los fondos levantados se destinarían a financiar parte de su plan de crecimiento, con el que aspiran a duplicar su negocio en los próximos años.

En 2022, José Antonio Llorente dejó de ser CEO de la compañía para convertirse en el presidente, dejando el cargo de consejero delegado a Alejandro Romero Paniagua.

Las labores de la consultora abarcan un amplio espectro de especialidades. A saber:

- Asuntos públicos.
- *European Affairs.*
- Contexto económico.
- *Consumer engagement.*
- Operaciones corporativas y mercado de capitales.
- Influencia digital.
- *Stakeholders management.*

- *Talent management.*
- Estudio creativo.
- Crisis y riesgos.
- Deporte y estrategia de negocio.
- Transformación digital.
- Litigios.
- *Inbound marketing.*
- *Data & Analytics.*
- *ESG* y sostenibilidad.
- *Branding.*
- *Relaciones con inversores.*
- *Coaching* ejecutivo de comunicación.
- Educación directiva.

Esta veintena de especialidades se desarrollan hasta en doce países a través de más de un millar de consultores. Un equipo a la fuerza cada vez más multidisciplinar enfocado en ayudar a sus clientes a anticiparse en el contexto disruptivo actual.

Al frente de todo este entramado, estaba José Antonio Llorente, fundador y presidente, licenciado en Ciencias de la Información y especialista en Comunicación Corporativa y Financiera y autor de *El octavo sentido*, ensayo sobre la relevancia de la comunicación en la sociedad del siglo XXI.

Como periodista, Llorente trabajó en la Agencia EFE y en el departamento de Comunicación de la CEOE. Entre 1985 y 1995, ocupó distintos cargos en la consultora de comunicación multinacional Burson Marsteller, llegando a ser su consejero delegado.

El fallecimiento de Llorente, cuando se estaba elaborando este libro, hace presagiar sustanciales cambios en el sector de consultoras de comunicación en España dado que el que fuera presidente de LLYC no solo fue el fundador de la consultora, junto con Cuenca, sino el impulsor y el auténtico protagonista del éxito alcanzado por la primera consultora española del ramo.

Atrevia

Fundada originariamente como Inforpress por Núria Vilanova en 1988, Atrevia es una consultora española de ámbito multinacional, especializada en comunicación, gestión de la reputación y asuntos públicos. Posee oficinas en España, Portugal y Bélgica y en doce países de Sudamérica.

La presidenta y fundadora de la compañía, Núria Vilanova, fue una de las promotoras del Consejo Empresarial Alianza por Iberoamérica (CEA-PI), nacido en 2017, y ostenta la presidencia actual de la organización conformado por cien presidentes de las mayores empresas iberoamericanas.

En 2015, Inforpress cambió su nombre a Atrevia; en 2018 adquirió la empresa de publicidad Rigel y en 2019 consolidó una ampliación de modelo de negocio desde la tradicional agencia de medios a la consultoría y la empresa tecnológica.

La compañía produce anualmente junto al IESE Business School el informe *Las mujeres en los consejos de las empresas cotizadas* (cuyo origen es el Informe Foro del Buen Gobierno sobre empresas del IBEX 35) que analiza la composición y paridad de las cotizadas españolas.

La consultora ha desarrollado una metodología que permite a las empresas resolver problemas complejos, con múltiples *stakeholders*, a través de la escucha, la estrategia, la creatividad y diferentes prácticas de agencia y consultoría. Además, está muy ligada al campo de la investigación, teniendo acuerdos de colaboración con prestigiosos centros de talento (IESE, IE y Deusto Business School). Publican estudios, informes y libros de las últimas tendencias en comunicación y organizan encuentros para favorecer el acercamiento de sus clientes con los actores clave y sus públicos objetivo.

A mediados de 2023, Atrevia, puso en marcha La Luna de Atrevia, su propia agencia de creatividad, que nacía con un doble objetivo, por un lado, potenciar la estrategia de crecimiento de la compañía en el mercado publicitario; y por otro, impulsar la creatividad como motor de desarrollo en todas sus disciplinas y áreas de negocio.

La firma divide sus servicios en dos grandes bloques: la consultoría sobre asuntos corporativos y los servicios de *marketing* y comunicación.

El área de consultoría se diversifica a su vez en tres especialidades:

Asuntos públicos y corporativos:

- Asuntos públicos y relaciones institucionales.
- Prevención y gestión de crisis, *issues* y litigios.
- Propósito, reputación y sostenibilidad.
- Relación con *stakeholders* y licencia social.
- *Market access* y relaciones corporativas.
- Comunicación financiera y relaciones con inversores.
- Soportes, publicaciones y memorias corporativas.

- Movilización social y gestión de comunidades.

Cultura y personas:
- Comunicación interna, cultura y personas.
- Formación de portavoces y habilidades de comunicación para líderes.

Vigilancia y tracking de tendencias sociales:
- Investigación social y estudios de mercado.
- *Social listening*, inteligencia digital y *data analytics*.

La parte de agencia de marketing y comunicación se subdivide en:

Relaciones públicas e influencias ***marketing***:
- Comunicación de marca.
- *Influencers marketing*.
- *Branded content*.
- Eventos experienciales.

Comunicación y ***marketing*** digital:
- Estrategia y transformación digital.
- Data e *insights*.
- Media y negocio.

Publicidad y activaciones:
- Creatividad.5.
- Medios.

Con 23 años, Núria Vilanova fundó Atrevia, la consultora de comunicación que cuenta en la actualidad con un equipo de más de 350 personas y oficinas en 15 países. Participa en distintos consejos de administración y es miembro activo de asociaciones empresariales. Además de la comunicación, destaca su pasión por la transformación digital, la mujer, el liderazgo y la sostenibilidad. Ha escrito los libros *La esencia de la empresa familiar. Valores y comunicación*, *Actúa contra la crisis* y *Micropoderes, comunicación interna para empresas con futuro*, y es coautora junto con Iñaki Ortega de *Generación Z. Todo lo que necesita saber sobre los jóvenes que han dejado viejos a los milenials*.

En el ámbito del conocimiento, ha impulsado varias plataformas de investigación: es fundadora y copresidenta del Foro del Buen Gobierno y Accionariado, creado en colaboración con la escuela de negocios IESE, y fundadora del Observatorio de Comunicación Interna, con el IE Business School.

Forma parte del patronato de la Fundación FIES (Fundación Institucional Española), de la Fundación Pelayo, de la Fundación Ayuda en Acción y de la Fundación Hermes.

Recibió el Premio Maestro de la Comunicación de Relaciones Públicas de la Universidad de Blanquerna, el Premio Iberoamericano ASICOM-Universidad de Oviedo y el Individual Outstanding Achievement Award en los premios Sabre.

Tinkle

Fundada en 1999 por Javier Curtichs, Tinkle se ha ido expandiendo en estos 25 años, cubriendo todas las disciplinas de la comunicación y su trascendental evolución en este periodo, desarrollando una estrategia de supra-especialización, huyendo de acaparar más estadios de la comunicación o el marketing —boutique vs. bazar—, basándose en la creencia de que el *cross selling* de servicios de comunicación no se ajusta a las necesidades reales del mercado.

Es un hecho científicamente demostrado que el cerebro de una mujer está configurado para realizar más de una tarea al mismo tiempo, siendo totalmente capaz de hacer a la vez cosas que no tienen nada que ver entre sí y su cerebro siempre está activo, algo que no ocurre en el caso del hombre.El neurólogo Roger Gorski de la Universidad de California, confirmó que el cerebro de una mujer tiene un cuerpo calloso más grueso que el del hombre y por eso la mujer tiene un 30% más de conexiones entre los hemisferios que el hombre. Estas cifras han sido incluso duplicadas por otros científicos.

Por hacer pedagogía, cabe señalar que el hemisferio cerebral derecho e izquierdo están conectados por un haz de fibras nerviosas denominadas cuerpo calloso. Esta banda de fibras permite que los hemisferios se conecten ente sí e intercambien información.

Algunos teóricos en la materia se aventuran a realizar un símil con dos ordenadores que estuviesen situados en sus hombros y tuviesen un cable que los conectase entre sí. Este cable sería el equivalente al cuerpo calloso.

La razón es que el cerebro masculino está configurado para hacer solo una cosa porque tiene menos conexiones de fibras nerviosas entre los dos hemisferios cerebrales y porque su encéfalo está dividido en más secciones. Si se hace un escáner cerebral del hombre cuando lee se comprobará que está virtualmente sordo.

Las investigaciones revelan además que el estrógeno, la hormona femenina, impulsa a las células nerviosas a establecer más conexiones entre los dos hemisferios cerebrales. Este hecho también es el responsable de la habilidad que muestran las mujeres para llevar a cabo dos tareas que no están relacionadas y, asimismo, pone sobre la mesa hechos que hasta ahora se habían incluido bajo la expresión «intuición femenina».

Curtichs, que es un catalán listo y sagaz, puede que no conociera la teoría científica, pero tenía esa intuición que es la que le condujo a que, en 1999, formara un equipo de profesionales fundadoras, que han conformado el núcleo duro del éxito de la firma durante estos años. Anna Diloy, Nuria Salas y Olga Suanya; y pocos meses después Begoña Moreno. Eva Anaya, siendo la más joven, fue una de las primeras profesiones en prácticas en unirse a la firma, y actualmente es directora con equipos en Madrid y Barcelona. Hoy son todas directoras y forman parte del comité de dirección de Tinkle junto con Maria Pico que se incorporó en 2018.

Curtichs asegura que su estrategia siempre ha sido la de mantener el perfil bajo para su consultora y centrar todos los esfuerzos y capacidades en cada cliente como destinatario singular de sus servicios, a la vez que buscar la excelencia en cada subdisciplina de la comunicación, en el doble ámbito de agencia de comunicación en Brand-Marketing-PR, con una fusión total del *media, social, influencers, advocacy*, digital, *engagement*... y de otro lado de *advisory* en donde desarrolla las subdisciplinas de comunicación corporativa, comunicación financiera, *investor relations*, situaciones especiales o ESG. A esta estructura binaria se ha incorporado, cada vez con más fuerza, una tercera, bautizada como *People*, que incluye *employee engagement, change and transformation management, recluting communications,* etc.

A diferencia de sus principales competidores, siempre se ha centrado en el mercado de España y Portugal, aunque durante un tiempo tuvo oficinas en Miami, desde donde centralizaba toda la actividad en Latinoamérica, y en Singapore para Asia-Pacifico; aunque con la operación con Vivendi volvió rápidamente a concentrase en el mercado ibérico.

Tinkle es un ejemplo de evolución e innovación desde sus inicios, sin renunciar a la esencia clásica de las Relaciones Publicas, aunque combinándola con las nuevas capacidades del *New PR/New Communications*, en la creencia de que actualmente es un servicio imprescindible frente a la nueva realidad, del stakeholdismo o del ESGismo y en un eficaz antídoto frente a la presión social, activista o regulatoria.

En el prólogo de la edición española del *Manual de Comunicación y Relaciones Publicas* de Alison Theaker, Curtichs desvela una parte de su pensamiento: «Actualmente, y casi seguro en el futuro inmediato, el *New PR/New Communications* puede y debe dotar a compañías, marcas, lideres, causas o instituciones de la influencia, el respeto, la reputación, la prescripción y la libertad que requiere un ecosistema stakeholdista inestable, convulso, incierto, volátil y ambiguo. Además, está en permanente mutación y como nos ha enseñado la COVID-19, nunca sabemos los efectos de las nuevas variantes y/o los cambios de usos/costumbre o las restricciones oficiales que provocara».

El *New PR/New Communications,* según Curtichs, trabaja a dos niveles estratégicos y operativos, el de posicionamiento y promoción y el de protección y defensa. El de posicionamiento y promoción cataliza las oportunidades de la nueva realidad y asegura la conexión cualitativa, desde la credibilidad, la legitimidad y la recomendación con el universo stakeholdista. Y el de protección y defensa centra su actividad en los intereses, las posiciones actuales y la libertad de operar, de ambicionar crecer, de generar riqueza.

Concluye el autor enfatizando que «la nueva realidad requiere nuevos liderazgos, aceptando que el mundo no es ni mejor ni peor, es simplemente distinto. Y tenemos que estar preparados para anticiparnos y dar la bienvenida al cambio desde la normalidad, la positividad y el optimismo. Considero que estamos viviendo un mundo apasionante, somos generaciones afortunadas, que estamos experimentando a lo grande, ¡incluso la pandemia es una excepcionalidad apasionante! Si este nuevo mundo no funciona sin 4G o 5G, el mundo corporativo, financiero o del marketing, tampoco puede funcionar sin un *New PR/New Communications* a primer nivel del círculo decisor/directivo».

Desde 2022, Tinkle forma parte de la compañía Havas, sociedad del grupo Vivendi que cotiza en el CAC 40 con una capitalización superior a los 10.000 millones de euros, tras hacerse con una participación mayoritaria de la consultora española con el objetivo de reforzar su posición en el mercado de la comunicación no publicitaria y *advisory* en la región Iberia. Integrada oficialmente en la red global de asesoría estratégica (*communications advisory*) de H/Advisors, la firma continúa operando su negocio en España y Portugal bajo el liderazgo de su fundador.

La entrada de Havas, hito clave en la historia de esta consultora de referencia implicaba su inclusión en la red H/Advisors, presente en los principales mercados de capitales del mundo, brindando asesoramiento a juntas y ejecutivos a nivel mundial, combinando influencia local, experiencia nacional, perspectiva global y una gestión de proyectos especialmente fluida.

Desde su fundación en 2001 por Stéphane Fouks, H/Advisors, ha sido clasificada constantemente entre los principales grupos asesores de comunicación del mundo en transacciones globales de fusiones y adquisiciones, según las mediciones de Mergermarket.

Con la entrada en el accionariado de la firma española Tinkle, el grupo francés de telecomunicaciones y contenidos, Vivendi, materializa su objetivo de competir en consultoría estratégica *(communications advisory)*.

También, en 2022, Tinkle conseguía la certificación internacional B Corp, por cumplir con los más altos estándares en términos de desempeño social y ambiental, transparencia y responsabilidad empresarial. Según la evaluación de impacto B, Tinkle obtuvo una puntuación general de 91,1 lo que supone 11 puntos por encima de 80 que es lo que califica para la Certificación B Corp. La puntuación media de las empresas ordinarias que completan la evaluación es actualmente de 50,9. Dentro de esta puntuación, destaca la más elevada en relación con el impacto positivo de sus trabajadores, seguido de acciones de impacto comunitario, gobernanza, medio ambiente y clientes.

La actividad de Tinkle en el ámbito tecnológico es intensa, como lo demuestra el haber alcanzado la certificación Google Partner, convirtiéndose en una de las primeras agencias españolas de comunicación en conseguir este reconocimiento. Mas tarde entra en el programa oficial de *partners* de Meta (Facebook, Instagram y más), estando en la actualidad especialmente centrada en desarrollar el incipiente mundo de la Inteligencia Artificial y su interacción con la comunicación en todas sus dimensiones.

Javier Curtichs es Bachelor of Arts in Communications Studies y Master of Arts in Political Communications por Emerson College de Boston y Executive MBA por el Instituto de Empresa.

Ha sido director general de Burson-Marsteller para España y Portugal y de Shandwick. Inició su carrera profesional en Boston, donde trabajó en la división de comunicación de Arnold, incorporándose posteriormente en Madrid a Edelman y Porter Novelli.

Indicado como el «profesional más destacado de las consultoras de comunicación» por PR Scope en su edición 2024, acumula distintos reconocimientos como el de la lista de Forbes que, en su capítulo de Fenómenos empresariales creativos, le señala como uno de los profesionales más creativos en los negocios. Igualmente, y según la Fundación Marqués de Oliva, Curtichs es uno de los 500 españoles más influyentes.

Miembro del jurado en el Festival Internacional de Cannes Lions, en el ámbito académico ha participado como profesor invitado en masters de la Universidad Complutense o de la Universitat Pompeu Fabra; siendo cofundador y socio activo en el Centro Blanquerna de Comunicación Global en Barcelona.

En el ámbito editorial, ha prologado y colaborado en libros sobre gestión de la comunicación publicados por Profit, Harvard Business Review Press y Routledge. En el ámbito asociativo ha formado parte de la junta directiva de Transparencia Internacional España, de la Fundación Juegaterapia y de la junta del Benjamin Franklin International School en Barcelona.

Newlink

Consultora de comunicación con sede central en Miami (EE. UU.), fue fundada en 1998 por el periodista Sergio Roitberg. Autodefinida como consultora de conexión líder en España, dado que conectan marcas, personas e instituciones con un propósito compartido, Newlink Spain toma el relevo del talento, trabajo y dedicación desarrollado por Globally desde 1997.

Con un equipo de más de 100 personas en las oficinas de Madrid, Barcelona y Málaga, su experiencia en diferentes ámbitos del *marketing* y la comunicación permite a esta consultora abordar los retos que plantean los clientes desde los diferentes entornos de la conexión.

Además de España, y través de socios estratégicos, sus actividades se extienden a Estados Unidos, México, República Dominicana, Perú, Argentina y Chile.

Están especializados en las siguientes áreas:

- Turismo.
- Salud y Bienestar.
- Digital Marketing.
- Contenido.
- Investigación.
- Transformación Organizacional *Marketing* Multicultural.
- Producción Integral.
- Creatividad y *Branding*.

También son expertos en el manejo de crisis, reputación y asuntos públicos.

Su modelo de trabajo se basa en los principios de la consultoría colaborativa, desde el cual desarrolló su propio marco estratégico: el pensamiento orbital que se basa en la idea de un mundo hiperconectado, caótico y cambiante como es el de hoy.

Para alcanzar las metas de forma sostenible, Newlink considera que se debe crear un propósito común, sólido, para que todas las partes interesadas se sientan atraídas por él, generando así posibilidades de colaboración y de conseguir resultados transformadores.

En España, los más de 100 profesionales de la consultora están dirigidos por Olivier Vallecillo, CEO de la compañía y con una dilatada carrera profesional que comienza en Paniagua Consultores. Ha sido socio de IC&M, socio fundador de Globally. Vallecillo obtuvo el Grado en *Business Administration Saint Louis University*.

Kreab

Consultora fundada en el año 1970 en Suecia por Peje Emilsson y Jan-Erik Ander con el objetivo de prestar servicios de comunicación, ha ido adaptando su estrategia a los distintos tiempos hasta situarse en el *ranking* entre las más potentes dentro del ámbito español en donde está presente desde 2001 y cuenta con una plantilla de más de más de 180 profesionales.

Actualmente, cuenta con un centenar de profesionales y está integrada por Magnra, Omnicom/DAS y medio centenar de *partners*. En su conjunto, dan servicio a más de 500 clientes contando con 400 consultores de comunicación representados en más de 40 países

En el ámbito de comunicación financiera, Kreab ofrece sus servicios para la defensa corporativa, preparación de salidas a Bolsa, gestión de las comunicaciones en torno al capital riesgo, distintos informes financieros, procesos de fusiones y/o adquisiciones, privatizaciones y relaciones entre empresas e inversores.

En lo que concierne a las relaciones de asuntos públicos, Kreab proporciona a sus clientes su estrategia en cuestiones de competencia, asistencia judicial, seguimiento legislativo, asuntos europeos, construcción de opiniones, cuestiones de regulación y relaciones públicas.

Entre sus especialidades destacan las siguientes:

- Comunicación corporativa.
- Comunicación financiera.
- Relaciones públicas.
- Comunicación digital.
- Comunicación interna.
- Sostenibilidad y reputación.
- Kreab *academy*
- *Podcast*.
  Con un lenguaje directo y sencillo permite conectar con los destinatarios y mantener el *engagement* de una forma sostenible. Además, los *podcasts* se han mostrado de enorme utilidad, especialmente en situaciones de incertidumbre y en tiempo de reinvención.

Eugenio Martínez Bravo ha sido el máximo ejecutivo de Kreab Iberia desde el inicio de la actividad de la firma en España. Desde este puesto ha venido asesorando en materia de comunicación estratégica, financiera y asuntos públicos a los clientes de la firma, y cuenta con una amplia red de contactos en la comunidad inversora y en los medios de comunicación. Anteriormente fue director general de Comunicación Empresarial Investors Link, empresa del Grupo Omnicom, y trabajó durante varios años en HSBC en el área de Banca Corporativa y Mercado de Capitales. Hoy es CEO adjunto de Kreab Worldwide.

Roman

Bajo el lema de «*Reputation Matters*», Silvia Alsina es CEO de Roman, primera consultora de comunicación española que recibió el sello B Corp, organización que defiende el modelo de empresa sostenible y regenerativa más avanzado del mundo que exige a las compañías que cumplan con los altos estándares de desempeño social y ambiental, transparencia pública y responsabilidad legal.

Su portafolio ofrece los siguientes servicios:

- Comunicación corporativa.
- Comunicación financiera.
- Comunicación interna.
- Comunicación digital.
- Brands & Influence.
- Comunicación internacional.
- Public Affairs.
- Creatividad y *branding* (La Casa de Carlota).
- Good.
  Nueva unidad de Roman especializada en acompañar de 0 a 100 a sus clientes en su transición hacia la sostenibilidad, el impacto social y la activación de su propósito corporativo como propuesta de valor competitivo.

Silvia Alsina, propietaria de Roman, empezó como becaria en esta consultora en 1992. Veinte años después ejecutó lo que suele denominarse un MBO (*Management Buy Out* o compra de una compañía por parte de su equipo directivo) y le compró sus acciones al fundador, Santiago Román, por entonces CEO de la compañía que se había retirado un año antes por problemas de salud. Hoy, la CEO es Alsina y la consultora tiene sede en Barcelona, Madrid y Londres.

Marco

Nacida en 2002 como Marco de Comunicación, y con sede en Madrid, se autodefine como una de las agencias independientes de nacionalidad española más premiada y mejor valorada, especializada en crear marca y construir reputación.

Formada por un equipo de alrededor de 200 consultores, cuenta con oficinas propias en distintos países mediante la implantación del modelo *hub and spoke*, en más de un centenar de mercados.

En 2021, lanzaron la primera docuserie producida por la propia consultora, *Las nuevas fronteras de la Comunicación*, en la que explora las nuevas tecnologías, las emociones, la capacidad de adaptación y la nueva comunicación global.

Distribuye sus especialidades en nueve divisiones:

- European affairs.
- Corporate, health.
- Technology.
- Entertainment.
- Tourism.
- Lifestyle.
- Fashion & Beauty.
- Food & Beverage.
- Retail.

Sus servicios dentro de estas áreas incluyen:

- *Media realtions, Digital ecosystem, Imbound,* Marketing, *Big data & AI, Influencer marketing, Social Media, Events & Expertise, Audiovisual expresión, Branding & Design, Ideas & Creativity,* Asuntos públicos, Comunicación interna y Comunicación de crisis.

El equipo de Marco está dirigido por Didier Lagae, fundador y presidente ejecutivo. Lagae fue director general adjunto de Edelman España, dirigiendo las divisiones de Tecnología, Gran Consumo y Salud, director adjunto de la División de Gran Consumo y director de la División de Tecnología de Weber Shandwick Barcelona, director mundial de Comunicación de The Body Shop y director europeo de Comunicación de Levi Strauss & Co.

Empezó su carrera como periodista y es profesor visitante en ESADE y de la Universidad de Navarra.

Omnicom PR

El grupo Omnicom es una red mundial de agencias líderes en comunicación, *marketing* y publicidad que forma parte del grupo de los *Big Six* con sede en Nueva York. Actualmente opera en más de 100 países de los cinco continentes. (Más referencias en el capítulo de las grandes consultoras del mundo).

Su portafolio asegura que redefinen los problemas de comunicación de sus clientes, desarrollan soluciones estratégicas basadas en una profunda comprensión del entorno fruto del análisis etnográfico y la verificación cuantitativa, crean ideas y conceptos eficaces para sus clientes, y generan contenidos y activaciones relevantes para cada público, ya sean consumidores, empleados o sociedad en general.

Sus servicios comprenden las siguientes áreas de actuación:

- Investigación & estrategia.
- Difusión & amplificación.
- Creatividad & contenido.
- Análisis & evaluación.
- Public affairs.
- Sostenibilidad.
- Comunicación estratégica.
- Asuntos públicos.
- Omnicom PR brand solutions.

Joan Jordi Vallverdú es el CEO de Omnicom Media Group Spain siendo, además, el máximo responsable de todas las agencias del grupo (OMD y PHD) así como de todas las áreas estratégicas de servicios especializados.

Vallverdú se unió al grupo en el año 1992 y desde entonces ha desarrollado diferentes actividades en su seno. Tras la creación de OMD en 2001, fue nombrado CFO de la misma, hasta su promoción como director general de Omnicom Media Group en 2011.

Apple Tree

Consultora y agencia fundada en 2007 por Carmen Miró, Kirsty Brown y Olivia Walsh, aúna comunicación y creatividad y según sus fundadores su trabajo se basa en la metodología *New Thinking*, lo que supone realizar un estudio de los retos de las marcas desde distintos puntos de vista y crear estrategias de comunicación más innovadoras que otorgan nuevas ventajas competitivas.

La agencia pretende ayudar a empresas, marcas e instituciones a conectar con los consumidores de la sociedad.

La firma desarrolla estrategias de comunicación innovadoras que combinan *market insights*, PR estratégico, creatividad y *marketing* digital.

En el caso de estrategias e *insights*, el enunciado implica el conocimiento del consumidor, análisis e investigación y planificación estratégica.

En cuanto al PR estratégico, el concepto engloba la comunicación corporativa y de marca, *influencer marketing* y experiencial y eventos.

En materia de creatividad, la oferta contempla *branding*, diseño y producción.

En cuanto al *marketing* digital, Apple Tree aporta soluciones en contenido de marca, conversión y redes sociales.

Carmen Miró, Kirsty Brown son las CEO de la agencia y ambas coincidieron en Cluster Consulting, compañía de consultoría en *marketing* y comunicación para grandes empresas, fundada por Miró en 1993 que siete años más tarde contaba con 600 empleados y 12 oficinas en 8 países. En 2000, la empresa completó un exitoso proceso de venta y fue incluida en el NASDAQ. La fusión de Cluster con American Diamond Technology Partners sigue siendo la quinta M&A más importantes de España.

En 2003, dejó su puesto ejecutivo en Cluster Consulting para iniciar un nuevo proyecto junto a Kirsty Brown y Olivia Walsh que se hace realidad en 2007 —Apple Tree— un nuevo tipo de agencia, estratégica, digital y totalmente enfocada en la innovación.

Prodigioso Volcán

Bajo el principio de «La Comunicación Clara», esta consultora se ha posicionado en lugares de privilegio con una rapidez inusitada, trayectoria que puede verse truncada por el reciente fallecimiento de su fundador, Mario Tascón, en Buenos Aires.

Su objetivo nuclear no es otro que la comunicación clara que afecta a la transmisión de información relevante de forma fácil y eficaz y que ayude a conseguir los propósitos de hacer real el derecho a entender que poseemos los individuos.

Como Pablo Arjona ha señalado, Prodigioso Volcán es una compañía de comunicación difícil de catalogar. «No es una agencia de comunicación, ni creativa, ni de medios, ni tampoco un estudio de diseño... No entra dentro de la estructura de empresas que hasta ahora hemos conocido en la industria de la comunicación y que cada vez tiene menos sentido dada la ruptura de fronteras entre sus disciplinas por la transformación digital».

La rápida trayectoria ascendente de esta compañía ya fue reconocida en 2017 y 2018 por el *Financial Times*, que la eligió como una de las 1.000 empresas «gacela» de la Unión Europea, un selecto grupo que recoge a aquellas firmas que más crecen a partir de su tercer año de funcionamiento y al que pertenece solo un reducido número de empresas españolas.

Mario Tascón, socio director de Prodigioso Volcán, no se cansaba de repetir que «básicamente, nosotros solucionamos problemas de comunicación. Para eso nos llaman nuestros clientes». Ahí residía su éxito y en su agilidad y en su capacidad de ayudar a empresas y medios de comunicación en su proceso de transformación digital con fórmulas innovadoras, asesorando a compañías y departamentos de comunicación, acompañándolos en la orientación de sus objetivos, nuevos negocios y en la transformación de sus proyectos, narrativas y formatos.

En Prodigioso Volcán, se especializaron en diversas acciones:

- Diseño de estrategias y planes innovadores.
- Exploración nuevos modelos de negocio.
- Buscar soluciones innovadoras a su estrategia, acción comunicativa y posicionamiento digital.
- Aplicar estrategias de comunicación en entornos de cambio.

- Mejorar los productos existentes y trabajamos en la creación y desarrollo de nuevos productos y contenidos.
- Preparar las organizaciones para aumentar su eficacia y flexibilidad en la publicación en nuevos canales de distribución.
- Generar productos y proyectos disruptivos.

Su fuerte eran los medios de comunicación porque su fundador los había vivido durante muchos años. Su experiencia en la transformación digital de grandes medios de comunicación españoles e internacionales los había llevado a la puesta en marcha de Strómboli, un área de Prodigioso Volcán centrada en la paquetización de servicios innovadores para medios de comunicación. Diseñado para medios que necesitan de una asesoría rápida y económica, evaluaba el estado actual en el proceso de digitalización y ofrecían pautas de mejora para potenciar una auténtica transformación digital, trabajando en áreas como análisis de productos, análisis de métricas, SEO y optimización, arquitectura, diseño y UX, redes sociales, modelos de negocio, flujos de trabajo y capacitación y formación.

Mario Tascón, creador y alma de Prodigioso Volcán, era un escritor, periodista y consultor español especializado en el mundo digital y los nuevos medios que, en 2022, recibió el premio Internet a la trayectoria personal. Graduado en Magisterio por la Universidad de León, posteriormente realizó estudios de Psicología en la Universidad Nacional de Educación a Distancia (UNED), dirigió los procesos digitales de *El Mundo* y *El País*, así como el de otros muchos medios de comunicación internacionales.

En 2010, fundó la consultora Prodigioso Volcán e incluso presidió la Fundación del Español Urgente (FUNDEU), siendo autor de un buen número de ensayos relacionados con internet y la comunicación digital.

7

Pioneros y visionarios

A la hora de bucear en el mundo de la comunicación empresarial, entendida esta en su concepto más amplio y actual, es cuando uno se enfrenta a la confusión existente sobre la identidad que aqueja a la actividad de las relaciones públicas en España y solo aceptando esta premisa, se puede abordar la tarea de encontrar a los pioneros de la comunicación empresarial, en el sector de la consultoría, que no procedieran del mundo de las relaciones públicas.

De lo poco y superficial que se ha investigado sobre los orígenes de las relaciones públicas en España, se puede colegir que el nacimiento de esta disciplina podría situarse en los primeros años de la segunda mitad del siglo XX, muchas décadas después de su alumbramiento en EE.UU.

De esa época datan las iniciativas profesionales y los nombres que han quedado en la particular historia de esta actividad como pioneros de las Relaciones Públicas y que fueron quienes sentaron las bases de lo que hoy se entiende como comunicación empresarial o corporativa.

Como certifican las investigadoras de la Universidad de Navarra, Gutiérrez-García y Rodríguez Salcedo, el nacimiento de la disciplina de Relaciones Públicas en España se produjo primero en la práctica profesional. Un grupo de profesionales del ámbito publicitario detectó con perspicacia las nuevas necesidades comunicativas de la sociedad de los años cincuenta. Según los hechos históricos descritos, la profesión moderna de las llamadas entonces relaciones públicas comenzó en una agencia de publicidad, para luego extenderse rápidamente a labores que raramente sobrepasaron acciones de *publicity* y organización de eventos en las primeras y escasas em-presas de relaciones públicas de la España del tardofranquismo. Profesionales como Maestre intuyeron esa necesidad y, anticipándose a la demanda del mercado, establecieron una red de contactos internacionales que les permitió impulsar la práctica, organizarse como profesión e intentar aunar intereses.

En efecto, en España serán Joaquín Maestre, Joan Viñas y los hermanos Fontcuberta quienes inicien la actividad bajo la rúbrica de relaciones públicas, hoy un tanto obsoleta en su concepción y desarrollo. No en vano, los dos primeros serán los fundadores en 1959 de la Sociedad Anónima Española de Relaciones Públicas (SAE de Relaciones Públicas), primera agencia especializada que se crea en España.

Según estudiosos de la materia como Armendariz, Montero, Rodríguez y Verdera son muy escasas las investigaciones que se ocupan de bucear en sus antecedentes, lo que lleva a concluir que «no existieron verdaderas relaciones públicas hasta el final del franquismo», aunque en general se respalda la idea de que el nacimiento de las relaciones públicas en Europa, y también en España, se referencia al término de la Segunda Guerra Mundial, si bien no se puede quedar al margen la tesis de que esta actividad hunda sus raíces, según el común de los investigadores, en la publicidad, la propaganda comercial o la propaganda sin más, con las que comparte una serie de técnicas y herramientas prácticamente comunes y perfectamente consolidadas desde los inicios del siglo XX.

Pese a todos estos antecedentes, no fue hasta 1961 cuando se funda la primera asociación de profesionales de las Relaciones Públicas en España presidida por Juan Aparicio, franquista de pro y de la prensa del movimiento, y fundador de la Escuela Oficial de Periodismo.

No hay discrepancia alguna a la hora de endosar a Joaquín Maestre la paternidad de la actividad de las relaciones públicas en España, allá en los albores de la década de los cincuenta del siglo XX, medio siglo después de que Ivy Lee, periodista formado en la Universidad de Princenton, empezara su andadura como impulsor de las relaciones públicas en Nueva York.

Cuentan las crónicas que Joaquín Maestre, nacido en Las Palmas de Gran Canaria, fue un converso de la comunicación que inició su vida profesional en la publicidad, hasta que descubrió en 1958 las Relaciones Públicas.

En ese año y con motivo de un viaje a la Exposición Universal de Bruselas, entró en contacto con uno de los padres de las Relaciones Públicas modernas, el francés Lucien Matrat, quien le inculca la pasión por esta actividad y le incorpora a su equipo. A su vuelta a España y ante la incomprensión de todos, excepto de sus jefes, insiste en la idea de abrir una agencia de relaciones públicas.

Con anterioridad, había trabajado en la agencia Feyjo de Alicante que fundara Francisco Fontcuberta, propietario de la agencia de publicidad Danis en donde Maestre organiza el departamento de RP a la vez que se responsabiliza de cuentas de prestigio en Barcelona. Por esa misma agencia pasó Jesus Ulled Murrieta.

En el comienzo de su carrera, tiene que enfrentarse con la incomprensión y el desconocimiento de la profesión de relaciones públicas por parte de un público ignorante y desconsiderado. Pero pronto llegaría el primer cliente: la Sociedad Mutua de Maestros Sastres La Confianza. «Inmediatamente cambié ese nombre por el de Consejo Español de Sastres, que sonaba mucho mejor». Los modistos querían organizar un desfile de moda masculina en el hotel Ritz de Barcelona. En una sociedad machista como la España de los años sesenta, había que evitar que aquello pareciera —en palabras de Maestre— «un juego de mariquitas». Aquí entraron en juego las relaciones públicas. Luis Marsillach, reputado periodista de Cataluña, pronunció el pregón del desfile en el Ayuntamiento de Barcelona una semana antes del acto. Posteriormente, los costureros pudieron explicar a un grupo de periodistas los preparativos del desfile. «Aquel evento se resolvió muy bien, porque los sastres llenaron los salones del Ritz y Televisión Española divulgó el desfile».

Tras una fase de aprendizaje en Suiza, fundó en 1960 en Barcelona la Sociedad Anónima Española de Relaciones Públicas, lo que le acredita como el pionero, impulsor y maestro de las relaciones públicas en España. Cinco años más tarde nace en Barcelona la competencia con Jesús Ulled y Asociados.

Tras treinta de actividad, la multinacional Weber Shandwick adquiere SAE de Relaciones Públicas, lo que no fue inconveniente para que Maestre continuara como presidente hasta 2002 en la que fuera su empresa. En ese año abandonó la presidencia de Weber Shandwick Ibérica, empresa continuadora del servicio que iniciara con S.A.E. de Relaciones Públicas, poniendo así punto final a sus responsabilidades profesionales.

A sus méritos de profesional pionero, se añaden su labor académica como profesor de relaciones públicas en la Universidad de Barcelona y la Escuela de Altos Estudios Mercantiles. No menos importante fue su labor asociativa y divulgadora, organizando el primer congreso internacional de

RP en nuestro país y fundando en 1965 la primera asociación empresarial de la disciplina en España, la Agrupación Española de Relaciones Públicas (AERP).

Para la historia quedan programas para entidades como el Ministerio de Agricultura de los Estados Unidos, el Ministerio de Industria y Comercio de Canadá, el Hong Kong Trade Development Council, el New Zealand Kiwi Producers Board, el Instituto Brasileiro do Café, el Patronato de Turismo de Baleares, la Comunidad Turística de la Costa Brava y un buen número de empresas y entidades españolas y de diversos países.

La sociedad y el mundo de las relaciones públicas y de la comunicación supo reconocer la labor de quien fuera fundador de la Escuela Superior de Relaciones Públicas de Barcelona, fundador y presidente de honor de la Asociación de Empresas de Comunicación y Relaciones Públicas (ADECEC) nombrándole profesional de comunicación del año por el Collegi de Publicitat i Relacions Publiques de Catalunya o concediéndole la medalla de plata de la Asociación Francesa de RP.

Aunque fue Joaquín Maestre el auténtico impulsor de S.A.E. de Relaciones Públicas y pionero de las relaciones públicas en España, no sería justa la historia si no se incorporaran a esta crónica a Joan Viñas y a los hermanos Fontcuberta, las tres personas que profesionalmente estuvieron con Maestre en esta aventura.

El primero: distinguido periodista que desarrolló su carrera profesional mayoritariamente en la radio y en menor medida en los orígenes de la televisión y que terminó como diputado del Parlamento de Cataluña por Convergencia y Unión por invitación expresa del presidente de la Generalidad de Cataluña, Jordi Pujol.

De los hermanos Fontcuberta, Joan y Francisco, poco hay que decir, salvo que su fuerte era la publicidad desde que el primero fundara la agencia Danis en Barcelona y que estuvieron con Maestre desde los orígenes de la aventura de S.A.E. de Relaciones Públicas, aunque siempre con un papel secundario.

Todo indica que el proceso identitario al que se hace referencia en el inicio de este capítulo empieza a clarificarse desde el propio sector de las relaciones públicas y viene de la mano de Jesús Ulled, profesional brasileño asentado en Barcelona y fundador de la segunda agencia de relaciones públicas —Ulled y Asociados— tras la experiencia de Maestre y que sostiene que el verdadero comienzo profesional de la comunicación empresarial solo pudo realizarse a partir del cambio de régimen político en

1975, año que trajo la Democracia y la libertad a España, cuando los ciudadanos y las empresas redescubrieron la fuerza de la opinión pública.

Carlos Paniagua, licenciado en Derecho y fundador y presidente de Paniagua Consultores desde1985, era un hombre curtido en el mundo de la comunicación empresarial, lo que le hizo merecedor de ser el primer socio de honor —después vinieron otros como Rato, Solbes, Almunia o Draghi— de la Asociación de Periodistas de Información Económica (APIE), hecho que reflejaba «el buen rollo» existente, en un principio, entre las dos partes —periodistas y consultores— cuando se actúa con cierta limpieza.

Tan «buen rollo» fue capaz de generar Paniagua que pasará algunos años más hasta que se olvide que fue el creador y organizador de los campeonatos de mus para periodistas económicos, evento anual que reunía a lo más granado del periodismo económico.

Fuente inagotable de experiencias, anécdotas y reflexiones, recordaba sus comienzos cuando quiso alquilar un apartamento para su primer despacho profesional como consultor de comunicación empresarial, tras su salida de Mapfre y le dijo al propietario que se dedicaba a las relaciones públicas, y este le espetó: «¡Ahhhh, eso en mi casa sí que no!».

En aquel entonces, según Paniagua, el conocimiento de la comunicación por parte de la clase empresarial era nulo. Tenías que explicar, no que eras mejor que los demás, que, por otra parte, eran pocos, sino que te convertías en un misionero revelando qué era lo que hacías en realidad. Una anécdota más de Paniagua cuando su padre le dijo en cierta ocasión: «Ya me has dicho que eres asesor de imagen, pero, allí en Madrid, trabajar lo que se dice trabajar ¿en qué trabajas? Porque yo te pagué la carrera de Derecho, ¿no?».

Sobre las disquisiciones relacionadas con la denominación de la actividad de Relaciones Públicas, este vallisoletano, hoy retirado en Santander, recuerda con el gracejo que le caracteriza que «quisimos llamarnos asesores de imagen, que, si bien en un principio tenía sabor a paso de procesión de Semana Santa, luego fue un término al que se adhirieron peluqueros, esteticistas y afines, lo que volvía a devaluar el significado que queríamos dar a nuestra actividad. Fue así como llegamos a esto de la comunicación, vocablo tan amplio como para incluir otras actividades de diferente calado pero que, por ahora, parece que no estamos a disgusto con la denominación y cabemos todos los que, de una u otra forma, llegamos a la opinión pública a través de muy diferentes canales».

Eran otros tiempos, en los que los profesionales entonces de las relaciones públicas, pues así se conocía este trabajo en el mundo anglosajón, comprobaron, según Paniagua, «cómo el término hizo fortuna y se aplicaba también al que mandaba un ramo de flores a la esposa del presidente el 16 de julio, porque se llamaba doña Carmen; al animador de las barras de las discotecas e incluso hacía relaciones públicas la chica de vida licenciosa que se dedicaba a lo que siempre se ha dado en llamar el oficio más viejo del mundo; falacia total, porque, antes de dedicarse a ello, tuvo que comunicarlo, de donde se deduce que primero fue la comunicación».

Hay que reconocer que se ha recorrido en pocas décadas el mismo itinerario que en otros países ha exigido mucho más tiempo, como si en España nos hubiéramos sometido a un curso de inmersión comunicacional. Bien es verdad que la locura financiera de los últimos ochenta, los eventos del 92, la posterior crisis económica y la burbuja de las punto.com han sido las mejores plataformas de aprendizaje exprés que se podían haber tenido.

Sin que el orden presuponga prevalencia alguna en cuestión de méritos, no nos equivocamos si citamos a Jesús Ulled, brasileño de nacimiento y barcelonés de adopción, como uno de los pioneros de la comunicación empresarial en España.

Licenciado en Derecho, obtuvo el título de periodista por la Escuela Oficial de Periodismo de Barcelona y tras ejercer brevemente la carrera de abogado entró a trabajar en Danis, agencia de publicidad por donde también pasaría Maestre.

Ulled siempre tuvo conciencia de la importancia de la comunicación en la empresa y tuvo ocasión de demostrarlo en su empresa Ulled Asociados, agencia de relaciones públicas, que fundó en 1964. Lo hizo posiblemente sin darse cuenta de que estaba creando los fundamentos de una nueva profesión.

Para este pionero de las relaciones públicas y de la comunicación empresarial, cuatro son las áreas de excelencia interconectadas, lo cual puesto en contexto de 1964 tiene su mérito e interés.

La primera de ellas, la *Corporate*, consistente en elevar la estatura de la marca corporativa, ampliar su reconocimiento y proteger la reputación de la empresa.

La segunda, *Lifestyle*, que perseguía descubrir los *insights* de la marca para conectar con el target mediante las ideas más creativas y medios innovadores.

Una tercera, que denominó *Marketwise*, consistía en la creación de valor en todos los eslabones de la cadena para obtener impacto efectivo en el mercado y maximizar las ventas. Por último, la *People* tenía como objetivo alinear los equipos con la estrategia de la organización, dotarles de confianza y prepararlos para competir y crecer.

Recurrimos nuevamente a Paniagua para abordar el futuro de esta actividad al resaltar que hay dos factores que están lanzando a la profesión a un futuro más prometedor: El primero radica en la atención que se está prestando a la valoración de los activos intangibles, la marca como bien emblemático, que, a la postre, ayudará a que nuestra labor, a veces considerada como creación de humo, tenga también un evaluación tangible y contable.

La segunda, cómo no, el desarrollo de las nuevas tecnologías y la gestión en redes sociales que hacen que esta actividad incremente su valor de forma inmediata e ilimitada, numérica y geográficamente. «Y pensar que muchos creímos que habíamos llegado al colmo de la tecnología con el fax…».

Puede haber llegado el momento de traer a estas páginas a Justo Villafañe que pasa por ser uno de los más acreditados expertos en gestión y medición de la reputación corporativa.

Catedrático de Comunicación Audiovisual y Publicidad y profesor de Imagen Corporativa de la Facultad de Ciencias de la Información de la Universidad Complutense, fundó la firma Villafañe & Asociados, especializada en consultoría en la gestión de los activos intangibles de las empresas.

Creador de uno de los *rankings* sobre reputación corporativa más prestigiosos del mercado: el índice Merco (Monitor Empresarial de Reputación Corporativa), figuraba como miembro de numerosas asociaciones profesionales y de investigación, y es autor de libros como *La gestión profesional de la imagen corporativa*, *La buena reputación*, *La buena empresa*, *Imagen positiva* o *Quiero trabajar aquí*.

Juan Cruz Más, periodista por la Universidad de Navarra, de la que fue profesor, profesional de la comunicación y empresario, merece figurar en la corta lista de pioneros de la comunicación empresarial sin cuya presencia sería difícil determinar con rigor la evolución de la comunicación corporativa en España.

Trabajando en la CEOE entró en contacto con el mundo empresarial e identificó la necesidad que había, en aquellos años, de agencias de comunicación corporativa con estándares profesionales, fundando en 1986 la consultora Comunicación Empresarial, —más tarde Porter Novelli Iberia— empresa que dirigió durante más de 25 años.

En 2013, se unió a Quum Comunicación, consultora de marca y comunicación fundada en Madrid en 1986, como consejero ejecutivo aportando así su experiencia como consultor en comunicación. Entre 1998 y 2002, presidió ADECEC, y como tal fue miembro de la Junta Directiva de la patronal CEOE.

Joan Costa Solà-Segalés, más conocido como Joan Costa fue un teórico comunicólogo, diseñador, investigador y metodólogo español que ha incursionado en el terreno de la utilidad pública del diseño y desarrolló áreas de estudio como la señalética, la esquemática y la cientigrafía.

Autor de más de dos docenas de libros y de centenares de artículos sobre imagen, diseño y comunicación, publicados en diferentes países de Europa y América, fue uno de los fundadores europeos de la «ciencia de la comunicación visual», en cuyos orígenes se encuentra su libro pionero *La imagen.*

Ha aportado diversas innovaciones conceptuales y metodológicas al campo de las comunicaciones integradas y, en su desarrollo actual, a la figura de la dirección de comunicación empresarial e institucional (dircom). Su trabajo se ha desarrollado en los campos de la comunicación visual y audiovisual y la comunicación social aplicada a las organizaciones. Su trabajo ha contribuido al fomento de actitudes transdisciplinarias para la integración de la acción y la comunicación.

Costa planteó que un nuevo mapa del mundo de la comunicación se estaba configurando, el cual se expande y diversifica debido a la revolución tecnológica por un lado y a la sociedad que se está transformando de estar sometida y pasaba a ser una que actúa y participa en una democracia. Como parte de tal reconfiguración, se encuentra el surgimiento de las organizaciones sociales que se anteponen a su contraparte, las empresas y los negocios.

8

La publicidad como comunicación creativa

¿Cuándo se gestó la modernidad en España?

Difícil pregunta, en ningún caso baladí, y cuya respuesta se hace obligada si de lo que se trata es de encontrar un hueco en la historia donde ubicar la publicidad, como ciencia social que es.

Sánchez Albornoz, en su testamento político, tras pelearse durante muchos años con Américo Castro, afirma que España cruza la barrera cronológica de 1900 sin haber padecido las tres grandes revoluciones que contribuyeron a hacer de Europa una de las regiones más desarrolladas del mundo con una economía diversificada y altamente avanzada.

El siglo XVIII es el siglo de la modernidad en occidente, durante el cual Europa asiste a las mayores revoluciones filosóficas, científicas y políticas, hasta el punto de convertirse en la referencia obligada de los actuales campeones de la posmodernidad.

España, sin embargo, empieza el siglo en plena crisis demográfica y política, y el cambio de dinastía engendra la teoría de las dos Españas. De un lado están los afrancesados, europeístas; del otro, los nacionalistas, casticistas, tradicionalistas. Esta dicotomía no es solo política sino también artística. Se exalta o se denigra lo nuevo, se exalta o se denigra el progreso. En otras palabras, la modernidad hace su aparición dividiendo ideológicamente a los españoles, y la modernidad caerá derrotada cuando las fuerzas más tradicionales del país se opongan a la invasión francesa a principios del XIX.

José Luis Pinillos, reconocido psicólogo e intelectual español, ahonda en la cuestión al afirmar que cuando, por fin, el país estaba a punto de incorporarse a la modernidad de la que habíamos quedado ausentes en el siglo XVII, una sucesión de acontecimientos políticos de gran envergadura —la revolución francesa, la guerra de la Independencia, veinte años de absolutismo fernandino, el problema de los afrancesados o la independencia de las colonias— interrumpieron el proceso y pusieron un largo y penoso paréntesis a nuestra incorporación, por lo demás ya bien tardía, al proyecto de la Ilustración, que entre tanto había seguido progresando. Con la restauración borbónica (1875-1931), enfatiza Pinillos, España recobró el aliento y se dispuso por segunda vez a reanudar la carrera para recuperar el tiempo perdido.

«Esta segunda salida del país hacia la modernidad da sus primeros frutos a partir de 1850, más o menos, pero con variantes que dependen de las materias y de circunstancias que no son ahora del caso. A título meramente ilustrativo haré alguna puntualización. Por ejemplo, el impacto social del evolucionismo, el desarrollo de las ciencias humanas, la creación de una conciencia social crítica y la aparición del modernismo pusieron en guardia al Vaticano que, a través de Encíclicas y de la movilización de las órdenes religiosas pretendió frenar el librepensamiento. Con este motivo, la Institución Libre de Enseñanza, los intelectuales y la prensa entraron en acción y se abrió una agria polémica sobre la ciencia española, en la que se dibujaba ya la existencia de dos maneras radicalmente opuestas de entender España. Ello parece ajeno al ámbito de la ciencia tal como lo definimos hace un momento, pero no lo es en el sentido de que ese enfrentamiento constituyó uno de los desencadenadores más activos del conflicto que paralizaría por tercera vez la larga marcha de España hacia la modernidad».

Posiblemente sea esa la razón para que muchos autores no tengan del todo claro el origen de la publicidad en España, aunque tampoco tengan claros los teóricos en qué medida la publicidad forma parte de un proceso integral de la comunicación de una empresa, institución, entidad u organismo. Pero ese es otro debate o harina de otro costal.

Salvando las teorías ultrahistoricistas que toman como referencias las pinturas rupestres o la aparición de la imprenta, y dejando al margen las teorías que se centran en el hecho de que la publicidad es algo inherente a la especie humana que se caracteriza por su capacidad de comunicación persuasiva, por perseguir unos fines concretos, ya sean comerciales o no, lo cierto es que la publicidad moderna en el mundo desarrollado lleva una vida pareja a la revolución industrial que tuvo en Mánchester su referencia histórica.

Aunque Inglaterra es el pionero en la modernización económica y social que trajo consigo la Revolución Industrial, siempre se ha considerado a Estados Unidos el lugar donde nace la publicidad moderna con la primera aparición de una agencia de publicidad tal y como la conocemos hoy en día.

La primera agencia de la historia reconocida data de 1786 y se llamaba William Taylor, con origen en Londres, y la primera agencia de Estados Unidos aparece en 1849 en Filadelfia se llamaba Volney B. Palmer y ya se presentaba como una agencia de publicidad que se encargaba de repartir los anuncios que producían sus clientes por diferentes periódicos. Otra agencia que se mantiene a día de hoy desde el año 1812 es Reynell & son, que se mantuvo como una empresa familiar hasta 1993 y que ahora forma parte de TMP Worldwide bajo el nombre de TMP Reynell.

Otra figura importante en la creación de agencias de publicidad fue James Walter Thompson, quien en 1868 fundó la agencia JWT en Nueva York. Thompson introdujo el concepto de «campaña publicitaria» y desarrolló técnicas de investigación de mercado y psicología del consumidor para crear anuncios más efectivos.

Thompson daba asesoramiento gratuito a los anunciantes ayudándoles a elegir periódico y, de entre todas las opciones disponibles, en cuál se podía anunciar para llegar a sus clientes. Presentaba el arte final del anuncio y tramitaba cualquier gestión. Más allá de la creatividad, James Walter Thompson trajo al negocio de la publicidad un método de cobrar por sus servicios que hoy en día sigue vigente: las comisiones. Como queda claro en *Mad Men*, cuanto más dinero invierta un anunciante, más dinero se llevará la agencia gracias al sistema de comisiones. Pronto abrió oficinas por toda la costa este de Estados Unidos y su éxito atrajo a otros que rápidamente vieron en este sistema un negocio próspero y fue así como se sentaron las bases de las actuales agencias.

Todo ello sin olvidar que la teoría dice que, para ser efectiva, la publicidad necesita llegar a mucha gente y ello solo sería posible a partir de que 1450 cuando Gutenberg con la invención de la imprenta que abriría camino para el primer medio de comunicación: el periódico impreso.

Esta afirmación no se convertiría en realidad hasta que, en 1625, el periódico británico *Mercurius Britannicus* publicara su primer anuncio publicitario y, casi seis años más tarde, naciera la primera sección de anuncios, aunque por aquel entonces la publicidad aún no tenía un lenguaje persuasivo ya que su intención era apenas presentar el producto o servicio a los lectores.

Y, como en muchos otros momentos de la historia, España perdió el tren de este proceso tan vital para el devenir de la historia moderna y solo pudo subirse al vagón de cola de forma tardía al calor del crecimiento de los medios de comunicación, fundamentalmente de papel, teniendo la publicidad en ese momento, como principal objetivo, la salud y la mujer.

Los investigadores en la materia muestran una cierta unanimidad en aceptar que, en el primer tercio del siglo XX, debió producirse en el ámbito publicitario dicha modernidad, hipótesis que resulta de la asunción de que solo es posible hablar de publicidad (moderna) cuando los factores que intervienen en el proceso de comunicación publicitaria —anunciantes, medios y agencias de publicidad— convergen y se interrelacionan. Y todos en su sentido contemporáneo.

Debemos interpretar que cuando nos referimos a las agencias de publicidad moderna nos referimos a empresas enfocadas a crear, planificar y gestionar campañas publicitarias tanto de promoción como de *marketing* en sí mismo para mejorar los resultados de una empresa que contrate sus servicios.

Sea como sea, lo cierto es que todo ello y las peculiaridades del sector de la publicidad en España hacen difícil identificar de forma clara a los profesionales que han tenido un protagonismo claro en la evolución de la publicidad moderna en nuestro país, a lo que hay que unir la segmentación de las agencias de publicidad que no hace fácil la selección de profesionales que han marcado un punto determinante en la hoja de ruta en la historia del sector en España, si bien es cierto que Barcelona y la publicidad forman un binomio indiscutible en el nacimiento de la publicidad moderna.

En efecto, el sector de la publicidad, como consecuencia de la complejidad del mercado, está especialmente fraccionado, lo que arroja un amplio espectro de agencias, según el rango de especialidades que abarca diversas categorías: publicidad 360º, medios, creatividad, investigación de mercados, marketing digital o BTL (*Below The Line*) si es que alguien busca un punto de sofisticación.

En España, no es hasta 1872 cuando se inaugura la primera agencia de publicidad de la mano de Rafael Roldós i Viñolas, un publicitario barcelonés que en 1896 fundaría el diario *Las Noticias,* periódico que durante las dos primeras décadas del siglo xx llegaría a ser una publicación de referencia en Barcelona.

Pero su actividad fue mucho más allá: publicidad exterior (exclusiva de los tranvías de Madrid y Barcelona), mobiliario urbano (urinarios públicos para la Exposición Universal de 1888), editor e incluso innovador en materia de las promociones y los planes de fidelización. Y es que en 1886 crea la Sociedad de Artistas Españoles dedicada a las reproducciones artísticas y parte de su producción se empleará luego en premiar a los suscriptores fieles de su diario.

Fundó el Centro de Anuncios Roldós y Cia que se encargaba de ofrecer servicios publicitarios de manera organizada. Esto surge en un periodo de revolución industrial y textil en Cataluña a finales del siglo XIX, en el que los agentes publicitarios median entre anunciantes y medios de comunicación para sacar el máximo rendimiento a la buena situación en la que se encuentran.

Empezó a trabajar como corredor de anuncios en el *Diario de Barcelona,* el Brusi, en 1857, a la edad de tan solo once años. Inició su actividad vendiendo espacios publicitarios del diario a varios anunciantes. Él mismo realizaba todo el proceso: preparaba los anuncios que le encargaban, los llevaba a la imprenta y, después de comprobar su publicación, cobraba una comisión. Después de años de experiencia en un mundo publicitario que apenas empezaba a nacer. Con veintiséis años, fundó el centro de anuncios Roldós y Compañía, el que fue la primera agencia de España que se dedicó exclusivamente a ofrecer servicios publicitarios.

La visión del negocio publicitario de Roldós y los otros pioneros de la publicidad propició la profesionalización de esta actividad con la creación de las primeras agencias de publicidad barcelonesas.

Hasta entonces, la industria publicitaria española había mantenido unas estructuras y una metodología muy simples y es a partir de ahí cuando empieza a descubrir su potencial sobre la sociedad española. Y eso ocurre a partir de comienzos del siglo xx cuando las agencias de publicidad cambian su estructura y pasan de ejercer una mera intermediación a constituirse como empresas técnicas, fundamentadas en el proceso creativo publicitario.

Como consecuencia de ello, se inicia un periodo de intensa actividad en el panorama nacional de agencias publicitarias, con multitud de fusiones y adquisiciones. Roldós tras la fusión de varias agencias pasó a llamarse Roldós-Tiroleses S. A. de Publicidad hasta 1932, y posteriormente se denominó Roldós-Gispert S. A. hasta 1939.

En los comienzos de los años treinta del siglo XX, y tras un periodo convulso marcado por crisis económicas, guerras y otros conflictos políticos que originaron un retraso en la producción y la oferta de bienes y servicios, la publicidad en España vive un breve periodo de esplendor, que pronto se verá truncado por el estallido de la Guerra Civil.

El 29 de diciembre de 1928, se firma la constitución de Roldós-Tiroleses; es la primera gran fusión de agencias de publicidad de España. Esta alianza, que se disolverá apenas tres años después, es un indicador del panorama publicitario existente en España en el primer tercio del siglo XX y representa mucho más que una alianza entre empresas. En palabras del investigador García Ruescas, esta estructura será capaz de «ofrecer gran variedad de servicios de forma eficaz a los que poco a poco iban engrosando la lista de clientes, para ver con más fe a lo que entonces se llamaba propaganda. Así nació una empresa que titularon Roldós-Tiroleses, S. A., de Publicidad, una de las agencias más prominentes del sistema publicitario español» que tiene como actividad llevar a cabo la «explotación de publicidad y propaganda en todos sus ramos y aspectos [...] pudiendo establecer cuantas centrales, sucursales y delegaciones o representaciones juzgue convenientes, siendo su duración indefinida a partir del día primero de enero de mil novecientos veintinueve».

Los protagonistas de esta fusión empresarial son Roldós y Compañía; Los Tiroleses, S. L.; Helios; Prado Tello; Agencia Reyes; Agencia Sevillana de Publicidad, y Sociedad General de Anuncios de España. El capital social: ocho millones de pesetas.

El valor de esta iniciativa empresarial reside en tres aspectos fundamentales. El primero, porque es la primera fusión de agencias de publicidad del país, lo que la convierte en un referente para el sector publicitario español. El segundo aspecto, porque supone un aumento en cuanto a la cobertura territorial de servicios, ya que se establecen sucursales en las principales ciudades españolas. Finalmente, porque impulsa y fomenta la realización de diferentes iniciativas publicitarias que se celebran en los años posteriores, como exposiciones, conferencias o concursos.

En 2022, se conmemoró el 150 aniversario de la agencia. Un siglo y medio de actividad ininterrumpida es un hito que muy pocas empresas alcanzan.

Uno de los pioneros en introducir la técnica publicitaria en España fue Prat Gaballí, gran conocedor de la técnica publicitaria experimentada en Estados Unidos. En 1913, Prat Gaballí fundó la revista *Comercio*, la primera publicación que hablaba sobre asuntos publicitarios casi de un modo exclusivo.

Llegados a este punto, parece apropiado recordar a dos figuras señeras de la historia de la publicidad en su faceta creativa: Rafael de Penagos Zalabardo y Federico Ribas Montenegro.

El primero porque sus carteles siguen siendo probablemente los más representativos del estilo *art decó* en España. La estilización y la elegancia comandaban sus creaciones junto con Ribas; creó una nueva manera de vender las cosas y la publicidad moderna. Sus ilustraciones son icónicas y desprenden un aire cosmopolita bien representado en sus mujeres, creando un tipo de mujer española que bebe de las influencias europeas, siendo una mujer alta, estilizada, elegante, que fuma, con el pelo corto y muy activa en la vida social, hasta el extremo de que todas las mujeres del Madrid de los años 30 querían ser una «chica Penagos».

Ribas, virtuoso dibujante y excelente publicista, llegó a ser el ilustrador mejor pagado del momento. Colaborador habitual de numerosos medios de comunicación desde mediados de la primera década del siglo pasado, sus dibujos forman parte de la imagen corporativa de Gal/Heno de Pravia, una de las marcas españolas que ya eran internacionales en los años 20 del siglo XX. Las abundantes portadas e ilustraciones, junto con los abundantes diseños publicitarios, le otorgarán una innegable fama en su tiempo, y a sus dibujos una difusión popular que los convierte en imágenes familiares, aunque poca gente hoy en día sepa identificarlos como del autor gallego.

Junto a estos dos grandes dibujantes e ilustradores con un peso específico en la publicidad española que nadie niega, otros nombres salpican la historia de la publicidad, entre los que sobresalen Luis Pérez Solero, Salvador Bartolozzi, Josep Renau, Joaquín Lorente o Eduardo García Benito.

Durante los años veinte, empujadas por la presencia de grandes anunciantes extranjeros, las agencias españolas adoptan la nueva forma postulada por Prat Gaballí y algunas grandes multinacionales publicitarias se asientan en Madrid: Publicitas (suiza), Rudolf Mosse (alemana), Crawford (inglesa), Havas (francesa) y J. Walter Thompson (norteamericana), fenómeno que venía a anunciar fusiones y adquisiciones en el largo plazo y procesos asociativos que dieron como resultado la Asociación Española de Anunciantes (AEA); la Asociación Española de Publicidad Exterior (AEPE); la Asociación Española de Mercado, Marketing y Opinión (AEDEMO); la Asociación Española de Publicidad Técnica (AEPT); la Asociación de Control, Técnicos de Publicidad; la Asociación de Jóvenes Españoles Publicitarios; y un largo etc.

Inmersos en ese sector extraordinariamente segmentado, un nombre acapara un considerable protagonismo en el mundo de la publicidad moderna. Lluís Bassat i Coen es uno de los profesionales más reconocidos de la historia de la publicidad en nuestro país y conocido como el publicitario del eslogan *«som sis millions»* campaña institucional de la época de Jordi Pujol que ha pasado a la memoria colectiva de los ciudadanos de Cataluña y que coincidía con la población que había en esa comunidad autónoma en ese momento.

Nacido en Barcelona en 1941, en 1975 fundó la agencia de publicidad Bassat & Asociados, en Barcelona, que comenzó con una plantilla de tres personas y un cliente. Desde el principio, uno de sus objetivos no era otro que asociarse con una gran organización multinacional, preferentemente, Ogilvy & Mather, objetivo que conseguiría años más tarde (1980) y que le permitiría renombrar su agencia como Bassat Ogilvy Iberia del que fue nombrado presidente para España y Portugal. Desde 1987 y durante ocho años desempeñó el cargo de asesor de publicidad, comunicación e imagen de la presidencia de la Generalidad de Cataluña, a la sazón Jordi Pujol de Convergencia Democrática de Cataluña (CDC), cargo que abandonó con la llegada de Pasqual Maragall del Partido de los Socialistas de Cataluña (PSC).

Bassat cuenta el proceso de «fusión» con Ogilvy & Mather, el rey de Madison Avenue, cuando solo había cumplido 34 años: «Fui a Nueva York a entrevistarme con él sin ninguna cita previa y la primera persona que me recibió en Ogilvy fue la secretaria de un ejecutivo de cuentas a la que dejé un mensaje para David Ogilvy (que para mí siempre ha sido el hombre más importante e influyente en el mundo de la publicidad). Luego fui subiendo escalones en mi comunicación con ellos, hasta que al cabo de un mes me recibió David Ogilvy con Jack Elliott, que acababa de ser nombrado presidente mundial en sustitución del propio David, que siguió como director Creativo».

Técnico de publicidad y diplomado en ciencias sociales y administración de empresas, Bassat empezó vendiendo televisores a domicilio mientras estudiaba Económicas, hoy no solo es recordado como un pionero de la publicidad moderna española, sino como el hombre que aspiró a la presidencia del club de fútbol de Barcelona en las elecciones de 2000 y 2003; sin embargo, ninguna de esas elecciones las ganó.

Poseedor de numerosas condecoraciones y reconocimientos, durante su carrera ganó más de 400 premios, y en el año 2000 fue designado el mejor publicitario español y latinoamericano del siglo XX y cuatro años más tarde apareció en una lista de «Los hombres más influyentes de la publicidad»

Como legado para los publicitarios quienes quieran interpretarlo, Bassat enfatiza que «para que la publicidad sea totalmente efectiva, ha de vender el producto y construir la marca. Si además de efectiva queremos que sea óptima, también ha de hacer algo por la sociedad. Pienso que fui el primer publicitario que puso en un anuncio a un padre dando el biberón al bebé».

Para la historia quedan inolvidables campañas y creaciones de marca como las de Filomatic con Gila —«*Filomatic da un gustirrinín*»—, Chup Chup, Avecrem, Adidas, Fundación Purina, Prénatal, Hellmann's y un largo etc.

Poseedor de una colección de casi 3.000 obras de arte contemporáneo, la gran mayoría catalanas, cifra nada desdeñable si se compara con el número de cuadros expuestos en el Museo del Prado: 1.200.

Bassat es uno de los fundadores de la Academia Catalana de Gastronomía y fue miembro del Consejo de Dirección de la Academia Española de Gastronomía y junto con Rafael Ansón es uno de los profesionales de la comunicación y del *lobby* que encuentra en la gastronomía su mundo y aparte.

Sería, sin embargo, a partir de la década de los 60 cuando la publicidad española realmente se organizó y despertó del letargo impuesto por la dictadura. Es a partir de entonces cuando se empezaron a dar las circunstancias idóneas que cimentarían el negocio publicitario nacional: nacen las primeras revistas profesionales, las primeras asociaciones y escuelas de publicidad, la apertura al exterior trae consigo nuevos profesionales de otras disciplinas, se desarrolla el *marketing* y la investigación de públicos, llega la poderosa televisión y se da, al fin y al cabo, toda una revolución creativa.

Uno de los nombres que descolla como adelantado en el mundo de la publicidad moderna de esta época es Miguel Ángel Furones que, a decir de muchos estudiosos de la evolución del sector, ha sido uno de los más destacados profesionales de la publicidad española de los últimos 40 años y el único publicitario de nuestro país que alcanzó la cúpula creativa mundial de una red internacional como Publicis.

Nacido en Madrid, licenciado en Sociología y diplomado en Publicidad, su carrera en el sector se inició en el departamento creativo de J. Walter Thompson. En 1978 dio el salto a Contrapunto y en 1980 puso en marcha Vitruvio 30, con participación en el capital de la propia Contrapunto.

En 1989, después de varias operaciones accionariales, se asoció con la red estadounidense Leo Burnett Wordlwide y se convirtió así en presidente de Vitruvio Leo Burnett.

El prestigio profesional de Furones y de la agencia que presidía —que con el tiempo pasó a denominarse Leo Burnett Iberia— se fue afianzando en la red hasta el punto de que, en 2001, el publicitario español fue nombrado director creativo mundial adjunto de la compañía, cargo que suponía un primer escalón para sustituir en la máxima responsabilidad creativa de la red a Michael Conrad.

El relevo se produjo, efectivamente, dos años más tarde y, con ello, Furones se convirtió en el primer, y hasta ahora único, profesional español en ostentar la dirección creativa mundial de una gran red multinacional de agencias.

En 2010, Furones sustituyó a José Manuel Pardo en la presidencia no ejecutiva del grupo Publicis Iberia, de la que Leo Burnett era una de las filiales. Ocupó esa responsabilidad hasta el año 2018, cuando se retiró y pasó a ocupar un puesto honorífico en el seno del grupo.

Su última aventura profesional fue la puesta en marcha de Presidentex una consultora a través de la cual cinco destacados veteranos profesionales del sector ofrecían consejo y asesoría a agencias y anunciantes. Coparticipaban con Furones en la iniciativa Fernando Herrero, Agustín Medina, Francisco José González y Juan Ramón Plana.

Por alusiones y dado que Contrapunto ha sido citada como una de las grandes agencias de publicidad española, hay que señalar que fue creada en 1974 por un grupo de seis grandes publicitarios: Teófilo Marcos, José Luis Zamorano, Rafael Sarró, José García, Antonio Sánchez y Antonio Caro, quienes tenían como sueño cambiar el sector de la publicidad en España y terminaron fusionándose con Tiempo BBDO, a su vez parte de

BBDO Worldwide, agencia creada en 1891 en Nueva York que en 1928, se fusionó con Barton, Durstine y Osborn.

Hasta finales de los 70, Contrapunto creció lenta pero progresivamente y consiguió un considerable reconocimiento creativo en el sector. Sus primeras grandes campañas comienzan a salir a finales de los 70, como la de los Bonos del Banco Urquijo o la Deuda Pública del Estado.

En Contrapunto, no desmienten la fama de agencia de la Administración que tuvo durante gran parte de los años 80. «En algún momento la Administración llegó a suponer casi el 60% de nuestra facturación». Pero aclaran que: «Durante los 80, la Administración era con mucho el mayor anunciante de España, suponía el 30% de toda la inversión publicitaria. Eran las únicas cuentas grandes que salían a concurso y una agencia española podía intentar ganar, porque el resto eran de multinacionales extranjeras».

La publicidad moderna está plena de profesionales creativos de fuste y de mucho nivel, como es lógico que sea así, que merecen formar parte de la historia de este sector, pero no es la razón de ser de estas páginas glosar todas y cada una de las virtudes de quienes conforman un sector de extraordinaria influencia social, aunque en demasiadas ocasiones sus miembros difícilmente emergen ante la opinión pública, aunque son responsables del cambio de hábitos y costumbres de la sociedad española.

Con la democracia, el crecimiento económico del país beneficia a las agencias, aumentando el poder adquisitivo de las familias que optan a los primeros electrodomésticos e incluso a su primer automóvil. El turismo comienza a tomar posiciones y se coloca como la principal fuente de ingresos de nuestro país junto a las remesas enviadas por los emigrantes. Cabe recordar el eslogan creado en 1948 y que será un hito en la publicidad turística: «España es diferente».

A finales de los 60, se inaugura la Escuela Oficial de Publicidad, que depende del Instituto Nacional de Publicidad. Del discurso de comienzo del curso 1968, pronunciado por Manuel Fraga, ministro de información y turismo, se exponen datos que dejan constancia del gran crecimiento de la industria de la publicidad española: «El impacto de la publicidad en la sociedad española contemporanea, coincidiendo con tantas otras fuerzas creadoras que se han desplegado en la paz recobrada, es extraordinario en su volumen. Cerca de siete mil profesionales, cuarenta y dos agencias de servicios plenos, quinientas cuarenta agencias de publicidad general, noventa y una agencias de exclusivas, cuatro agencias de distribución a medios, nueve estudios técnicos de publicidad, trescientas cuarenta y siete exclusivas, mil doscientas sesenta y dos personas físicas inscritas como agentes. Todo un mundo que ha creado en poco tiempo un sindicato lleno de vitalidad y un sector económico que para el año 68 rebasará probablemente los quince mil millones de pesetas de inversión son ejemplos de lo que digo cuando se comparan con la práctica inexistencia o por lo menos a cifras comparables en años todavía bien recientes».

Tras una década de estructuración de las agencias en España, comienza la revolución creativa con MMLB, Tandem o Ricardo Pérez como principales protagonistas, si bien la proyección internacional de nuestra publicidad no vendrá hasta la siguiente década. La decadencia del régimen franquista trae también otra gran revolución, la mediática, con *Cambio 16*, *Interviú* y *El País* como máximos exponentes, sin olvidar a *El Periódico* y *Diario 16*.

Durante los años ochenta se produce, entre otras cosas, el despegue definitivo de la Asociación Española de Agencias de Publicidad (AEAP). Consigue poco a poco convertirse en verdadero referente de las agencias de publicidad en España. Entre otras actividades se trabajó en colaboración con el gobierno para la redacción de la Ley General de Publicidad y en el año 1982, la AEAP da un paso más y entra a formar parte de la Asociación Europea de Agencias de Publicidad, por entonces conocida como EAAA.

La década de los ochenta se despedía con una inversión en publicidad de 180.000 millones de pesetas, según JWT, y los noventa vendrían marcados por la derogación del Estatuto de Publicidad de 1964 a favor de la Ley General de la Publicidad de 1988. Se aprueba la Ley 34/1988, de 11 de noviembre, por la que se establece la Ley General de Publicidad. Sustituye así al Estatuto de la Publicidad de 1964 y como consecuencia, desaparece el Instituto Nacional de Publicidad.

Uno de los grandes saltos de la industria publicitaria tiene lugar en los noventa: aparece internet: la *World Wide Web*. En 1993, Internet es una realidad, cinco millones de usuarios se conectan en todo el mundo. Al tiempo, IBM presenta mundialmente el primer ordenador portátil y en 1991 llegan a España las televisiones privadas: Telecinco, Antena 3 y Canal Plus, nueva catapulta para el negocio publicitario.

En 1992, los Juegos Olímpicos de Barcelona y la Expo de Sevilla, junto a la Madrid Capital Europea de la Cultura colocan a España y a la capital catalana en primera línea internacional. Luis Bassat y Pep Sol serán los encargados de organizar la ceremonia de inauguración de los juegos olímpicos, convirtiéndola en la más importante campaña de publicidad de la historia de Barcelona, seguida por televisión por más de 2.500 millones de personas de todo el mundo.

La competencia económica hace cada vez más necesaria la comunicación publicitaria a través de nuevas fórmulas. Comienza a perder valor la máxima de quien no se anuncia, no existe; ahora es quien no se anuncia de manera marcadamente diferente, no existe. La globalización y la posibilidad de economías de escala es la tónica general tanto por parte del anunciante como por parte de las agencias, medios de comunicación y grupos de medios. Los macrogrupos son el día a día de la industria publicitaria, si bien, paradójicamente, toma fuerza la estrategia local y aquello de «piensa en global, actúa en local».

Otro paso importante que se empieza a dar es el perfeccionamiento de la investigación de mercados. Se persigue no dejar ningún resquicio del consumidor sin investigar. Los productos han dejado de ser objetos físicos y prima la imagen de marca, base vital de la relación con los compradores. El publicitario se convierte en un gestor de marcas al albur de los 2000.

Es a partir del siglo XXI cuando el sector de las agencias de publicidad españolas se puede describir como maduro, concentrado y competitivo. Las 20 principales agencias del país gestionan el 80% de la inversión publicitaria. Además, la publicidad *online* o digital apunta ya maneras: el volumen de inversión publicitaria en medios interactivos en España durante el primer semestre de 2006 es de 126,25 millones de euros, lo que supone un crecimiento de un 91,37% con respecto al mismo periodo del año anterior. Y en el año 2009, cuando la economía se encontraba inmersa en la gran crisis financiera, era solo la publicidad para Internet la que registraba crecimiento.

El final de la primera década del siglo XXI estuvo marcado por un hecho histórico y de drásticas consecuencias en el sector de la publicidad: a partir de septiembre de 2009, RTVE dejaría de emitir televisión comercial, permitiendo únicamente fórmulas de autopromoción. Se estima que esta decisión implicaría un aumento de los ingresos por publicidad del resto de cadenas privadas de unos 500 millones de euros.

De ahí en adelante, el mercado ha seguido cambiando, el consumidor es exigente y las plataformas son muchas, así que las agencias de publicidad solo pueden seguir afinando sus estrategias para llegar más y mejor; y para cumplir con las cada vez más variadas demandas de las empresas que las contratan. La publicidad es ya una ciencia en la que entran en juego muchos factores y tecnología muy punta. Internet, y más recientemente, el análisis de datos juega un papel fundamental a la hora de hacer la «publicidad a medida» que ahora renta más.

Como homenaje al sector, ahí quedan para la historia campañas inolvidables de la publicidad española como la de las Muñecas de Famosa (1970), el turrón de El Almendro y su «vuelve a casa, vuelve» (1980); el del cava Freixenet, el de Coca Cola, las de la Lotería de Navidad («Hola, soy Edu, Feliz Navidad», el Amo a Laura (2006); el «Pezqueñines, no gracias» (1983); «Pónselo, póntelo» (1988); el de Curro se va al Caribe (1996); el «Tengo gambas, tengo chopitos…» (2003) y tantos y tantos otros que han recibido galardones del Kantar Creative Effectiveness Awards. Y todo eso sin olvidar el famoso jingle del cacao en polvo cuando se empezó a escuchar por la radio «Yo soy aquel negrito del África tropical...» (1955) y que hoy sería demonizado. Todas, buena muestra de algo que según afirmó el sociólogo norteamericano Georges Norman Douglas: «Se pueden averiguar los ideales de una nación a través de sus anuncios».

9

La banca toma la iniciativa

Una buena parte de la opinión pública suele tener de la banca una imagen manifiestamente mejorable pese a los muchos esfuerzos que sus entidades y patronal han realizado a lo largo de décadas para mejorar esa imagen, y no son pocos los que siguen imputando a las entidades financieras todo tipo de abusos y actitudes, cuyo objetivo es estrujar al prójimo sin consideración y sin tener en cuenta tipo alguno de cuestiones periféricas.

Quizá de esa imagen un tanto pervertida haya que culpar, según José Luis Fernández de la Universidad Pontificia de Comillas, a una parte del pueblo judío por haberse dedicado tradicionalmente, primero al comercio y luego a la banca y a las finanzas, por una razón muy sencilla: era lo que se les permitía hacer y lo que nadie quería hacer en una sociedad que por sus planteamientos religiosos estigmatizaba el prestamo de dinero a rédito. Con este papel, no obstante, los judíos se convirtieron en los financiadores de reyes y notables y llegaron a ser protagonistas del mundo de los negocios con unos postulados que cobran vigencia en nuestros días.

Sería del todo punto injusto y desproporcionado, en todo caso, cargar en ese pasaje de la historia el antisemitismo que recorre la columna vertebral de algunos miembros de las sociedades occidentales.

Cualquier ocasión es buena para que una buena parte de viñetistas, humoristas o monologuistas, pero también articulistas, tertulianos o directores de cine, vean en la banca y los banqueros un argumento para lanzar contra ella todo un arsenal de humor ácido que estalla en la línea de flotación del sistema financiero y de los gestores, generando un serio deterioro en su reputación e imagen, ambas peculiaridades íntimamente ligadas a la actividad bancaria y de especial importancia para ellas.

Y no seré yo el que afirme que no hay razones para que Forges, El Roto, o Martin Scorsese encuentren en la banca razones para recrearse en mantener una imagen del banquero estereotipada, y ahí están los escándalos de Villarejo como actor invitado, el rescate de las cajas de ahorro con dinero de los contribuyentes, los sueldos de los banqueros, la negativa a remunerar los depósitos o el servicio que se sigue prestando en una parte de las oficinas, incluyendo la colocación del producto del mes a todo el que entra por la puerta.

Pero con ser ciertos algunos de los motivos que muchas veces han llevado a convertir a las entidades de crédito en el pim-pam-pum nacional, no son menos ciertos los motivos que han llevado al sistema financiero a convertirse en un fiel aliado de la economía de mercado y a jugar que un papel insustituible del que se aprovechan los más de seis millones españoles que tiene sus ahorros en acciones de estas entidades, jugando casi siempre un rol de liderazgo en la modernización del país.

Ese papel lo desempeñó también en el mundo de la comunicación corporativa, aunque no sin esfuerzo y tras salvar muchas resistencias internas, ya que, si en ocasiones el sector ha desempeñado un rol de modernidad, no hay que olvidar que el dinero es cobarde y sus gestores no son especialmente aficionados a experimentos de casi ninguna clase.

En épocas donde las informaciones difundidas por los medios suelen causar miedo en los mercados, la buena gestión de la comunicación es una herramienta clave para reforzar la imagen de las entidades bancarias.

Es ese un proceso de doble sentido y uno de ellos de especial trascendencia. Nos referimos a la generación de periodistas económicos que empezaba a ocupar plaza en muchos medios y a sustituir a los redactores que gestionaban las notas de prensa y remitidos que llegaban a las redacciones y que no dejaban de ser publicidad encubierta.

Nada que ver con la información que ya demandaban unos medios y unos periodistas en los últimos años del franquismo y que se hizo fuerte tras la muerte del caudillo y la llegada a España de fuertes ráfagas de libertad, que reforzaban el papel de unos periodistas y de unos medios que tenían cada vez más clara su razón de ser en un sistema democrático.

Aunque con cierta cautela y escasa información, el Consejo Superior Bancario (CSB), por entonces patronal del sector, a través de su secretario general, Enrique Jiménez Arnau y de un publicitario muy listo —Antonio

Méndez—, que llevaba la cuenta del organismo, vieron la necesidad de mover el terreno de juego e iniciar un proceso de acercamiento a los periodistas económicos. Méndez era un defensor acérrimo de la eficacia de las «relaciones ocultas» frente a la operatividad de las «relaciones públicas». Y no le faltaba razón.

El experimento duró algo más de lo que «duran dos peces de hielo en un *whisky on the rock*», según letra de Sabina, ya que el organismo se disolvería en 1994 pasando sus funciones a la Asociación Española de Banca Privada (AEB) y al Banco de España. Noticias, pocas o ninguna, pero, sin embargo, ambos interlocutores trataron de facilitar la labor de los periodistas, señalándoles la senda de una información determinada, ofreciendo claves o corrigiendo falsas interpretaciones. Algo muy de agradecer.

Los Siete Grandes, compuesto en aquellos momentos por Banesto, Central, Hispano, Popular, Vizcaya, Bilbao y Santander, no dejaban más margen, pero al menos se estaba poniendo el punto y final a aquella desafortunada frase de la duquesa de Alba: «¿Periodistas? Que pasen y coman», que era una versión más respetuosa que la actual de convocar ruedas de prensa sin derecho a preguntas por parte de los periodistas.

La teoría es clara al respecto al señalar que la comunicación corporativa en el sector bancario español hace posible la relación de las entidades con sus diferentes públicos objetivos, desde los propios trabajadores, pasando por los accionistas y clientes, hasta el resto de la sociedad. En este sentido, la comunicación corporativa se convierte en un activo intangible con una importancia fundamental a partir de la cual se crean ventajas competitivas.

A lo largo de las últimas décadas, el sistema bancario español ha sufrido una profunda remodelación, la cual se ha apoyado en una política de comunicación basada en la transparencia con el objetivo de recuperar la confianza perdida durante muchos años en el sector bancario.

En comunicación —y este es un axioma que vale para todos los sectores— es siempre mejor contar tu historia con datos, creatividad, audacia y rigurosidad, que permanecer a la deriva esperando que otros lo hagan sin un conocimiento real de la compañía, o estando a merced de bulos, informaciones parciales, interesadas o malintencionadas, que interfieren directamente en la valoración de la acción y la reputación del equipo gestor de una entidad determinada, llegando incluso, en algunos casos, a diseñar políticas de comunicación tendentes a involucrar a accionistas e inversores para que conozcan mejor la compañía, se impliquen en ella y se sientan parte de cada decisión.

Las nuevas tecnologías facilitan que esa comunicación fluya cada vez por más canales y de forma más participativa, y las redes sociales están generalizando el diálogo y la conversación. La mejor forma de atenuar riesgos pasa por estructurar bien la comunicación con la comunidad financiera, olvidando la época de improvisaciones o de apariencias.

Pero, pese a los avances realizados, eso de que la letra con sangre entra no parece ser un axioma tan cierto, ya que, desde el primer momento, estaba claro que además de sanear sus balances, los bancos, en particular, tenían que atajar urgentemente el daño que había sufrido su reputación tras severas crisis financieras. Con algunas y raras excepciones, durante los tres años siguientes a la gran crisis de 2008, no había evidencias de que muchos de ellos hubieran iniciado esa labor. Las investigaciones realizadas por la consultora Accenture, así lo vinieron a constatar.

La reputación de las empresas bancarias es un activo mucho más importante que la red de cajeros o los servicios digitales, puesto que permite obtener la confianza e incluso preferencia de los diferentes *stakeholders* (clientes, accionistas, socios, gobierno, etcétera). Algún analista ha llegado a comparar un banco con la reputación dañada con un enfermo terminal, lo que le permitía a este analista concluir que una buena medicina reside en tener una estrategia de comunicación razonablemente bien engrasada.

Es en ese escenario donde un buen responsable de comunicación se convierte en una pieza estratégica, dejando de ser un mero intermediario que gestiona la información para ganar visibilidad a través de los medios pasivos para situarse como un gestor estratégico, que diseña programas de comunicación integrales, que van más allá de la presencia en medios y fundamentados en conseguir gestionar la reputación corporativa y proyectar los valores estratégicos de la empresa entre sus diferentes grupos de interés.

Si hubiera que buscar un punto de inflexión en el sector bancario español tendríamos que volver la mirada a los primeros años de democracia en España, dado que tras la muerte de Franco el sistema financiero entra en un estado de *shock* que se tradujo, en un principio, en que entraran en crisis algunos bancos pequeños que tuvieron que recurrir al Fondo de Garantía de Depósitos para salir adelante. Las ayudas del Fondo no impidieron que se produjera un efecto dominó meses más tarde, que supuso que entidades de mayor calado se vieran afectadas y tuvieran que ser intervenidas a mediados de 1980. El recuento final nos indica que entre el 77 y el 85 se vieron afectados 58 bancos (un 52% del total).

A Aristóbulo de Juan, director general del Banco Popular, le tocó ponerse al frente del Fondo de Garantía de Depósitos y dedicar todos sus esfuerzos y conocimientos a sanear las maltrechas entidades financieras que llegaban al Fondo en estado cuasi terminal.

Y para llegar a un exitoso final, de Juan recurrió a uno de los periodistas económicos más relevantes del momento, Fernando González Urbaneja, con el que formó una pareja de alto rendimiento. Que tuviera o no cargo orgánico relacionado con la comunicación fue lo de menos porque el resultado obtenido fue considerado como reseñable.

Con estos antecedentes, no es extraño que aparecieran voces en la banca al más alto nivel que reclamaran cambios en el sector «...y cambios en la cultura, que, en las postrimerías del siglo XX, ofrece más interrogantes que respuestas. Modelos agotados y proyectos cargados de una esperanza incierta. Agostados los dogmas, la razón, la ciencia y la información, como únicos caminos, estamos en la búsqueda de un sistema de valores que sea síntesis de una dialéctica que defienda el viejo principio de la libertad y del hombre como medida de todas las cosas (...)». El autor de esta frase no fue otro que José Ángel Sánchez Asiaín y fue pronunciada en1987 en la Real Academia de Ciencias Morales y Políticas en su discurso de contestación de Enrique Fuentes Quintana, bajo el título: *Reflexiones sobre la banca. Los nuevos espacios del negocio bancario.*

No le faltaba la razón a Sánchez Asiaín, ya que la falta de confianza en el sector financiero repercute de forma directa en la valoración de las compañías y en su liquidez a corto plazo. Una adecuada gestión de la comunicación es clave para que las relaciones de la entidad con sus grupos de interés sean estables, duraderas y estén basadas en la confianza. Hoy, la exigencia de transparencia es uno de los factores críticos en eso que se ha venido a llamar «la economía de la reputación», y exige una gestión adecuada de las expectativas de analistas, inversores, periodistas, bancos, accionistas, empleados o proveedores, además del cumplimiento de las normas impuestas por el regulador del mercado en el que se opera.

Aunque pueda parecer a algunos una cuestión subsidiaria el papel de la comunicación en un entorno de crisis bancaria, la realidad está muy alejada de esta visión un tanto dogmática, ya que de una buena gestión de ese intangible depende lograr un posicionamiento de dominio de cara a las duras negociaciones que presiden este tipo de operaciones y en las que se juega el papel que a cada uno le corresponde, el ganar o perder, el ser cabeza de ratón o cola de león, el ser o no ser, en definitiva, de unas operaciones que, como demuestra la historia, han cambiado el panorama bancario español.

Aunque no sea este un libro sobre banca es importante traer a colación a José Ángel Sánchez Asiaín, a la sazón presidente del Banco de Bilbao (BB) hasta 1988, cuando se produce la fusión con el Banco de Vizcaya, manteniendo el puesto de presidente de la nueva entidad dos años más tras convertirse en BBV.

Sánchez Asiaín es considerado por muchos como el primer banquero moderno que aparece en España, quizá por el hecho de ser de la margen izquierda del Nervión y no de la margen derecha, en donde residían las familias acomodadas de Neguri que habían controlado históricamente la floreciente industria vasca y manejaban los hilos de la banca que la arropaba. Ni tampoco venía de gobiernos de Franco como era el caso de otros banqueros que ocuparon cargos relevantes, como era el caso de López de Letona.

Su vida estuvo marcada por el análisis y la reflexión, sobre cómo ejecutar las mejores recetas para adelantarse a su tiempo, no en vano dirigió durante años el Servicio de Estudio más potente de la banca española. Lo practicó con éxito en un mundo en el que la búsqueda de la notoriedad primaba sobre las decisiones a corto plazo y descuidaba planteamientos a futuro e incluso visionarios como los suyos, capaces de romper inercias y costumbres demasiado arraigadas en la banca española. Era un intelectual, lo que no es habitual encontrarse en el sector.

Asiaín pronto descubrió que, al contrario de lo que muchos aún creían, lo que debía mover a las entidades bancarias no era el dinero, sino la información y que en ella se debían volcar todos los esfuerzos. Así lo hizo rescatando del olvido y la indiferencia las áreas de la entidad dedicadas al análisis de coyunturas nacionales e internacionales o las destinadas a conocer los mercados exteriores, casi ignorados en aquella España de blanco y negro.

Sin duda, la mayor revolución con la que sorprendió a su Consejo de Administración fue la apuesta por las tarjetas de crédito. Popularizar el pago con «dinero de plástico» fue un atrevimiento incomprendido por muchos, pero que sin duda el tiempo ha revelado como acertado y que pronto copiarían el resto de bancos.

Como banquero innovador y revolucionario del sistema financiero español, pronto se dio cuenta de que el banco necesitaba un intermediario con la sociedad, sobre todo si salía adelante el proyecto tarjeta de crédito, lo que comportaba un lanzamiento y para ello requeriría de un profesional de la comunicación.

El elegido fue Luis Ángel de la Viuda en 1974, por entonces director de TVE, y esa elección le supone ser el primer director de comunicación de la banca española, aunque el recibimiento que le proporcionó la entidad y su alta dirección no es digna de ser recordada, algo que todavía al día de hoy suele acontecer cuando un dircom aparece por una empresa de campanillas.

En el BB, de la Viuda estuvo hasta que el príncipe Juan Carlos le requirió para que se pusiera al frente del diario *Pueblo*, como parte de la operación Suárez.

Durante el tiempo que pasó en el banco vasco junto a Sánchez Asiaín, cubrió con nota el lanzamiento de esta primera tarjeta de crédito de la banca española (*Bank of America*) y se «comió el marrón» del secuestro del director del banco en París. Sin embargo, a su favor, no tuvo que lidiar con periodista económico alguno porque la prensa económica, tal y como la entendemos a día de hoy, todavía estaba en estado de gestación y los «sobrecogedores», término que se explica en otras páginas, no creaban ningún tipo de problemas.

Una anécdota refleja con meridiana exactitud el nivel de la banca española en materia de comunicación durante aquellos años. Cuentan que un día de la Viuda se cruzó con el entonces presidente de Banesto, José María Aguirre Gonzalo, cuyo mayor activo en materia de comunicación era el envío a la canallesca de una caja de bombones —por cierto, muy buenos— con motivo de la junta general de Agroman, empresa constructora de la cual era también presidente.

«Don José María», como se le trataba desde el primero al último de los españoles, se interesó por la actividad de Luis Ángel a la vez que sentenciaba: «me parece una mala idea, pero si lo ha hecho Sánchez Asiaín que es un chico muy listo...». De presidente a presidente y tiro porque me toca.

Para sustituir a de la Viuda, Sánchez Asiaín eligió a Antonio López funcionario del Cuerpo de Administradores Civiles del Estado, por aquel entonces delegado del Ministerio de Información y Turismo en Bilbao y anteriormente en Burgos y fue tal su encaje en el banco y con su presidente, desde su ingreso en 1975, que allí permaneció 25 años y alcanzó el «grado» de director general, adjunto a la presidencia, responsabilizándose de la comunicación del grupo, y aún hoy, se le recuerda como uno de los dircom con más poder de la corta historia de este oficio, por cierto, muy bien pagado cuando de la banca se trata.

Como tantos otros profesionales que ocuparon u ocupan este tipo de puestos, la soledad no es solo un recuerdo que no se olvida, sino una realidad que permanece en el hipocampo correspondiente, en donde la incomprensión de un entorno hostil, que desconoce la labor que realiza, ocupa un lugar preferente y hace imprescindible la dependencia del número 1 del organigrama como mecanismo de defensa.

Como se recuerda en algún otro capítulo de este libro, la actividad de Antonio López sobrepasó con mucho la de un director de comunicación, aunque impuso su credo de «respeto al periodista, dialogo permanente y mejora constante de la transparencia», lo que influyó, sin duda, en que la Asociación de Directores de Comunicación (DIRCOM) le nombrara presidente de honor.

Lo primero que le debió sorprender de Sánchez Asiaín es que no le interesaba tanto las relaciones con la prensa, sino que, como exdirector del Servicio de Estudios del banco, le interesaba más lo que pensaban los ciudadanos del banco con objeto de que este no perdiera el sentido de la realidad.

Con críticas o sin ellas, Antonio López incorporó la demoscopia al mundo del banco, ejerció un importante papel de lobista, dedicó su buen tiempo a desmontar cualquier atisbo de rumorología y cumplió con creces su labor como intermediario del banco con la prensa.

Como solía y todavía sigue ocurriendo, López se tuvo que enfrentar con la incomprensión de muchos de los miembros de la alta dirección del banco, alguno de los cuales le llegó a calificar del «niño de Asiaín» y a criticar algunas de sus decisiones como la de convocar a los periodistas económicos en Bilbao con motivo de la Junta General por suponer un gasto excesivo. Nada extraño si tenemos en cuenta que el día de la muerte de Franco los «siete grandes», reunidos en sesión periódica, se dedicaron a hablar de extratipos, práctica bancaria que suponía ofrecer una rentabilidad por encima de la rentabilidad del mercado, para depósitos a plazos no especialmente largos.

Fue una época aquella en la que ciertos bancos empezaron a sentir un cierto apetito por los medios de comunicación y a participar en ellos en alguna medida.

Para esta última e importante actividad de mantener abiertos los canales con los medios de comunicación y especialmente con los periodistas económicos, Antonio López fichó a Francisco Mora como director de Comunicación, uno de los periodistas económicos más prestigiosos del momento, fundador y primer director de *Cinco Días* y decano de la prensa económica diaria en España, implantando una costumbre que fue seguida por muchas otras empresas, que consistía en contar con un «segundo» de nivel que se dedicara exclusivamente a las relaciones con los periodistas, algo delicado y trascendente cuando hablamos de un banco que se tuvo que enfrentar a dos fusiones, la del Banco de Vizcaya (BV) y la de Argentaria.

La larga transición que tuvo que vivir el sistema financiero español en la última parte del siglo XX supuso una primavera provechosa de la banca en materia de comunicación, aunque fuera obligada por una crisis monumental, mutación que no resulta fácil de seguir, en tanto en cuanto fue un periodo de turbulencias en donde se sucedieron toda una serie de crisis particulares y colectivas que desembocaron en enfrentamientos feroces y que obligaron a una serie de fusiones que, a su vez, llevaron aparejados cambios en los responsables de comunicación de las entidades resultantes.

Así, hacer el seguimiento cronológico de los responsables de comunicación del actual BBVA requiere levantar acta de quien ocupó la responsabilidad del Banco de Bilbao (BB), del Banco de Vizcaya (BV) y, finalmente, de Argentaria, entidad creada en 1991 a partir de la unión de distintas entidades de crédito públicas, lo cual es tanto como levantar acta del papel que jugaron en ese proceso notables profesionales a añadir a los nombres de Antonio López y Francisco Mora.

Algo similar ocurría con la otra gran reagrupación bancaria que supuso la fusión del Banco Santander (BS), Banco Central (BC) y Banco Hispano Americano (BHA) —lo de Banesto vendría más tarde—, cada uno de los cuales contaron con profesionales de primer nivel al frente de la estrategia de comunicación, lo que viene a demostrar que los banqueros, que hasta entonces ni entendieron ni querían entender el rol del mundo de la comunicación en el organigrama de una entidad financiera, se dieran de bruces con ella.

Hasta entonces, la banca no había descubierto ni a la opinión pública ni a la opinión publicada, aunque se empezaba a vislumbrar algún cambio como la incorporación de un periodista como Ángel Gómez Escorial al Banco Central presidido por Alfonso Escámez —el presidente que había empezado como botones y que llegó a la cumbre—, que trataba, con más voluntad que éxito que ese banco abriera las ventanillas de la información, a pesar de que dentro del propio banco pudiera haber algún que otro «aliado» como Luis Blázquez, director general, que consideraba que una cierta apertura informativa era imprescindible en aquellos momentos de turbulencias.

Central e Hispano-Americano formaban la dupla de bancos destinados a fusionarse en el futuro, aunque previamente fue Mariano Rubio, por entonces subgobernador del Banco de España, quien impuso la solución de fusionar al grande con el pequeño para enjuagar el agujero patrimonial del Banco Urquijo en el balance del Hispano-Americano, presidido por Luis Usera.

En medio de la operación que calculaba los netos patrimoniales de ambas entidades, la autoridad monetaria detectó debilidades en el Hispano que le convertían en un gigante con pies de barro. Al exministro de UCD, Alejandro Albert, le tocó en suerte desempeñar la presidencia de dicha entidad bajo la vigilancia de la autoridad política.

Albert fue nombrado presidente del consejo de administración del Banco Hispano A mericano en abril de 1983, en un intento de cerrar las heridas abiertas unos meses antes con motivo de que el tercer banco privado del país asumiera reflotar el Urquijo, del que poseía el 15% de las acciones y la capacidad de nombrar o cesar a los principales gestores de esta entidad industrial.

El nuevo presidente estuvo casi dos años al frente de la gestión del primer grupo bancario nacional y en ese período no pudo con el agujero del Hispano Americano, pese a requerir los buenos oficios del periodista económico especializado en crisis bancarias, González Urbaneja, como director de comunicación. Mariano Rubio, encaramado ya al puesto de gobernador del Banco de España, nombró a Claudio Boada (expresidente del INI) presidente del Hispano, con el encargo de robustecer su salud patrimonial incorporando definitivamente en su seno al Banco Urquijo y a Bankunión, dos de las perlas del modelo de banca industrial, que necesitaban sanear sus maltrechas carteras.

Por su parte, el Banco Central, presidido por un Alfonso Escámez, no atravesaba por sus mejores momentos y el banquero de Águilas, no llegó a acostumbrarse al navajeo que marcó la era de los *yuppies* y el papel cuché que se estilaba en los años 80, al irrumpir personajes como Mario Conde o los Albertos —Cortina y Alcocer— con quienes mantuvo una feroz batalla cuando los primos, dueños de un 12% de acciones del Central intentaron, a sus espaldas, aumentar su participación al 30%. Eran años en los que Carlos Solchaga ejercía de profeta tras pronunciar la famosa frase de que «España es el país europeo donde es más fácil enriquecerse en menos tiempo».

En todo este proceso, un periodista de primera fila como Gómez Escorial mantuvo el tipo en el Central, aunque al final se viera desbordado como Escámez que, derrotado, encontró acomodo en Cepsa, mientras José María Amusátegui emprendería un largo proceso que terminaría en 1999 con la absorción de la nueva entidad por parte del Banco Santander de Emilio Botín, consolidándose, así como la primera entidad bancaria española.

Gracias a las acciones de su íntimo amigo Ramón Areces, presidente de El Corte Inglés y mentor de las esposas de los Albertos, las hermanas Koplowitz, Escámez frenó la maniobra, pero jamás perdonó la traición. Para evitar otra acometida similar, intentó una fusión fallida con el Banesto de Mario Conde, que después remataría con el Banco Hispano Americano, Amusátegui en 1992, creando el Banco Central Hispano (BCH), travesía que contó con la eficaz colaboración de todo un experto en comunicación empresarial como Ramón del Corral.

Es ahí donde el periodista desarrolló sus conocimientos junto a una joven Begoña Elices —que durante diez años había trabajado en la Agencia EFE— como subdirectora general y directora de Relaciones Informativas. De ahí, Elices pasó a Repsol como directora general de Comunicación, Relaciones Institucionales y Gabinete de la Presidencia hasta que le llegó la hora de la jubilación, diecinueve años después, un muy elevado número de años que viene a demostrar que cumplió satisfactoriamente con su cometido en la empresa petrolera.

Como ya se cuenta en otro capítulo, del Corral fue nombrado director general adjunto del Banco Santander Central Hispano (BSCH) y son muchos los que le siguen considerando un paradigma del profesional de la comunicación empresarial, en su versión actual, cuando esta se encontraba en estado embrionario.

Del Corral comenzó su vida profesional en el mundo del periodismo ocupando puestos relevantes en los servicios informativos de TVE pasando con posterioridad a ocuparse de asuntos de comunicación en los ministerios de Interior y de Sanidad y Seguridad Social, antes de hacerse cargo de la dirección de comunicación del Banco Hispano-Americano, cargo que siguió ocupando, ya como subdirector general, al fusionarse este banco con el Central.

En esta última historia, jugó un papel importante Ángel Corcóstegui quien había sido el consejero más joven del banco vasco de Pedro de Toledo, dándose la paradoja de que quien había comenzado participando en la fusión del BB con BV cerraba el ciclo participando en la fusión/absorción del BCH con el Santander, proceso que se inició en 1994, cuando el Banco de España, ante los problemas del Central Hispano, presidido por José María Amusátegui, insta a que nombren consejero delegado a Corcóstegui, quien se ocupó y preocupó de preparar el banco para la mayor fusión bancaria de España: la de Central-Hispano con Banco de Santander, hoy Santander.

Conviene detenernos aquí y tratar, de forma sucinta, de describir la evolución de un sector financiero sumido en una profunda crisis que terminó con fusiones entre sus miembros y, consecuencia de ello, con infidelidades y luchas intestinas a troche y moche, en donde los responsables de comunicación fueron testigos mudos de todo ese enorme berenjenal.

Sin ningún interés de orden cronológico, y por comenzar por un principio, siempre en discusión, podemos colocar en este vértice de la pirámide a Banesto y a Mario Conde, considerado por muchos como un aventurero y un arribista en el mundo de la banca y que en 1987 es nombrado presidente de la entidad, sustituyendo al histórico Pablo Garnica, tras soslayar una OPA procedente de BB. La historia está muy contada desde todos los prismas y no es cuestión de repetirla.

Su aventura terminó con un agujero patrimonial de 600.000 millones de pesetas (3.600 millones de euros), la intervención de la entidad por el Banco de España y la destitución de su Consejo de Administración. La intervención llevó aparejado el nombramiento de cinco nuevos consejeros procedentes de los principales bancos españoles para que elaboraran un proceso de saneamiento a la medida. Al frente de ese equipo, aparece Alfredo Sáenz (BBV).

Estamos en 1994, Conde ha caído, y en el nuevo dibujo orgánico aparece uno de los profesionales de la comunicación de mayor notoriedad,

Luis Abril, hombre de Pedro de Toledo (BV) y pieza reseñable en el proceso de fusión entre BB y BV. El temprano fallecimiento del banquero salmantino trastocó en demasía la crisis bancaria del banco vasco y su proceso de fusión.

A Sáenz, la «limpieza» de Banesto le costó, diecisiete años después, una condena en firme por delitos de acusación y denuncia falsa, condena que llevaba aparejada la suspensión de su profesión de banquero y la inscripción del condenado en el registro de penados y rebeldes. Finalmente, fue indultado por Rodríguez Zapatero.

A lo largo de los últimos cuatro años de la aventura de Conde, dos expertos en comunicación flanquean al presidente de Banesto, Fernando Garro y José Hervás: el primero fue director general; el segundo, director de comunicación entre 1991 y 1994. El primero terminó imputado y en la cárcel; el segundo, un conocido periodista de la televisión pública, se salvó de la quema. Poco podía hacer Hervás en aquel foco de insolvencia profesional y gestión fraudulenta, y mucho menos si se tiene en cuenta el marcado carácter personalista de Conde, para el que su paso por la banca no era un fin en sí mismo, sino un medio para llegar a la cumbre de la política española. Y que, para protagonismo, él y que, para gestionar, él y que, para marcar objetivos, él y solo él. No en vano se había convertido en el banquero de moda al que todos adulaban y alababan.

Con la visión que da el paso de los años, aunque no es esta una razón especialmente necesaria, son muchos los que consideran que Mario Conde fue uno de los grandes pervertidores de la comunicación en todos sus ámbitos. Se atrajo el favor de periodistas destacados que escribieron auténticas hagiografías sobre él, y no contento con eso intentó comprar los medios de comunicación. Llegó a tener el control del Grupo Z, de Antena 3 TV y una participación el grupo Godó, mientras era el financiador principal de Prensa Española, y a punto estuvo de convencer a Polanco del grupo PRISA. Fue muy dañino y prácticamente solo se quedó fuera de su control el Grupo 16, debido a que la relación de Juan Tomás de Salas con Mariano Rubio, uno de los grandes damnificados de Conde, le impedía someterse a sus favores.

Hervás, una vez terminada su aventura con Conde, dejó una valoración para la posteridad: «Es un hombre muy inteligente, pero le tocó una situación muy compleja dentro del banco y no supo asimilar su éxito. El principal enemigo de Mario Conde fue su triunfo. No supo administrarlo».

Llegamos a la etapa de la fusión del BB con el BV, y cuyo resultado supuso fuertes tensiones negociadoras que al final se solventaron con un cierto acuerdo de reparto del poder en la entidad resultante —BBV— que, aunque no satisfizo plenamente a ninguna de las partes, aplacó las tensiones que generaron este tipo de operaciones.

El endeble acuerdo entre caballeros se fue al garete con la muerte del Pedro de Toledo, máximo responsable del BV, y con él se difuminó el acuerdo y se reiniciaron las hostilidades, retransmitidas a diario en los medios de comunicación, las cuales terminaron en el arranque de 1990, cuando el Banco de España se vio en la obligación de intervenir y dictar un laudo que, en la práctica, supuso la victoria de los directivos procedentes del Banco de Bilbao.

Y así es como, tras los plazos prefijados, Sánchez Asiaín abandona la presidencia del BBV y esta la pasa a ocupar Emilio Ybarra, quien mantiene a Antonio López al frente de todo el entramado diseñado por Asiaín y el propio López. Estamos en 1990.

Alfredo Sáenz, candidato del BV a la presidencia del BBV frente a Sánchez Asiaín, pierde la batalla y pasa a un segundo plano, y Luis Abril, que se había fajado enormemente en las semanas de pelea entre los dos sectores, continuará en Privanza a la espera de tiempos mejores, que llegan con la caída de Banesto y la designación de Sáenz como responsable máximo del equipo elegido para reflotar la entidad.

La intervención de Banesto supuso la segunda gran diáspora de ejecutivos procedentes del Vizcaya. La primera fue a finales de 1988 con el nombramiento de Francisco Luzón como presidente del Banco Exterior de España, y tres años después de toda la banca pública, integrada en Argentaria. Luzón, se llevó con él a unos pocos ejecutivos del Vizcaya, pero tras la victoria del BB fichó a más de un centenar, y muchos de ellos terminarían en el Santander.

La entidad pública española, promovida en 1991 por el gobierno de Felipe González, en el momento de su creación absorbió a la Caja Postal de Ahorros, y a los bancos sectoriales que formaban parte del ICO (Banco Hipotecario de España, Banco de Crédito Local, Banco de Crédito Agrícola y Banco de Crédito Industrial). En casi todas ellas, había un responsable de prensa, entre los que sobresale Manuel Bueno que ejercía sus buenos oficios en el Banco Exterior de España, la entidad más relevante, que había sido presidida por personas tan relevantes como Miguel Boyer.

En abril de 1994, el Banco Santander se queda con Banesto en subasta pública y Emilio Botín da manos libres a Alfredo Sáenz para que haga su equipo. Se llevó a varios centenares de directivos, entre ellos a Luis Abril, al que puso al frente de la comunicación y otras funciones aledañas. Abril ficharía a la periodista Carmen Azúa, que trabajaba en la revista *Dinero,* para llevar directamente la relación con los medios

Un mes después, llega la tercera diáspora de talento crecido en el Vizcaya. En junio de 1994, Ángel Corcóstegui deja el BBV para ser el CEO del BCH, un movimiento propiciado por el Banco de España, muy descontento con la gestión de José María Amusátegui.

Dos años después, en 1996, gana las elecciones el PP de José María Aznar y con el cambio viene la revolución en las empresas públicas. Fue el gran momento de los *brokers*: César Alierta salta de Beta Capital a la presidencia de Tabacalera y luego a Telefónica; Jaime Caruana es nombrado director general del Tesoro del Ministerio de Economía y luego gobernador del Banco de España, y Francisco González (FG), que acababa de vender su sociedad de valores a Merrill Lynch es nombrado, para sorpresa general, presidente de Argentaria. El gran muñidor de estos cambios fue Manuel Pizarro, que presidía a la vez Ibercaja, la CECA y la Bolsa de Madrid y, además, era consejero de Endesa, de la que acabaría siendo presidente.

La llegada de FG a la banca llevó aparejado el desembarco de Javier Ayuso, periodista económico con amplia experiencia en la materia como lo avala su currículum. Fue jefe de sección de la Agencia EFE, redactor jefe en el diario *ABC*, corresponsal económico de *El País* y director de *Cinco Días*. Estamos en enero de 1997 y Ayuso ocupa el cargo de director de Relaciones Institucionales de Argentaria.

Como buen especulador bursátil, FG puso en valor Argentaria tras la fusión del BSCH, ya que era la única carta que podía jugar el BBV si querían competir con el banco de Botín. Así, en noviembre de 1999, Emilio Ybarra y Francisco González pactan la integración BBV y Argentaria y se convierten en copresidentes de la nueva entidad hasta diciembre de 2001. Durante esos dos años, Antonio López será la persona de referencia en la Comunicación del BBVA, con Javier Ayuso de número dos. Este apuesta a que la diferencia de edad le haga llegar su turno, dado que resultaba un profesional aparentemente neutro.

En diciembre de 2001, dimiten por sorpresa Emilio Ybarra y el CEO del banco, Pedro Luis Uriarte. No dan explicaciones convincentes y un mes después se empieza a conocer que el BBV había mantenido una cuenta secreta en un paraíso fiscal con cantidades importantes de dinero. Esto fue hábilmente utilizado por FG para quedarse de presidente único y provocar la dimisión de buena parte del consejo del banco y tomar también el control del máximo órgano de gobierno.

En ese contexto, se produce la salida de Antonio López, que abandona el BBVA tras 25 años de servicios y dos fusiones duras a sus espaldas que dejaron una huella indeleble y cuyo éxito tuvo que compartir con dos profesionales de la Comunicación como Luis Abril y Javier Ayuso. Al tiempo, Javier Ayuso es nombrado director de Comunicación e Imagen del BBVA, con rango de director general, y miembro del comité de dirección, en junio de 2002.

Doce años estuvo Javier Ayuso al frente de la comunicación del BBVA, ligando su nombre y su prestigio al de FG, y quizá por ello se vio involucrado en el asunto Villarejo más allá de lo que hubiera deseado, aunque con demasiada asiduidad un dircom se ve implicado, por una cuestión de fidelidad, en guerras que no son suyas y que, en este caso particular, tenían que ver con la operación interna que el BBVA montó para contrarrestar la supuesta operación hostil del expresidente de Sacyr, Luis del Rivero, para hacerse con el control accionarial del BBVA.

En el caso de Ayuso, la prensa resaltaba que «este» (Ayuso), «presunto testigo protegido en el caso que la Audiencia Nacional tiene abierto por el espionaje del excomisario José Villarejo a políticos, periodistas y empresarios por encargo del BBVA cuando lo presidía Francisco González en 2004 y años posteriores, aparece 11.559 veces en los denominados *hits* de los informes forensic que el banco ha remitido a la Audiencia Nacional a requerimiento del magistrado titular, Manuel García Castellón, y que fueron realizados por la firma Price Waterhouse».

Tras la marcha de Ayuso con destino a la Casa Real, la comunicación del BBVA fue ocupada por diferentes profesionales como Gregorio Panadero, fichaje extraordinariamente fugaz que cedió el puesto a un bancario de la casa de nombre Ignacio Moliner para recalar finalmente en Paul García Tobin, hombre de la casa y periodísticamente ligado a *Bloomberg*.

La llegada de FG a la banca no fue pacífica y supuso una nueva diáspora de antiguos miembros de Vizcaya. En noviembre de 1996, Emilio Botín ficha a Francisco Luzón como vicepresidente ejecutivo y entre sus responsabilidades estará la Comunicación, de manera que el periodista

Federico Ysart, que llevaba con Botín siete años, pasa a depender de él. Luzón (Santander) y Sáenz (Banesto) recuperaron a buena parte de los «exvizcayas» que no soportaban a FG. Luzón tenía el mandato de cambiar la política de comunicación del banco en un sentido más amplio que los medios de comunicación, que seguían bajo la mano de Ysart en el Santander y de Abril en su filial, Banesto.

Era el comienzo del imperio de Emilio Botín, nacido en una familia de banqueros que destacó por hacer de un pequeño banco de provincias el primer banco de España, demostrando tener una amplia visión de negocio, así como capacidad de anticipación y un estilo agresivo para los mismos. Y para ello contó con distintos apoyos, uno de los cuales fue el de un profesional de la comunicación de primera línea, cántabro también, y que se había fajado a la vera de Adolfo Suárez. Hablamos de Federico Ysart, cuya andadura profesional se inició en el diario *Madrid* para continuar en la Cadena SER, Cambio 16 y TVE, donde dirigió distintos programas, antes de dar el salto a la política como asesor de la vicepresidencia del Gobierno para Asuntos Políticos en tiempos de UCD y junto a Suárez en el CDS, partido por el que fue imputado en la III Legislatura.

El 15 de enero de 1999, cuando acaba de llegar el euro como moneda a los mercados financieros, Santander y BCH anunciaron su fusión. En el reparto de funciones entre los Santander y los BCH, Corcóstegui le «cuela» a Emilio Botín que la División de Comunicación, Marketing y Estudios será del Santander con Luis Abril al frente, que viene de Banesto (grupo Santander), y que de segundo tendrá a Begoña Elices (BCH). Estos nombramientos supusieron la jubilación de Federico Ysart, que se retiró a la Fundación Botín.

La realidad fue que Luis Abril, profesional muy listo e independiente, tenía mucho más que ver con Corcóstegui que con Botín, como enseguida se comprobó cuando fue cesado por unanimidad del consejo de administración a propuesta de Jaime Botín. Son los peligros inherentes, también a los responsables de comunicación, de un mundo en el que las luchas por el poder son moneda de cambio habitual.

Abril encontró rápidamente salida en Telefónica, como secretario general técnico de Presidencia y miembro del comité ejecutivo de la multinacional, presidida por César Alierta. Estuvo en la compañía de telecomunicaciones hasta 2014, siempre con responsabilidades directas sobre las áreas de Comunicación y Estudios, cerrando un círculo virtuoso que muy pocos pueden igualar, ya que a su paso por Telefónica hay que unir, por este orden, Banco de Vizcaya, BBV, Banesto y BSCH.

El caso de Luis Abril se une al de otros profesionales —no demasiados— que alcanzaron el *top* en materia de responsabilidades en la comunicación de grandes empresas sin que sus orígenes profesionales tuviesen que ver con la materia. Licenciado en Ciencias Económicas y Empresariales por la Universidad Comercial de Deusto, licenciado en Derecho por la misma universidad y graduado en *Business Administration por el North European Management Institute* de Noruega, Abril inició su carrera profesional como profesor de Microeconomía en Deusto, en donde dirigió su departamento de Finanzas. Posteriormente, en 1978, se incorporó al Banco de Vizcaya como director de Tesorería hasta que fue «rescatado» por Pedro de Toledo que le nombró director de la Secretaría Técnica de la Presidencia. Durante su etapa en el Grupo BBV (1988-1994) se dedicó a la gestión de activos.

Con la salida de Abril, Botín optaba por un abogado del Estado, Juan Manuel Cendoya, para ocupar el puesto de director general de Comunicación, Marketing Corporativo y Estudios. No es una cuestión menor que, el que había sido director de la Asesoría Jurídica y Fiscal de Bankinter, incorporara a su poderosa dirección general de Comunicación el Servicio de Estudios, fuente inagotable de información para los medios de comunicación, algo que ya había experimentado Antonio López cuando fue fichado por Sánchez Asiaín.

¿Qué hace un abogado del Estado al frente de una dirección general de Comunicación, Marketing Corporativo y Estudios del principal banco español? De entrada, aprender y fichar a un periodista económico de fuste como Aurelio Medel con una experiencia contrastada en prensa económica en medios como *ABC, Cinco Días* o *Diario 16*, entre otros.

Como ya se apunta en algún otro pasaje de este libro, una de las primeras decisiones de los números 1 es fichar a un número 2 con capacidad y suficiente credibilidad para fajarse con los periodistas y en esto Medel sacó nota a lo largo de los casi quince años que estuvo en el Santander.

Tras la última incorporación del Santander, quedaba un verso suelto y ese verso suelto pasó a formar parte del universo cántabro en junio de 2017 una vez que el Santander compraba el 100% del Banco Popular por un solo euro, y asumiendo una ampliación de 7.000 millones, una vez que el Banco Central Europeo (BCE) constatara la inviabilidad de la entidad de obrar de manera independiente.

El Popular, vinculado históricamente al Opus Dei y al catalanismo católico, estuvo gobernado durante décadas por los hermanos Valls Taberner que lo convirtieron, supuestamente, en el banco más rentable de Europa, aunque su final se pareció más a una tragedia griega con cuenta de resultados con enormes agujeros, que a un proceso ordenado y traspa rente que se supone debe presidir operaciones financieras de quienes gestionan los ahorros de los clientes.

Fue con Luis Valls, presidente desde 1957, cuando el banco vivió sus años de mayor esplendor y cuando la entidad exhibió un mayor grado de independencia e influencia y, también, de buena gestión. En 1989 nombró copresidente a su hermano Javier y su gestión marcó definitivamente el perfil del banco durante la era de los Valls, algo que desapareció con la llegada de Ángel Ron, que decidió iniciar un proceso de crecimiento que terminó sepultando a la entidad.

De la etapa de Luis Valls, hay que destacar la presencia de Fernando Soto como responsable de comunicación durante no menos de dos décadas, y que mantuvo una relación educada y elegante con los medios de comunicación, algo que se ajustaba de forma sistemática a la personalidad de su presidente, el cual gozaba de un reconocido prestigio acumulado a lo largo de los muchos años al frente del banco y que solía mantener una interlocución personal con un selecto grupo de periodistas económicos.

En ningún caso cabe olvidar la figura de Manuel Martín, secretario general del Banco Popular, quien se ganó el afecto y respeto de los periodistas económicos por su claridad a la hora de desmenuzar el balance bancario para que todos lo entendieran, labor que la Asociación de Periodistas de Información Económica premió nombrándole asociado de honor por los innumerables servicios que rindió a sus asociados en ese afán de ser claro y facilitar la comprensión de cuanto encerraban las cuentas financieras.

Con la llegada de Ron al Popular, se incorpora como director de Comunicación al banco, Carlos Balado, procedente la Confederación Española de Cajas de Ahorros (CECA), en donde fue uno de los constructores de la gran imagen de las cajas de ahorros, que se vino abajo con la crisis inmobiliaria. En el Popular, poco pudo hacer por un banco que más se parecía a las cajas y que terminó como ellas.

Bordeando, al menos formalmente, el tsunami bancario que atravesaba España de punta a punta, merece la pena traer a colación el «espacio catalán» y a su proyecto estrella, Banca Catalana, liderada por Jordi Pujol, entidad que pese a ser la principal fuente de financiación del catalanismo, no requirió de especiales fichajes de profesionales de la comunicación, ya que el político catalán tenía claro desde el principio que iba a contar con la complicidad de la casi totalidad de la prensa catalana, alimentada desde un principio por un Pujol que lo tenía muy claro y para ello solo necesitaba a su poderosa colaboradora, Carmen Alcoriza.

Y así fue. La prensa catalana asistió con una unanimidad acrítica, nada sospechosa por otra parte, al proceso de derrumbe de Banca Catalana hasta que en 1988 la entidad pasó a formar parte del grupo Banco Bilbao Vizcaya (BBV). Siete años antes, una inspección del Banco de España detectó un neto patrimonial negativo de 6.762 millones de pesetas, motivado, al parecer, por una captación de depósitos a precios elevados, cuyos rendimientos presuntamente se pagaban fuera de balance, prestamos a empresas vinculadas a consejeros del banco que fueron considerados operaciones fallidas, sobresueldos y autocartera, todo fuera de reglamentación.

De la nunca suficiente bibliografía de esta etapa del Pujol político-banquero, queda clara su tendencia a intervenir en la prensa, creando y controlando medios de comunicación que le ayudasen a conseguir sus objetivos políticos teniendo, según Guimerà i Orts, «una concepción instrumental del periodismo, tanto para la promoción de su partido e ideas políticas como en el proceso de (re)construcción nacional de Cataluña (proyecto compartido con otras formaciones). De acuerdo con los resultados obtenidos, Pujol convirtió la creación de medios de comunicación en un objetivo fundamental de su acción política».

Alejado de esa contaminación política que presidió la gestión de Banca Catalana, en la medida en que algo o alguien se puede mantener al margen de algo en Cataluña, el banco sabadellense es la versión profesional de la banca en Cataluña y ahí queda para su historia las integraciones del NatWest España, del Banco Herrero, del Banco Atlántico, del Banco Urquijo, del Banco Guipuzcoano, de la CAM, del Banco Gallego, de varios bancos de Miami y del Lloyds España.

Y, como banco alejado de veleidades políticas, el Sabadell profesionalizó la comunicación en su estructura orgánica a través de Gabriel Martínez, demostrando, una vez más, que no es condición *sine qua non* proceder del mundo del periodismo para ejercer un eficaz papel como dircom de una entidad financiera como el Sabadell. Martínez era licenciado en Ciencias Empresariales y Económicas por la Universidad de Barcelona, diplomado en dirección de empresas por el IESE y con un MBA por *Lasalle University of Philadelphia.*

Su nombramiento de produjo justo cuando estallaba la crisis financiera, lo que le convirtió en decano de los responsables de comunicación de la banca española, y a lo largo de su trayectoria tuvo una máxima que la cumplió fielmente: «Un dircom no debe ser un muro, debe ser un facilitador y pensar siempre en el largo plazo».

Y, como suele ocurrir en estos casos, es difícil valorar el papel jugado por Gabriel Martínez, sin mencionar la existencia de un superior, Ramón Rovira, periodista, quien entre 2007 y 2017 desempeñó el cargo de director de Comunicación y Relaciones Institucionales del Banco Sabadell. Tras su salida de la entidad, Rovira se incorporó al Grupo Godó como responsable de la dirección general de Medios Audiovisuales. Dos años más tarde, fue nombrado adjunto a la presidencia y director de Relaciones Institucionales del grupo.

Consideración aparte merece el universo Caixa, toda una institución en Cataluña, que por mor de la crisis la obligó a pasar, muy a su pesar, de ostentar la consideración de caja de ahorro a la de banco y de terminar fusionándose con su gran oponente del centralismo madrileño: Bankia.

Por lo que respecta a la parte Caixa, el nombre de Jaume Giró sobresale del resto, aunque siempre con el apoyo y el respaldo de una profesional de la comunicación como María Luisa Martínez Gistau, directora de Comunicación y Relaciones Institucionales, y miembro del Comité de Dirección de CaixaBank, a donde se incorporó en 2001 procedente de la agencia LLYC (Llorente & Cuenca).

Ligado desde siempre, al menos formalmente, al mundo de la comunicación, Giró se graduó en Ciencias de la Información en la Universidad de Navarra y en Administración y Dirección de Empresas por ESADE. Colaboró con el diario *La Vanguardia* y el *Diario de Navarra*, y más adelante se incorporó a la agencia de noticias Europa Press como redactor, donde ejerció como responsable de la Sección de Economía en Barcelona.

En la caja de ahorros catalana, Giró fue director general de la Fundación Bancaria «la Caixa» entre los años 2014 y 2019, tras ocupar el puesto de director ejecutivo en CaixaBank en 2009. Anteriormente, fue director general de Comunicación y Gabinete de Presidencia de Gas Natural, y con posterioridad de Repsol, presidente de Petrocat y consejero de Petronor.

Como colofón a su carrera, hasta este momento, fue consejero de Economía y Hacienda de la Generalidad de Cataluña por *Junts* entre mayo de 2021 y octubre de 2022.

Al igual que ocurre en otros casos ya citados en este libro, el número 1 suele contar con un número 2, que es quien realmente afronta el día a día de la comunicación de la entidad, lo que permite al número 1 dedicarse a otros cometidos. El caso de Martínez Gistau, licenciada en Historia Contemporánea por la Universidad de Barcelona y en Ciencias de la Información por la Universidad Autónoma de Barcelona, su trayectoria en la Caixa primero y en CaixaBank en el momento presente, avala el aserto anteriormente puesto de manifiesto, y se une a otros casos como el de Francisco Mora en el BBV o el de Aurelio Medel en el Santander, aunque en el caso de Mora y de Medel les respalda una amplia y reconocida excelencia profesional en el mundo del periodismo económico.

En el caso de Bankia, pareja de baile de la Caixa hasta su integración en la entidad catalana, es el resultado de un proceso extraordinariamente complejo que tuvo su origen en Caja Madrid y que, desde finales del siglo pasado, no fue capaz de vivir un momento de tranquilidad. Y todas esas turbulencias, con cambios de presidentes incluidos, se trasladaron a los respectivos directores de comunicación, algunos de los cuales se vieron en la obligación de pasar por los Tribunales de Justicia.

Así, Jaime Terceiro, Miguel Blesa, Rodrigo Rato e Ignacio Goirigolzarri no solo dejaron su impronta en la vida de Caja Madrid en forma de gestión, de tarjetas *black*, de cambio de denominación, de creación de BFA o de integración definitiva en el grupo Caixa, sino que todo ese proceso de crisis comportó entradas y salidas de numerosos directores de comunicación. ¡Que corra el escalafón!

Ahí quedan para la pequeña historia de la comunicación empresarial el nombre de prestigiosos profesionales como Elías Ramos, Jorge Segrelles, Miguel Robledo, Teresa Arellano, Juan Manuel Astorqui, Pilar Trucios, Emilio Maillo o Amalia Blanco. Todos ellos dejaron para el recuerdo la forma de entender las relaciones con el exterior y con la prensa que puso en vigor Fernando Utande, histórico e inolvidable jefe de la cosa con cargo de director general adjunto de Caja Madrid durante muchos años, aunque con una visión de la comunicación muy alejada de la que se lleva en la actualidad.

Mención especial merece Amalia Blanco, que tuvo que experimentar una situación histórica indeseable cual fue la fusión por absorción de Bankia por CaixaBank, operación por la cual la Caixa de Fainé se «merendaba» a la Bankia de Gorigolzarri, en donde Blanco era directora general de Comunicación y Relaciones Externas.

Licenciada en Derecho y en Administración y Dirección de Empresas por la Universidad Pontificia de Comillas, Blanco estuvo en Bankia durante nueve años, y la precedía una amplia experiencia en el mundo de la comunicación en Gamesa y Ferrovial, así como en otras funciones en empresas como Santander Investment y Arthur Andersen.

Que no se entienda de lo escrito hasta ahora que los números 1 son invitados de piedra en las estrategias de comunicación de las empresas por mucho que se dediquen a otras actividades conexas a ese mundo. Más bien todo lo contrario. Llámese López, Abril, Giró o Cendoya, la realidad demuestra que no es imprescindible, ni siquiera necesario, haber pasado por una facultad de Ciencias de la Información o por la redacción de un medio de comunicación, para acumular valores muy apreciados por la alta dirección y por los propios profesionales de la comunicación dependientes de ellos.

10

Comunicación institucional, que no propaganda

Llegados a este capítulo, se plantea nuevamente una duda recurrente a la hora de diferenciar la comunicación política de la comunicación institucional, en tanto en cuanto existe una tendencia, más o menos extendida, a mezclar ambos cometidos por parte de algunos de sus responsables, obviando que las dos actividades están perfectamente delimitadas por la realidad y por el sentido común.

Este último pone de manifiesto que el responsable de comunicación de un ayuntamiento debe ocuparse con fidelidad y rigor de los asuntos municipales, con independencia de que una determinada decisión de la corporación pueda tener repercusiones políticas o electorales.

Aunque ese sentido común y la deontología profesional apunta a que los ciudadanos de una localidad o «clientes» de una institución pública determinada tienen todo el derecho a recibir información «limpia» sobre la gestión de quienes administran la *res pública*, no siempre esto es así y la tentación de que las unidades de comunicación de las administraciones locales, autonómicas o estatales se muevan por los réditos políticos para quien ocupa el vértice de la «cadena de mando» es grande, en la medida en que en demasiadas ocasiones los procesos de selección de los profesionales que ocupan estos puestos obedecen más a afinidades políticas que a razones profesionales.

En otros países con una democracia de mayor calidad, los responsables de comunicación de un gobierno o un ministerio suelen ser funcionarios que prestan sus servicios profesionales de manera rigurosa y veraz, con independencia del color político de quienes ocupan el puesto.

No suele ser así en el caso de España, en donde hasta el último cargo electo suele colocar a un afín político al frente de las labores de comunicación, no en vano los partidos políticos se han convertido —si es que en algún momento no fue así— en gigantescas agencias de comunicación.

Partiendo de la base de que existe una cierta disfunción conceptual y etimológica sobre el término «institución» que se refleja desde su origen lingüístico, como lo demuestra la propia RAE que tiene hasta siete definiciones para el término «institución».

Expurgando entre las siete definiciones de la Real Academia, nos podemos quedar con dos de ellas, aunque ninguna de las dos cierra el círculo de lo que se podía considerar como institución.

La primera de ellas indica que es «cada una de las organizaciones fundamentales de un Estado, nación o sociedad. Institución monárquica, del feudalismo», mientras que la segunda define el término como «establecimiento o fundación de algo».

El término institución proviene de la raíz indoeuropea «esta», que significa «estar», «permanecer», pero también denota «poner», «colocar». En definitiva, una institución es una organización establecida o fundada para desempeñar una función de interés público o, lo que es lo mismo, instituciones son tanto las principales agrupaciones que vertebran la vida de una sociedad.

El profesor Carlos Sotelo se atreve a diferenciar la comunicación institucional, de la comunicación corporativa al señalar que «Institución es toda organización humana en la que varias personas, a partir de unos principios configuradores y bajo una estructura concreta, coordinan diversas actividades para lograr determinados fines en el ámbito de una entidad social superior, a la que sirve y proporciona cohesión y paradigma».

A partir de ahí, comienza el baile y mientras para unos son cuatro las instituciones de España: la Jefatura del Estado, las Cortes Generales, el Gobierno y los Tribunales de Justicia; para el Ministerio de Defensa, las altas instituciones del estado son seis: Congreso de los Diputados, Consejo de Estado, Consejo General del Poder Judicial, Jefatura del Estado (Casa Real), Senado y Tribunal Constitucional.

Para otros teóricos menos selectivos, en España hay un total de 16.851 organismos públicos, muchos de las cuales pueden considerarse «instituciones». De esos organismos o instituciones, 317 corresponden a la administración central, 1.314 pertenecen a las autonomías y 15.191 son de la administración local. Además, está el resto.

En cifras, según el Plan de Publicidad y Comunicación Institucional 2023, en el que se recogen las previsiones y la planificación para el año 2023 en materia de publicidad y comunicación institucional de todos los ministerios y de los organismos y entidades a ellos adscritos, se aplican en estos menesteres 146 millones de euros de los Presupuestos Generales del Estado.

La Ley define como campaña institucional de publicidad toda actividad orientada y ordenada a la difusión de un mensaje u objetivo común, dirigida a una pluralidad de destinatarios y que utilice un soporte publicitario pagado o cedido además de que sea promovida o contratada por alguno de los sujetos enunciados en su artículo primero.

Y como campaña institucional de comunicación la que, utilizando formas de comunicación distintas de las estrictamente publicitarias, sea contratada por alguno de los sujetos enunciados en el mismo artículo para difundir un mensaje u objetivo común a una pluralidad de destinatarios.

Centrándonos en el mundo de la comunicación institucional que va más allá de las organizaciones, al ser un concepto más amplio e integral porque engloba la interacción de la sociedad civil, gobierno nacional o local y otros estamentos de esa sociedad, las direcciones de comunicación de las instituciones públicas han ganado peso en las dos últimas décadas, ocupan un lugar destacado en los organigramas institucionales y cada vez desempeñan un papel más crucial en la defensa de la imagen y la reputación de esas instituciones. La Democracia aquí también ha traído renovación y cambio.

Puede que los principios básicos de la comunicación institucional sean comunes al resto de las comunicaciones de distintos órdenes existentes en la sociedad, aunque cambian sustancialmente las metodologías y herramientas utilizadas para conseguir el éxito deseado.

Dejando para los teóricos lo que no debe salir del mundo de la teoría, hay una afirmación que conviene tener presente a la hora de abordar la comunicación institucional y que es válida para casi todo tipo de comunicaciones, y es aquella que subraya que de los tres planos por los que deambula este tipo de comunicación, no siempre coinciden ni en su fondo ni en su forma, por lo que la comunicación institucional debe velar por su armonía y que en síntesis son: la imagen que se desea dar, la imagen real de la institución y la imagen percibida por la opinión pública. Evitar que la imagen que se comunica no corresponda con la realidad; que la institución sea percibida de un modo equívoco o que la percepción del mensaje no coincida con la realidad, son tres cuestiones fundamentales que un buen profesional debe cuidar para que no se produzca un desenfoque.

Como ocurre en todos los órdenes de la vida, la comunicación institucional ya no es lo que era. En tan solo dos décadas, las nuevas tecnologías han dado la vuelta como un calcetín al ecosistema informativo. Los ciudadanos cada vez son más exigentes y tienen la posibilidad de acceder a aquella información que les resulte más atractiva y útil, no la que se le quiera imponer desde las instituciones, hasta el punto de que los departamentos de comunicación de las organizaciones públicas se las ven y se las desean para que su mensaje sobresalga entre tanta abundancia de contenido informativo.

La metodología de trabajo de los equipos de comunicación tiene que adaptarse a una realidad que cada día es cambiante. Renovarse o morir, esa es la clave. Por encima del aprendizaje en el manejo de herramientas, es necesario un cambio de mentalidad en muchas de las estructuras comunicativas de las instituciones. Ya no basta con informar, ahora también hay que comunicar. Y, por encima de todo, hay que conocer las demandas y las necesidades de los ciudadanos para establecer relaciones de calidad y ofrecer una información de valor adecuada a sus fines que permita establecer vínculos estables y duraderos.

Una de las principales consultoras de comunicación institucional, Charo Toscano, autora de dos libros que merecen ser leídos, *Inbound government* y *Manual de comunicación política local,* lo tiene claro al resaltar que solo el 48% de la población confía en las instituciones, según el Barómetro de la Confianza de la consultora Edelman. Esto significa que más de la mitad de la población está descontenta con el servicio que reciben de la administración pública.

Las instituciones públicas tienen la obligación, y también la necesidad, de mejorar las relaciones con los ciudadanos. Y esto se consigue mediante una comunicación que sea efectiva, directa y que ayude a establecer vínculos. La transformación digital de los gobiernos hace posible que la metodología de comunicación *Inbound Government* derribe esa desconfianza.

Para la consultora, los departamentos de comunicación continúan trabajando con lógicas antiguas y sin tener en cuenta la realidad. Y esa realidad nos indica que las notas de prensa y las ruedas de prensa no son ya instrumentos válidos para una comunicación eficaz. En su lugar, las estrategias efectivas para campañas electorales y gobiernos están emergiendo como las nuevas herramientas indispensables en la comunicación política local.

La creación de una estrategia de atracción de usuarios o clientes para una entidad o institución es muy distinta a hacerlo para un negocio o compañía privada. Y es que el objetivo de una institución no es vender, sino concienciar y facilitar el acceso a ciertos contenidos o información pública.

A este enfoque de comunicación, se le denomina *G2C (Government to citizen*) y se refiere a la relación existente entre los organismos gubernamentales y los ciudadanos.

Diseñar una estrategia efectiva de atracción de usuarios para entidades públicas es esencial para que los equipos de *marketing* y de comunicación puedan desarrollar campañas atractivas que promuevan relaciones con las personas, ofreciéndoles respuesta a sus necesidades.

En la red, podemos difundir información, pero lo más importante es establecer relaciones. Muchos gobiernos utilizan las redes como mero altavoz de mensajes políticos e institucionales, lo que significa olvidar su espíritu y perder oportunidades de ganarse la confianza de los ciudadanos. Hay que dejar de entender las redes como canales unidireccionales de comunicación y empezar a utilizarlas como medio de relación con los ciudadanía.

La atención es un bien preciado que es necesario conquistar. Algunos estudios afirman que una persona que viva en una gran ciudad puede recibir una media de 1.000 impactos publicitarios al día, y tan solo retenemos de dos a tres. Cada vez es más difícil captar la atención porque hemos desarrollado una ceguera hacia todo lo que en la web tenga apariencia de espacio publicitario.

Ante esta situación, ¿qué pueden hacer los gobiernos? Tan solo les queda un camino posible: adaptar e innovar. La innovación en gobiernos es inevitable. Y también la forma en la que se relaciona y se comunica con los ciudadanos.

El *Inbound government* es una variante del *inbound marketing* que, en un contexto institucional, busca atender las necesidades de los usuarios permitiéndoles interactuar con la institución para mantener una relación duradera.

Hoy en día, el *inbound government* es una de las opciones más eficientes en términos de recursos, tiempo y esfuerzo a las que las instituciones pueden recurrir para lograr esa satisfacción de los usuarios.

Para implementar una estrategia de *inbound government*, es necesario seguir la metodología establecida para ello, conocida como *Citizen centric journey*.

En esencia, el *inbound government* es una metodología de comunicación digital que no interrumpe sino que acude allí donde están los ciudadanos, y ese sitio cada vez más es internet.

Esta metodología permite conocer a tu público y diseñar unos servicios adaptados a sus intereses. Consta de cuatro fases: Atraer, convertir, servir y deleitar: Ya tenemos al usuario satisfecho y seguimos aportándole contenido de calidad y escucha activa en las redes sociales.

Inbound government se adapta a la perfección al mundo sobre conectado en el que vivimos. A través de una comunicación segmentada, los ciudadanos encontrarán el tema adecuado en el momento adecuado y en el lugar adecuado. Y siempre con un buen contenido, ajustado a sus necesidades y preocupaciones. Es lo que podríamos llamar una comunicación a la carta.

Pese a esa cierta tendencia promiscua que suele envolver a la comunicación política y a la comunicación institucional, esta última parece empezar a delimitar un campo de acción cada vez más asentado y, lo que es más importante, más aceptado por los líderes que se sitúan al frente de las instituciones correspondientes.

A modo de ejemplo, tres casos extremos, relevantes y paradigmáticos se pueden traer a colación en materia de comunicación institucional que pueden alumbrar, en alguna medida, el terreno de juego en el que se desenvuelve esta especialidad.

El primero de ellos hace referencia a la implantación del euro en España el 1 de enero de 2002, que conviviría con la peseta hasta el 28 de febrero de ese mismo año y cuya responsabilidad última de su establecimiento en España correspondió al Banco de España, arquetipo de institución que demanda la práctica de comunicación institucional.

Poco menos de un año antes, en marzo de 2001, el Banco Central Europeo (BCE) presentaba detalles de su amplia campaña de comunicación publicitaria en los doce países de la eurozona sobre los nuevos billetes y monedas, cuyo eslogan será «El euro. Nuestra moneda» y que no pretendía, según su presidente, Wim Duisenberg, «vender el euro ni aumentar la confianza en la nueva divisa (...) sino familiarizar al público con la nueva moneda».

En España, el Gobierno anunció que destinaría 1.000 millones de pesetas para sufragar las campañas de difusión de la implantación del euro, aunque la última campaña de publicidad sobre el euro, que comprendió el periodo 1999-2000, tuvo un coste total de 1.700 millones de pesetas.

Desde ese momento, se desarrollaron distintas campañas de todo tipo que fueron desde la creación de la tarjeta y calculadora de conversión de euros a pesetas hasta *spots* de publicidad, como el de los García.

Según un estudio elaborado por Eduardo Martín Segovia de la Universidad Complutense de Madrid, titulado *La campaña del euro (1996-2002) la* Unión Monetaria Europea *como objeto de comunicación política y opinión pública*, se enfatiza el uso de una metodología forzosamente transdisciplinaria con aportaciones de la Sociología, las Ciencias Políticas, la Economía, el Derecho, la Historia y la Psicología Social, «pero su perspectiva principal es la de las Ciencias de la Información, concretamente la comunicación política, y se inscribe en la teoría que entiende las Relaciones Internacionales como un fenómeno de comunicación».

Para capitanear la campaña de comunicación en su vertiente informativa con medios de comunicación, el Banco de España incorporó a uno de los periodistas económicos más capacitados, Ricardo Fernández Álvarez, quien hoy, como jefe de División de Relaciones con Medios e Imagen, es el responsable de las relaciones con los medios de comunicación y la gestión de la información pública del banco dentro de su Departamento de Comunicación.

Fernández Álvarez había desarrollado durante once años su carrera profesional en el diario *Cinco Días*, de los cuales pasó cinco como corresponsal en Bruselas, lo que le permitía tener una perspectiva del proyecto comunitario ciertamente relevante.

Una vez implantado el euro, el Banco de España incorporó a Carlos Díaz Güell como director del Departamento de Comunicación (primer dircom en los más de 150 años de historia de la institución), profesional del periodismo económico que había acumulado un notable grado de experiencia en distintos medios, sectores e instituciones.

Tras Díaz Güell vino Víctor Márquez Moya, procedente de la Fundación Rafael del Pino, profesional de la comunicación de impecable formación. Este nombramiento parecía consagrar definitivamente que el Banco de España incorporaba la comunicación a su organigrama directivo, algo que al día de hoy no parece del todo claro tras la salida de Márquez Moya en dirección a Naturgy para incorporarse al potente equipo liderado por Jordi Garcia Tabernero y formado por David Gallardo, Paula Zapata, María Luisa de la Peña y Nuria Rodríguez. Doce años en Cibeles dejan huella y demuestran que la comunicación en el Banco de España está lejos de ser una canonjía.

Un segundo caso sobre en qué medida se requiere de actuaciones de comunicación institucional eficaces viene dado por la crisis de la COVID-19 que alteró, en un breve plazo de tiempo, la rutina de los ciudadanos y, por tanto, la de los periodistas y los gabinetes de comunicación.

El gran impacto sanitario y social de la pandemia obligaba a las administraciones públicas a instalarse en una gestión de crisis continua, sin precedentes en la reciente historia de la comunicación institucional.

Según un informe firmado por Rosa María Añel Rodríguez y Emilio Rodríguez del Servicio Vasco de Salud, durante la pandemia ha existido una clara estrategia de *storytelling* para potenciar la marca «Pedro Sánchez» a través de la creación de un relato dominante y central que ha subordinado los relatos «oficiales». Las decisiones, según el informe, partió del gabinete de comunicación del gobierno, que construyó un marco épico que devino en bélico durante la gestión de la crisis. Los medios de comunicación, sobre todo las TV, evitaron poner de relieve los errores e inconsistencias y aceptaron el control gubernamental.

Una inconsistencia notable por parte del gobierno estuvo en la negación de la incertidumbre, situación que se intentó resolver improvisando y huyendo hacia delante.

Se echó en falta la voz independiente de organismos e instituciones científicas y profesionales sanitarios expertos, postulándose desde el inicio de forma contundente, reivindicando el valor del conocimiento científico y formando parte de los comités asesores del gobierno y ministerios de salud autonómicos.

La ausencia de determinados relatos puso de relieve la inexistencia de mecanismos sociales y estructuras de divulgación del conocimiento que sirvieran de contrapeso al discurso político dominante.

En opinión de los autores del informe, la gestión de la comunicación durante la crisis del COVID-19 estuvo politizada, obedeciendo más a criterios de rentabilidad política que a intereses de salud pública. Esta interferencia de consideraciones políticas modulando y/o retrasando las consideraciones científicas no fue nueva.

El informe incorporaba declaraciones públicas de tres importantes actores de la crisis generada por la pandemia —Pedro Sánchez, Salvador Illa y Fernando Simón— que resultaban demoledoras, ya que resaltaba el desgobierno y la catastrófica gestión de la comunicación durante la pandemia, así como la de otras personalidades.

A modo ilustrativo, conviene recordar algunas de las categóricas afirmaciones realizadas por estos tres protagonistas y que reflejan una inolvidable falta de gobernanza en materia de comunicación:

«Estamos preparados para actuar, aunque en este momento se considera que el riesgo de introducción del virus en nuestro país es muy bajo» (*El Correo*).

«El Gobierno lamenta la cancelación del MWC (Mobile), una decisión que, de acuerdo con los expertos y la información disponible, no responde a razones de salud pública en España» (*Expansión*).

«Haremos lo que haga falta, donde haga falta y cuando haga falta para superar esta crisis» (*El Mundo*).

«Vamos a poner todos los recursos del Estado para proteger mejor la salud de los ciudadanos, especialmente, de los más vulnerables y para responder a la emergencia sanitaria y económica con la máxima agilidad y contundencia» (RTVE).

«Tenemos un Sistema Nacional de Salud muy potente y estamos preparados para hacer frente a cualquier situación, no hay ninguna razón de salud pública que aconseje tomar ninguna medida o que impida la celebración de ningún evento público» (*Expansión*).

«Nosotros creemos que España no va a tener, como mucho, más allá de algún caso diagnosticado. Esperemos que no haya transmisión local. Si la hay, será una transmisión muy limitada y muy controlada» (*ABC*).

«La gripe es un problema conocido, llevamos muchos siglos con ella, pero la gente no se agobia con la gripe porque es algo a lo que nos hemos acostumbrado. Me sorprende este exceso de preocupación» (*El Objetivo*).

«Si mi hijo me pregunta si puede ir a la manifestación, le diré que haga lo que quiera» (Cadena SER).

«La cifra real de fallecidos es difícil de conocer, no vamos a poder conocerla» (*La Voz de Galicia*).

«Entre la última semana de febrero y la primera de marzo, el número de positivos fue en aumento. Fue en ese momento cuando se confirmó la transmisión comunitaria en nuestro país, pero no pudimos cancelar las manifestaciones por el Día de la Mujer del 8 de marzo porque era competencia de las comunidades» (José Luis Stegmann).

«No es un virus excesivamente letal, pero se trasmite más rápido de lo que pensábamos» (Fernando Simón).

Y todo ello sin contar con las prolijas y aberrantes apariciones televisivas de altos mandos del ejército, la guardia civil y la policía nacional que tardarán mucho tiempo en ser olvidadas y que fueron, junto a las mencionadas anteriormente, ejemplos de anti-comunicación. Ahí va una píldora: «Otra de las líneas de trabajo es también minimizar ese clima contrario a la gestión de crisis por parte del Gobierno» (jefe del Estado Mayor de la Guardia Civil, general José Manuel Santiago, *dixit*).

Alguien podría considerar que el informe al que se hace referencia ha sido maliciosamente elegido. Nada más lejos de la realidad. Los estudios con críticas ácidas a la política de comunicación seguida durante la pandemia se acumulan y nadie se salva. Tanto es así que alguno de ellos, al hablar de la prensa, señala que, en el tratamiento informativo de la pandemia por parte de los medios de comunicación, se localizan ejemplos de alarmismo y de sensacionalismo.

O que la pandemia de COVID-19 se ha solapado con una «infodemia» que ha provocado la mayor avalancha de desinformación conocida y dificultades para encontrar información fiable a casi la mitad de la población.

En contraposición a lo ocurrido en España, en otros países las instituciones hicieron un uso práctico, adecuado y efectivo de los medios al alcance para frenar esta «infodemia». Así, por ejemplo, en Singapur, los médicos usaron grupos de *Telegram* y *WhatsApp* para compartir información clínica o logística. Como resultado, gestionaron mejor sus recursos, identificaron riesgos más rápidamente y pudieron desmentir mejor la información falsa sobre el coronavirus que se distribuía entre la población.

También, en plena pandemia, Kim Gang-lip, el viceministro de Salud de Corea del Sur —uno de los países que mejor contención mostró ante el virus—, señaló: «Cuanto más comunique el Gobierno de forma rápida, precisa y transparente, más confiará en él la gente... La población actuará de forma racional por el bien común».

En casos así, es de vital importancia tomar en consideración el tono y el contenido de los mensajes que se emiten desde los puestos de mando. En Italia, psicólogos de la Universidad de Milán establecieron una correlación directa entre el tono del mensaje y el comportamiento de los ciudadanos. «En el momento en el que los políticos hicieron un cambio y empezaron a hablar de forma más clara y directa del problema, el comportamiento de la ciudadanía también cambió y la gente empezó a prestar atención».

En ese difícil escenario tuvo que ejercer como responsable de comunicación en Moncloa Miguel Ángel Oliver, conocido periodista por sus apariciones en televisión lo cual confiere riesgos añadidos, sobre todo cuando toca una etapa compleja donde se conjuga una pandemia y un estado de alarma y un presidente de gobierno como Pedro Sánchez.

Licenciado en Ciencias de la Información, antes de recalar en la Secretaría de Estado de Comunicación, Oliver pasó por la SER, Asamblea de Madrid de Madrid, y Cuatro TV y tuvo que enfrentarse al estado de alarma del coronavirus y a la gestión de la política informativa de la pandemia, lo que le causo más de un problema y críticas de los colegas que terminaron por firmar un manifiesto titulado #LaLibertaddePreguntar, por considerar que en las ruedas de prensa durante la pandemia se impuso un sistema de preguntas «a la carta». El premio fue la presidencia de la agencia EFE.

A partir de ahí, podríamos hablar de otros casos relevantes de comunicación institucional como son los referidos a la Casa Real o al Ministerio de Asuntos Exteriores, este último a través de la originariamente Oficina de Información Diplomática (OID) dirigido siempre por destacados diplomáticos como Adolfo Martín Gamero —ministro de Información y Turismo en el primer Gobierno tras la muerte de Franco—, Máximo Cajal, Fernando Schwartz, Inocencio Arias o Alberto Aza —jefe de la Casa del Rey entre 2002 y 2011—. En honor a la verdad, el organismo nunca ha sobresalido por su transparencia ni por su capacitación para ser vehículo de información entre gobierno y sociedad, ni siquiera cuando, en algún momento, estuviera dirigido por profesionales del periodismo ajenos a «la carrera».

Muy al contrario de lo que ocurre en el Ministerio de Asuntos Exteriores, la Casa Real ha recurrido normalmente a profesionales del periodismo para encargarles la difícil tarea de establecer puentes con los medios de comunicación y velar por la reputación de la más alta institución del Estado, tarea que es de todo menos sencilla.

De entre todos los profesionales de la comunicación y pionera a la hora de situarse como responsable de las relaciones con los Medios de Comunicación de la Casa de S.M. el Rey, con rango de directora general, el nombre de Asunción Valdés Nicolau ocupa, por méritos propios, un papel preponderante y no solo por haber sido la primera mujer en ocupar ese selecto puesto, sino por tener un currículum poco menos que inigualable.

Diez años permaneció Valdés en el puesto y, al final de ese periodo, recibió el reconocimiento real a su trabajo con la encomienda de número de la Orden de Carlos III.

El hecho de haber sido la primera mujer en ocupar un alto cargo en la Jefatura del Estado o el haber sido la primera mujer en dirigir un telediario en TVE o el haber ostentado el cargo de directora de la oficina del Parlamento Europeo en España, por concurso-oposición entre 400 candidatos o el tener uno de los CV profesionales más envidiable, demuestra que cuando hay méritos, valía y reconocimiento, no son necesarias medidas de discriminación positiva para triunfar en el mundo profesional y que sean reconocidos los méritos profesionales.

No fue Asunción Valdés la única profesional de la comunicación —periodista— en alcanzar los más altos niveles profesionales en la Casa Real, ya que posteriormente otros periodistas como Javier Ayuso o Jordi Gutiérrez ocuparon puestos similares.

En el caso de Javier Ayuso, periodista económico de brillante trayectoria, ocupó el puesto de director de Comunicación de la Casa Real, aunque por un limitado espacio de dos años.

Los rumores apuntan que tan corto periodo de tiempo al frente de la comunicación de la Casa Real se pudo deber al hecho de que su nombre se vio involucrado en el caso que la Audiencia Nacional abrió por el espionaje del excomisario José Villarejo a políticos, periodistas y empresarios por encargo del BBVA cuando lo presidía Francisco González en 2004 y años posteriores.

Este hecho se desprende del escrito enviado a dicho juzgado, el 30 de noviembre de 2022, por los empresarios y/o exdirectivos de Sacyr considerados por el magistrado como perjudicados por esta operación, Luis del Rivero Asensio, José Domingo Ampuero y Osma y Vicente Benedito Francés, que se investiga bajo la causa 0096/2017 seguida contra el expolicía y varios exdirectivos del BBVA, entre ellos su expresidente durante 22 años, Francisco González.

Jordi Gutiérrez, periodista catalán, que ya había ocupado un puesto en Zarzuela como subdirector General de Relaciones con los Medios de Comunicación, retornó a la Casa Real para ser nombrado por Felipe VI director de Comunicación de la Secretaría General de la Casa de Su Majestad el Rey. Y hasta hoy.

La Casa Real es la máxima institución de España, pero el mundo institucional alcanza a un buen número de instancias oficiales, públicas o privadas, que requieren de la comunicación como herramienta para en contrar su hueco en la sociedad en la que habita. Colegios profesionales, estamentos deportivos, sindicatos o patronales, entre otros, son un buen ejemplo y un fenomenal yacimiento de empleo para los profesionales de la comunicación.

En el caso de la patronal de patronales, la Confederación Española de Organizaciones Empresariales (CEOE), siempre ha contado con una potente estructura en materia de comunicación y le corresponde el privilegio de haber sido el primer director del Departamento de Comunicación de la patronal, entre 1978 y 1982 siendo presidente fundador Carlos Ferrer Salat, a José Carlos García Fajardo, doctor en Derecho, licenciado en Ciencias de la Información y en Filosofía, profesional de amplia experiencia en empresas como Merck Sharp & Dhome, Petronor y TVE.

A García Fajardo, le sucedió Gonzalo Garnica, licenciado en Ciencias de la Información, que se incorporó a la CEOE en 1979 y que ocupó la Dirección de Comunicación hasta 2007 tras la llegada a la patronal de Gerardo Díaz Ferrán. Previamente había trabajado en IBM España como director de información y con posterioridad fue secretario general de CEPYME.

En la actualidad, el cargo de directora del Departamento de Comunicación, Relaciones Institucionales y Sostenibilidad de la CEOE es ocupado por Carmen Alsina que, hasta su fichaje por Garamendi, presidente de la CEOE, se había responsabilizado de la Comunicación y las Relaciones Externas de CaixaBank en Castilla y León y Asturias y anteriormente había sido concejala delegada de Hacienda y Administración Pública del Ayuntamiento de Gijón. Alsina es licenciada en Derecho y máster en Comunicación y Crítica Cultural.

Con anterioridad a Alsina, el responsable de Comunicación de la patronal fue Javier García de la Vega quien sustituyó, a su vez, a Mónica Clivillé, procedente de la patronal catalana, Foment del Treball. De la Vega, licenciado en Ciencias de la Información procedía de Antena 3, en donde desempeñaba las funciones de director adjunto de Informativos, fue presidente de APIE.

La CEOE acoge a 4.500 asociaciones de base, integradas en más de 50 federaciones y confederaciones de ámbito territorial y más de 200 de ámbito sectorial. Si no la totalidad, muchas de las agrupaciones empresariales de ámbito sectorial o territorial y empresas asociadas, cuentan con servicios de comunicación o prensa, cuyos responsables deben dar con frecuencia lo mejor de sí mismos en defensa de los intereses de las compañías en donde prestan sus servicios.

No queda más remedio que elegir el botón de turno en el universo de empresas existentes en España que requieren los servicios de un profesional o consultora de Comunicación para tratar de resolver problemas o atajar crisis que emergen en el entorno de la propia compañía.

Valga el caso de la factoría de Ence en Pontevedra, empresa pública hasta 1990 de la que viven varios miles de pontevedreses desde su inauguración hace más de 60 años, pese al rechazo frontal de las fuerzas vivas de la ciudad. Hasta tal punto llega esa oposición que recientemente el Tribunal Supremo ha rechazado los dos incidentes de nulidad presentados por el Ayuntamiento de Pontevedra y la Abogacía del Estado contra la sentencia que avalaba la continuidad de la fábrica de Ence hasta 2073.

En esas circunstancias, ser directora de Comunicación de la planta de celulosa, puesto que ostentó Lourdes Mateos, bragada al frente de la redacción de la *Gaceta del Norte* durante los años duros de ETA, no puede ni debe considerarse como una tarea sencilla ni menor.

Otra patronal, el Círculo de Empresarios, presta igualmente especial interés a la comunicación, siendo Juan Cacicedo, licenciado en Ciencias de la Información quien está al frente de estas funciones como vicesecretario general. Su trayectoria profesional ha estado muy ligada a la información económica ocupando puestos directivos en diferentes medios informativos *como La Gaceta de los Negocios, Dinero, El Nuevo Lunes* y *Tiempo*.

La Confederación Española de la Pequeña y Mediana Empresa (CEPYME) que representa al 99% de este tipo de empresas en España, cuenta también con una dirección de Comunicación y Relaciones Institucionales a cuyo frente está Inmaculada Pardo, licenciada en Periodismo con muchos años de experiencia en el periodismo económico y político.

En el mundo sindical, la comunicación tiene nombres y apellidos y, sobre todo, afiliación orgánica, ya que suelen ser los secretarios generales los que se encargan de aparecer ante la opinión pública para trasladar su posicionamiento sobre todos los hechos trascendentales de carácter político-sindical de ámbito nacional.

Descendiendo un escalón en el organigrama del sindicato correspondiente, en sus respectivas comisiones ejecutivas confederales, el asunto de la comunicación es ocupado por unos de sus miembros.

En el caso de Comisiones Obreras (CC. OO.), cuyo secretario general es Unai Sordo, Empar Pablo Martínez es la secretaria de comunicación dentro de la Comisión Ejecutiva. Vinculada a CC. OO. desde 1996, Pablo Martínez es diplomada en Relaciones Laborales por la Universidad de Valencia, máster en Prevención de Riesgos Laborales, máster en Género y Políticas de Igualdad por la Universidad Rey Juan Carlos I y *community management* por la Fundación UNED.

En la Unión General de Trabajadores (UGT), la estructura es similar: un secretario general, José Álvarez, y un secretario de Comunicación, redes sociales y agenda digital en el seno de la Comisión ejecutiva, puesto que ocupa Salvador Duarte, diplomado en Relaciones Laborales por la Universidad de Málaga, postgrado en Relaciones Laborales y Negociación Colectiva por la Universidad de Barcelona y postgrado en Alta Dirección también por la Universidad de Barcelona.

Aunque es tratado en otro capítulo con algo más de profundidad, nuevamente nos encontramos con el represaliado de la RFEF, Pablo García Cuervo, como *Presse Attaché* de la Delegación Española de los JJ.OO. de Tokio 2020 del Comité Olímpico Español (COE), máxima institución deportiva de un país. Hoy, al frente de la Comunicación del COE está Estefanía Zahida Rey Sánchez, licenciada en Periodismo con una amplia y complicada estancia profesional en TVE.

Capítulo aparte merecen los dircoms de las instituciones de carácter político, si es que un gobierno, un ministerio o consejería, o una alcaldía pueden ser considerados instituciones políticas o corporaciones elegidas para la administración de la *res* pública.

Aquí, como en casi todos los órdenes de la vida, hay de todos los colores, y sería un ejercicio inabordable entrar en el análisis prolijo de los comportamientos y actitudes profesionales, si bien es cierto que la tentación de traspasar líneas rojas y convertirse en propagandista político del líder y del partido que lo sustenta es muy elevada.

En un ejercicio, si se quiere menor, pero útil como referencia, merece la pena hacer un repaso a la reciente historia democrática de España en un intento de determinar si es posible desarrollar una política de comunicación institucional cuando esta comunicación se ejerce desde las más altas instancias gubernamentales, desde donde, en puridad, debería quedar al margen cualquier intento de adentrarse en el mundo de la comunicación política, dejando esta para los partidos que sustentan a un gobierno determinado.

Se ha repetido con reiteración que la llegada de la Democracia a España supuso un importante avance de todo sector relacionado o necesitado de comunicación, y partidos políticos y gobiernos fueron los más necesitados de asesoramiento en esta materia. El único problema es que ni Adolfo Suárez ni Leopoldo Calvo Sotelo, personajes antagónicos donde los haya, supieron o quisieron encontrar soluciones eficientes a los problemas a los que se enfrentaban uno y otro en materia de comunicación política. El primero, por considerar que era suficiente con sus encantos; el segundo, por despreciar todo aquello no estuviera a su altura intelectual.

Suárez optó por una fórmula extraña y difícilmente explicable para quien se supone que era un experto en la materia; no en vano había sido director general de RTVE. Pese a contar con el cercano asesoramiento del periodista Fernando Ónega, nombró secretario de Estado para la Información a Josep Melià Pericàs, fundador del Partido Nacionalista Mallorquín y cabeza de candidatura al Congreso por la Unió Autonomista de Balears. Nada a reseñar de su paso por la Moncloa.

Calvo Sotelo tampoco hizo alarde alguno en materia de comunicación durante el corto periodo de tiempo que ocupó la Presidencia del Gobierno. Nombró para el puesto de secretario de Estado para la Información a Ignacio Aguirre Borrell, diplomático de carrera y especialmente querido en el mundo taurino. Por lo menos, se llevaba bien con los periodistas políticos.

Julio Feo Zarandieta, valenciano y licenciado en Ciencias Políticas y máster en Ciencias Políticas y Relaciones Internacionales por la Universidad de Stanford, completando sus estudios de sociología en la Universidad de Columbia en Nueva York, lo que le permitió convertirse en un profundo conocedor de la ciencia demoscópica que le resultó de tanta utilidad cuando se instaló en la Moncloa.

Fue, desde casi siempre, militante del PSOE. Su trayectoria profesional estuvo desde el principio de la democracia ligada a la de Felipe González, del que fue director de campaña en las elecciones generales de 1977, 1979, 1982 y 1986.

Tras las elecciones de 1982, González lo propuso como secretario del presidente (1982-1986), con rango de subsecretario y seguidamente secretario general de la Presidencia del Gobierno, cargo en el que permanece hasta 1987, año en el que abandona la política para dedicarse a la actividad privada como consultor y escribir dos libros de «memorias»: *Aquellos años* y *Déjame que te cuente*.

Su actividad a lo largo de su vida profesional al lado de Felipe González le convirtió en un hombre poderoso, cuya labor trascendía, con mucho, la de dirigir las campañas electorales del secretario general del PSOE, aunque se lució en algunas de ellas como en la de 1982 en donde el PSOE logró una abultada mayoría absoluta.

Como suele ocurrir en casos similares, este tipo de cargos se complementan con profesionales de nivel que se responsabilizan de las relaciones con medios y en el caso de Feo podemos citar a Eduardo Sotillos, periodista de amplia trayectoria en la radiotelevisión pública y que, tras la victoria electoral del PSOE en las elecciones de 1982, fue requerido por Felipe González para formar parte de su primer Gobierno, en el que ejerció funciones portavoz con rango de secretario de Estado hasta 1985. El cargo le supuso echar por la borda buena parte de su prestigio profesional cuando calificó en RNE de «basura amarilla» a la prensa por unas informaciones publicadas por *Diario 16* relacionadas con los espionajes telefónicos.

Pedro Arriola, sevillano, estudió Ciencias Económicas en la Universidad de Málaga y Ciencias Políticas en la Universidad Complutense de Madrid, fue considerado como un gurú del Partido Popular durante los mandatos de los expresidentes José María Aznar y Mariano Rajoy y podría considerarse como consultor interno (de la casa) ya que durante casi treinta años fue considerado la mano derecha de los presidentes del PP, en el Gobierno y en la oposición.

Conocido por sus encuestas, algo que a él no le gustaba nada y que le llevó a decir que hacía algo más que encuestas como análisis social, valoraciones sobre la opinión pública y participación en los principales discursos, y más aplaudidos de Aznar y Rajoy.

Junto a Miguel Ángel Rodríguez formaría el núcleo de mayor confianza del que fuera el primer presidente del PP, y con él llegó a La Moncloa, y allí siguió. A él se le atribuye la famosa frase de «márchese, señor González».

Iván Redondo Bacaicoa, guipuzcoano y licenciado en Humanidades y Comunicación, es el último gran gurú del *marketing* político que ha sido protagonista y relevante del sector, al considerársele uno de los responsables del ascenso de Pedro Sánchez a la Presidencia del Gobierno tras la moción de censura presentada contra el anterior presidente, Mariano Rajoy, pese a ostentar una posición minoritaria en el Congreso de los Diputados.

La victoria de Sánchez le llevó a convertirse en director del Gabinete de la Presidencia del Gobierno, puesto que ocupó hasta julio de 2021 en que abandonó por motivos nunca explicados oficialmente.

Hoy se ha convertido en un destacado columnista de *La Vanguardia* y ha constituido su propia consultora (Redondo y Asociados Consultores Políticos y de Estrategia).

En contra de lo publicitado por un destacado miembro del colectivo de consultores políticos como Sanmartín, Redondo nunca se posicionó políticamente, salvo cuando se instaló en Moncloa, a la vera del presidente, hasta el punto de que antes de que lo fichara el PSOE había ayudado a Xavier García Albiol a ser alcalde de Badalona —el primero de derechas— y a José Antonio Monago a serlo de Extremadura. De la misma manera uno de sus clientes había sido el PP de Euskadi.

Entre sus más sonados posicionamientos profesionales, su disposición a «tirarse por un barranco» por su jefe: Pedro Sánchez Pérez Castejón, lo que le hizo merecedor del calificativo del «metáfora».

No faltan ejemplos de políticos que exceden sus labores, olvidando lo que es partidista, de lo que es gobernanza, olvidando algo tan obvio como lo que recoge la Ley 29/2005, de 29 de diciembre, de Publicidad y Comunicación Institucional: «La dualidad entre la naturaleza política y ejecutiva de la acción gubernamental debe mantenerse en esferas comunicativas separadas. La valoración, el juicio y la información de carácter político tienen sus propios cauces y no deben mezclarse con la actividad comunicativa que, ordenada y orientada a la difusión de un mensaje común, emprende la Administración para dar a conocer a los ciudadanos los servicios que presta y las actividades que desarrolla. Debe ser un principio fundamental de la actividad comunicativa del Gobierno, a través de campañas institucionales, desligar la opinión política de la información veraz y neutral sobre sus políticas públicas. La publicidad y la comunicación institucional deben estar al estricto servicio de las necesidades e intereses de los ciudadanos, facilitar el ejercicio de sus derechos y promover el cumplimiento de sus deberes, y no deben perseguir objetivos inadecuados al buen uso de los fondos públicos».

Y ahí está para demostrarlo la ministra portavoz del gobierno, Isabel Rodríguez, multada por dos veces y apercibida en una ocasión por la Junta Electoral Central por hacer electoralismo desde el Palacio de La Moncloa durante las habituales ruedas de prensa posteriores al Consejo de ministros.

La Ley Orgánica del Régimen Electoral General prohíbe realizar manifestaciones con contenido valorativo y electoralista, aprovechando los medios públicos, así como quebrantar los principios de neutralidad e igualdad.

En este mundo de la comunicación institucional, hay que ser cuidadoso y saber distinguir cuando se actúa como portavoz de un partido político y cuando se hace en representación de la institución.

A modo de simple ejemplo de lo que supone la estructura de Comunicación de un gobierno cualquiera, se puede utilizar el nombramiento de Carmen Martínez Castro como secretaria de Estado de Comunicación durante los dos mandatos de Rajoy para hacer una somera radiografía de la comunicación en un ejecutivo, en este caso del PP, pero extensible al gobierno actual de Sánchez, que incluso puede superar en dimensión al de su antecesor.

A vuelapluma, la estructura orgánica del primer gobierno de Rajoy en materia de comunicación estaba compuesta por el siguiente directorio, a cuyo frente se encontraba Martínez Castro:

—La número dos de la Secretaría de Estado de Comunicación fue Consuelo Sánchez Vicente, con cargo de directora general de Comunicación.

—La vicepresidenta Soraya Sáenz de Santamaría tuvo a su lado, como jefa de gabinete, pero también como asesora de prensa, a la siempre eficaz e incansable María Pico.

—Concha Martín fue la directora de comunicación del Ministerio de Economía y Competitividad, tras más de 20 años en el diario *El País* en donde era jefa de Economía. Como adjunta fichó a Esther Barranco, vinculada desde hacía años a la información económica y a la Sociedad Estatal de Participaciones Industriales (SEPI).

—Para la llevar la comunicación de la Secretaría de Estado de Comercio, Jaime García Legaz nombró a Andrés Pereda, procedente de FAES.

—De la comunicación de la Secretaría de Estado de Economía se ocupó Jaime Navarro periodista del diario *Expansión*, mientras que de la comunicación en la Secretaría de Estado de Economía y de la de I+D+i, ejerció Luis Ordóñez.

—Para el Ministerio de Hacienda y Administraciones Públicas, Cristóbal Montoro recuperó a Julio Sánchez como responsable de comunicación, que ya había ejercido durante la segunda legislatura de José María Aznar. Antes trabajó con Gerardo Díaz Ferrán en CEIM y fue jefe de información de Europa Press.

—En el Ministerio de Defensa, Joaquín Madina Loidi, con experiencia en medios como *El Mundo* o *El Confidencial*, entre otros, volvió a ocupar la dirección de comunicación, puesto que ya había ocupado con el ministro Eduardo Serra.

—Allí compartió experiencias con Miguel Morer, jefe de la Oficina de Comunicación, periodista de amplia experiencia y que ya había sido director de Comunicación del Ministerio de Universidades e Investigación.

—En el Ministerio de Asuntos Exteriores de García Margallo ejerció como directora de Medios y Diplomacia Pública, María Claver. En ese ministerio, existe una Oficina de Información Diplomática (OID) que, desde su origen, es gestionada exclusivamente por diplomáticos.

—Al Ministerio de Educación, Cultura y Deportes fue a parar Margarita Mayoral procedente de la COPE, aunque del área de Cultura se encargó Raquel Martín Maestro, procedente de la agencia Proa Comunicación, mientras que de Deportes se mantuvo, Luis Lucio, que ya estaba la pasada legislatura.

—José Manuel Martínez Ruiz repitió en la dirección de comunicación del Ministerio de Sanidad a donde había llegado procedente del diario *La Razón*. Como adjunta fue fichada Rosa Serrano, hasta entonces redactora de la sección de Sociedad de *La Razón*.

—Al Ministerio de Fomento, llegó como responsable de Comunicación, María García Capa, proveniente del Partido Popular, en donde había trabajado en los últimos años con Ana Pastor, que en el Ministerio de Sanidad contó con Patricia Crespo, periodista de la agencia EFE.

—Fátima Báñez, como ministra de Empleo y Seguridad Social, tuvo a su lado a Javier Esteban que cubría la información económica en el Congreso para Europa Press como jefe de prensa.

En el Ministerio de Agricultura, Alimentación y Medio Ambiente, siguió Jesús María Mellado, uno de los más veteranos en los gabinetes de comunicación ya que durante cuatro legislaturas fue jefe de prensa del Partido Popular en el Congreso de los Diputados. Anteriormente fue director de Comunicación de Onda Cero y jefe de prensa de la Cadena Cope. Como segundo tuvo a Julio Vidorreta, procedente de Génova 13.

—Jorge Fernández Díaz, ministro de Interior, eligió para la dirección de comunicación al periodista Albert Gimeno, procedente de La Vanguardia. Los jefes de prensa de la Policía y de la Guardia Civil continuaron siendo Juan José Esteban y Lourdes Rodríguez, respectivamente.

Para el Ministerio de Justicia, Ruiz-Gallardón nombró a la periodista Elena Martín, redactora de la Gaceta de Intereconomía donde estaba asignada a política nacional y cubría al Partido Popular. Estuvo acompañada por Íñigo Martínez como jefe de prensa quien había oficiado como redactor jefe de política y nacional en Punto Radio.

El ministro Soria, en Industria, Energía y Turismo, confió la comunicación al canario Juan Santana, que llevaba muchos años colaborando con él.

Aunque variable, cada dirección de comunicación de un ministerio está compuesta por un determinado número de profesionales —funcionarios o no— que cubren las necesidades inherentes a un departamento de estas características y cuyo número va en función de la importancia del Ministerio. A ese resultado habría que añadir los organismos autónomos —que no autonómicos— que tienen unidades de comunicación y que dependen de los gobiernos de turno.

Es el caso de la Administración de Justicia, muchos de cuyos órganos en el ámbito autonómico, provincial o local, cuenta con unidades de comunicación cuyo objetivo es facilitar la vida a los profesionales del periodismo, aunque, en ocasiones, se convierten en el «brazo armado» de una institución cuando de lo que se trata es de sustanciar casos determinados.

Es obvio resaltar que Presidencia del Gobierno alcanza un tamaño difícil de estimar, aunque nos puede dar una pista el hecho de que de la Secretaría de Estado de Comunicación dependen: el Departamento de Información Nacional, la Unidad de Información Nacional, la Unidad de Información Económica, el Departamento de Información Internacional, el Departamento de Información Autonómica, el Departamento Digital, el Departamento de Coordinación Informativa, la Unidad de Coordinación Institucional, la Unidad de Logística Informativa, la Subdirección General de Análisis y Documentación, la Unidad de Publicidad Institucional y las consejerías y agregadurías de información de las misiones diplomáticas de España; así como los órganos administrativos, gabinetes y vocales de los mismos que tengan encomendada la relación con los medios de comunicación social en los departamentos ministeriales, la administración periférica y, en su caso, los organismos públicos dependientes de la administración general del Estado, dependen funcionalmente, en el ejercicio de estas competencias, de la Secretaría de Estado. Se exceptúa de esta disposición la Oficina de Información Diplomática del Ministerio de Asuntos Exteriores y Cooperación. (*Real Decreto 662/2022, de 29 de julio, por el que se reestructura la Presidencia del Gobierno*).

Si de lo que se trata es de continuar profundizando en estas cuestiones, el lector lo tiene tan fácil como tomar en consideración la existencia de 17 comunidades autónomas, todas ellas bien nutridas de unidades de comunicación, lo que confiere a la administración pública —excluida la local— de una dimensión considerable, difícilmente estimable.

De ahí la importancia de no confundir la comunicación política con la comunicación institucional. El ciudadano, al menos, tiene ese derecho.

11

Comunicación política: *marketing* o reputación

El concepto de partido político ha sido definido de muy diferentes maneras, según el emplazamiento histórico y la realidad sociocultural del momento y de la sociedad de la que se trate.

Una definición generalista nos apunta que los partidos políticos son entidades creadas para promover la participación de la ciudadanía en la vida democrática y contribuir a la integración de la representación nacional; conformando y compartiendo objetivos, intereses, visiones de la realidad, principios, valores y proyectos para ejecutar, total o parcialmente, en gobiernos democráticos que se conforman si se ganan las elecciones.

En definitiva, el objetivo básico y casi necesario de un partido político es la conquista del poder, el poder ejecutivo concretamente, que permite acceder a sus candidatos a los cargos públicos representativos. En este caso y con una cierta carga de cinismo, los partidos políticos se convierten en una inmensa agencia de colocación.

Un partido político es no solo un elemento indispensable de cualquier democracia liberal, sino una maquinaria preparada, afinada y creada para alcanzar el poder. Esta y no otra es su razón de ser, ya que, de lo contrario, no tendría sentido la existencia de un partido político. Claro está que lo han de vender bajo el compromiso social, la labor pública, la gestión equitativa de los bienes públicos... al fin y al cabo, una vocación por hacer el bien en la sociedad democrática concreta que los elija, pero ciertamente, a la luz del devenir político de muchos países y partidos, cada vez se invita más a pensar que los partidos son empresas, y como tal, hay cargos, y esos cargos tienen unos sueldos... Al final, ser político se convierte en un trabajo, y los políticos en trabajadores que tratan de salvar su puesto (y su sueldo).

Y, para el logro de este objetivo, la vida de los partidos políticos se mueve de forma permanente entre la estrategia y el tacticismo, y tanto uno como otro necesitan de la comunicación, en este caso política, como elemento imprescindible en donde apoyarse y alcanzar los objetivos propuestos en la medida que impregna todos los niveles de la política en las sociedades de nuestros días. De ahí la trascendencia de la comunicación política o de la comunicación electoral, que hay razones para la existencia de ambas. Y si se quiere hasta de la propaganda, aunque esta tiende a jugar cada vez más un papel subsidiario en la medida en que los medios de comunicación, el mundo digital y las redes sociales han asumido con creces el papel que la propaganda ha jugado en algún momento de la historia.

Y tan solo con el manejo del binomio comunicación/información los partidos políticos pueden aspirar al éxito que no es otro que ganar las elecciones y formar gobierno con todas las consecuencias que ello trae consigo.

La comunicación política está condicionada con actividades, actitudes y comportamientos, no siempre ética y moralmente asumibles, ya que el fin justifica los medios; es más, los medios juegan un papel menor.

El todo vale se ha instalado en la comunicación política, y la consecución del poder avala cualquier tipo de conducta en la medida que se ha demostrado que no existen verdades absolutas y por ello en nombre de la difusión de mensajes políticos, de la captación de votantes y de la batalla ideológica entre izquierda y derecha en el mundo actual, todo vale en la comunicación política.

Tanto es así que incluso los propios profesionales se muestran a veces escandalizados de en lo que la comunicación política se está convirtiendo. En un número especial de *Más Poder Local*, una revista temática que trata, entre otros temas, estrategias de comunicación política y electoral, advertía en 2020: «la comunicación debe volver a ser un instrumento para dejar de ser un fin en sí misma, un todo vale de peligrosas consecuencias» Y sí, peligrosas pueden ser las consecuencias, ya que la comunicación política juega un papel fundamental en el funcionamiento de los sistemas democráticos.

La elaboración periódica de argumentarios cuyo contenido, en ocasiones más que criticable, es repetido de forma cansina y al pie de la letra por los líderes de los partidos; la polarización grosera de los medios de comunicación; la conocida como elaboración del relato; la sustitución del periodismo de investigación por el periodismo de filtración; los falsos enfoques de los cortos audiovisuales remitidos por los partidos, y otras muchas malas prácticas, siempre insuficientes para saciar la necesidad de «información» demandada por la masiva existencia de medios de comunicación en sus diferentes versiones.

Hasta tal extremo llega esta distorsión de la información que algún estudioso ha llegado a valorar en más del 65 % la información, enviada a medios, previamente manoseada o manipulada, de la que se hacen eco los medios de comunicación en la actualidad.

Y de poco han valido, igualmente manipuladas, las experiencias tipo «maldita. es» o «maldito bulo», herramientas digitales de dudosa paternidad cuyo objetivo es denunciar las noticias *fake* o las manipulaciones que se ejercen en el mundo de los medios de comunicación. Todas experiencias plausibles, aunque son criticadas desde diferentes protagonistas del mundo de la comunicación.

Y todo ello propiciado por un proceso reduccionista de la capacidad de atención en el mundo que vivimos, la cual nos indica que nos hemos convertido en una sociedad incapaz de mantener en la memoria casi nada de los millones de impulsos que sistemáticamente tienen a nuestro cerebro como objetivo primario.

Como señala Bruno Patino en *La civilización de la memoria de pez*, «nuestra distracción endémica, auténtica plaga de la sociedad moderna, es resultado de la imposición dirigida de un modelo de negocio, un capitalismo digital que ha encontrado en la red la posibilidad de un mercado en perpetuo crecimiento, una economía de la atención cimentada sobre la destrucción de nuestra concentración, sobre el fomento de nuestra continua ansia de novedades, de imágenes, de estímulos, de likes».

Con este entorno de memoria de boquerón, se comprenderá que el concepto del todo vale se haya instalado en la comunicación política y mucho más en la comunicación electoral.

Al hilo del todo vale y del clima político/electoral de España durante el 2023, Francisco J. Pérez Latre, profesor y director académico de postgrados de la Facultad de Comunicación de la Universidad de Navarra, escribía, o más bien exigía: «La comunicación política a veces parece un conjunto de «trucos» y estrategias para ganar elecciones o perpetuarse en el poder. Es necesaria otra comunicación política, la de personas íntegras que hacen resonar su integridad en el resto de los ciudadanos. Los políticos y sus asesores de comunicación se centran en el miedo; difunden mensajes simplistas y esquemáticos que dificultan las alianzas que reclaman las crisis sociales. En un contexto así, el escepticismo y la desesperanza se imponen: la opinión pública percibe que la clase política seguirá enzarzada en sus peleas mientras se aplaza la solución de los problemas. Sobran estrategias y herramientas; abunda la propaganda, pero falta verdadera comunicación».

Y de técnicas y estrategias de la comunicación política saben más que nadie los consultores y asesores en la materia que se dedican a estos menesteres y que, supuestamente, ayudan a ganar o perder elecciones, y que son conscientes de que la comunicación es necesaria en el origen del poder; que es necesaria también durante el ejercicio del poder; y que es esencial a la conformación y orientación de una sociedad por medio de la identificación y de objetivos y problemas.

Joseph Goebbels, el «enano cojo y diabólico», como lo definiría Goering, padre de la propaganda nazi y responsable del Ministerio de Educación Popular y Propaganda, creado por Adolf Hitler a su llegada al poder en 1933, desarrolló once principios de la propaganda, en los que establece un proceso de construcción de verdades en el que algunos creen ver un cierto paralelismo con la actual configuración de las redes sociales.

Como sea que hay una «cierta» analogía en el mundo gobernado por la comunicación política actual con aquella diabólica y acomplejada propaganda creada por el nazi —casi la mitad de todo el tráfico de Internet son *bots*— parece oportuno, aunque no es el objetivo de esta reflexión, reproducir las «once verdades» que iluminaron la teoría de la propaganda de Hitler para comprobar si existe o no cierta equivalencia con la comunicación política actual, se desarrolle esta por Trump, Putin, Sánchez o Xi Jinping:

- Adoptar una única idea, un único símbolo; individualizar al adversario en un único enemigo.
- Reunir diversos adversarios en una sola categoría o individuo; los adversarios han de constituirse en suma individualizada.

- Cargar sobre el adversario los propios errores o defectos, respondiendo al ataque con el ataque. «Si no puedes negar las malas noticias, inventa otras que las distraigan».
- Convertir cualquier anécdota, por pequeña que sea, en una amenaza grave.
- «Toda propaganda debe ser popular, adaptando su nivel al menos inteligente de los individuos a los que va dirigida. Cuanto más grande sea la masa a convencer, más pequeño ha de ser el esfuerzo mental a realizar. La capacidad receptiva de las masas es limitada y su comprensión escasa; además, tienen gran facilidad para olvidar».
- «La propaganda debe limitarse a un número pequeño de ideas y repetirlas incansablemente, presentadas una y otra vez desde diferentes perspectivas, pero siempre convergiendo sobre el mismo concepto. Sin fisuras ni dudas». De aquí viene también la famosa frase: «Si una mentira se repite suficientemente, acaba por convertirse en verdad».
- Hay que emitir constantemente informaciones y argumentos nuevos, y hacerlo a un ritmo tal que cuando el adversario responda el público esté ya interesado en otra cosa. Las respuestas del adversario nunca han de poder contrarrestar el nivel creciente de acusaciones.
- Construir argumentos a partir de fuentes diversas, a través de los llamados globos sonda, es decir, informaciones fragmentarias.
- Silenciarse sobre las cuestiones sobre las que no se tienen argumentos y disimular las noticias que favorecen al adversario, también contraprogramando con la ayuda de medios de comunicación afines.
- Por regla general, la propaganda opera siempre a partir de un sustrato preexistente, ya sea una mitología nacional o un complejo de odios y prejuicios tradicionales; se trata de difundir argumentos que puedan arraigar en actitudes primitivas.
- Llegar a convencer a mucha gente que piensa «como todo el mundo», y así crear impresión de unanimidad.

Sin tratar de profundizar en la materia, lo que nos obligaría a escribir un tratado de dimensiones considerables, y como sea que nos encontramos en un sistema democrático, la comunicación política en la España contemporánea ve la luz con las primeras elecciones generales o quizás antes, justo con el referéndum 15 de diciembre de 1976, en el que la ciudadanía española aprobó la Ley para la Reforma Política. Posteriormente, los españoles volvieron a las urnas para votar en las elecciones generales que se celebraron el día 15 de junio de 1977 y, finalmente, una vez más, volvieron a introducir una papeleta en las cajas transparentes para ratificar en referéndum la Constitución española: el 6 de diciembre de 1978.

A todo ese proceso, y al que siguió a partir de entonces, se le denomina Transición Política Española, gracias a la cual España goza de un sistema de libertades envidiable, el cual es modelo de otros países que aspiraron —con o sin éxito— a emular la singladura política española.

Las últimas elecciones generales celebradas en España han sido las decimoséptimas desde que nuestro país se incorporó al concierto de naciones que disfrutan de un sistema democrático, tras 40 años de dictadura franquista. Estas elecciones han permitido que en España haya habido siete presidentes de gobierno.

Junto a estos comicios generales, se han celebrados incontables elecciones autonómicas y municipales, además de dos referéndums más a los anteriormente citados: el de la OTAN y el de la Constitución Europea.

No es sencillo ni barato un sistema democrático, ya que cualquier comicio supone un importante desembolso para las arcas públicas, pues hay que hacer frente a los gastos de personal, material y logística a nivel municipal, autonómico y estatal.

2023 fue año de elecciones en España: el 28 de mayo fueron las autonómicas y municipales, y el 23 de julio se volvió a los colegios electorales, aunque esta vez para elegir diputados y senadores.

Una primera aproximación para conocer cuánto les cuestan a los españoles las campañas electorales, consiste en acudir a los Presupuestos Generales del Estado, que es de donde se extrae el grueso del dinero público para sufragar los gastos electorales.

Como se sabía que iba a haber elecciones municipales, autonómicas y generales dentro del año, en los Presupuestos Generales del Estado para 2023 se dispuso de una partida de gastos para todas ellas de 403 millones de euros.

Las elecciones anteriores, que tuvieron lugar en 2019 —dos por no haber sido posible formar gobiernoen las primeras celebradas ese mismo año— junto a comicios autonómicos, municipales, europeos y dos elecciones generales, tuvieron un coste de 448 millones para las arcas públicas, de acuerdo con los datos publicados por la Intervención General de la Administración del Estado en noviembre de dicho año.

Adicionalmente a esas cantidades, hay que añadir las sumas destinadas por los partidos políticos para sus campañas electorales, una de cuyas partidas más elevadas va destinada a propaganda y comunicación.

Para poder llegar al electorado o al conjunto de la sociedad, es menester mantener un vínculo que permita a los partidos seguir teniendo la confianza de los votantes, lo cual obliga a desembolsos considerables y que quedan fuera de las cantidades publicadas en el BOE.

Aquí es imprescindible referirnos a la comunicación política, ya sea en su formato de propaganda o de pura comunicación, al ser una herramienta que está presente en todos los momentos de la vida política —no solamente en campaña electoral—, además de ser considerada como uno de los ejes fundamentales para la construcción de la democracia, siempre y cuando esté amparada por la obligada transparencia.

Empecemos con lo más sencillo. Durante las campañas electorales, toda la comunicación que se emite es para incentivar al voto, ya sea por parte de los partidos políticos, de los candidatos, o de los organismos que dan garantía para llevar a cabo las elecciones. El objetivo de su mensaje es motivar a la gente para salir a votar, por uno u otro partido político, ya que lo que está en juego es la consecución del poder, y con ello, además de muchas cosas como es la consolidación de la Democracia, está en juego el *modus operandi* de cientos de miles de los miembros de los partidos ganadores, que esperan su recompensa.

Lejos de nuestro ánimo está el tratar de desentrañar los *modus operandi* de los diferentes protagonistas que participan en un proceso electoral determinado, máxime cuando los profesionales de la materia son capaces de encontrar diferencias entre comunicación política y comunicación electoral, dos formas de entender la comunicación que pese a ser diferentes tienen múltiples puntos de contacto.

Por no ir mucho más allá, algún estudioso llega a determinar las características de la comunicación electoral, que presenta características diferenciales y que se pueden resumir en los siguientes puntos, aparte de su limitación en el tiempo:

Un primer aspecto se centra en su objetivo específico, consistente en transformar en votos los pensamientos y emociones de determinados segmentos sociales.

La comunicación electoral no comienza de cero, sino que es el punto culminante de todo un proceso anterior de comunicación política desarrollada no solo durante la legislatura que termina sino por la historia del partido del que se trate.

Este tipo de comunicación, que bien podría denominarse como terminal, trabaja sobre contenidos políticos más breves y especialmente diseñados para ser consumidos en plazos cortos, lo que lleva al teórico a concluir que mientras la comunicación política gana o pierde por puntos, la comunicación electoral lo hace por *nocaut*.

El cortoplacismo con el que trabaja la comunicación electoral puede jugar una muy mala pasada a partidos y candidatos. En juego hay mucho, pero como apuntan algunos expertos, tratar de aplicar técnicas de puro *marketing* a una campaña electoral puede tener dañinas consecuencias y, más grave aún, aplicar mal técnicas de *marketing* ya ni vence ni convence. En esta línea, el profesor Pérez Latre apunta: «El marketing sirve para adquirir las cualidades del buen vendedor, que conoce a su audiencia y sabe anticiparse a sus necesidades. En el *marketing*, se sabe que no se puede olvidar a la gente durante tres años. Recuerda que se habla para diversos públicos; que «el café para todos» ya no va a funcionar». Todo profesional del *marketing* sabe que una marca tarda tiempo en construirse: si solo se piensa en cuatro años, es imposible construir un gran proyecto.

De todo esto y mucho más saben y sabían quienes se han ocupado de responsabilizarse de la comunicación de los principales partidos políticos y de los gobiernos desde que la Democracia se instauró en España, tras la muerte de Franco y con el impulso del rey Juan Carlos.

Por todo ello, partidos y gobiernos han sido muy conscientes de contar con el apoyo profesional de expertos en comunicación política, hasta el punto de conformarse un mercado de trabajo formado por profesionales, cada vez más cotizados, en sus dos vertientes —interna y externas—, cuyo papel es cada vez más notorio.

Ni son todos los que están ni están todos los que son, ya que algunos pasaron desapercibidos y otros muchos, desde fuera o desde dentro de los partidos políticos, gobiernos o instituciones, ejercieron una meritoria labor como consultores o asesores del líder o del partido de cara unos comicios.

A nivel externo, como consultor político por excelencia en el tiempo, aparece la figura de José Luis Sanchís Armelles, reconocido pionero en la materia que ha combinado a lo largo de su carrera profesional el *marketing* político con la consultoría estratégica.

Licenciado en Derecho y en Ciencias Económicas por la Universidad de Deusto, inició su actividad en la consultoría política en el año 1977, manejando en su haber el número de candidatos a presidentes o jefes de estado electos.

Miembro del *Hall of Fame de Campaigns and Elections* desde hace ya casi trece años, en sus casi 50 años de actividad profesional, ha trabajado en 126 campañas electorales en todo el mundo, dirigiendo campañas electorales para líderes políticos como Francisco de Sá Carneiro, Adolfo Suárez, Manuel Fraga, Aníbal Cavaco Silva, Jordi Pujol, José Antonio Ardanza, Alberto Fujimori, Carlos Menem o Antonio Guzmán.

Presidente Mundial en su momento de los Consultores Políticos, así como en el ámbito de la comunicación corporativa —miembro del Consejo Mundial de la Asociación Internacional de Relaciones Públicas (PARA)—, dibuja en algunas declaraciones públicas los temas ásperos para el gremio tales como el populismo, la desinformación y la polarización que, en su opinión, amenazan la democracia y la credibilidad de la profesión.

En cuanto a la lacra de la desinformación, que se origina a partir de la propagación deliberada de información falsa, Sanchís lo tiene claro: «es importante que se pueda tener éxito en la campaña electoral, pero a través sola y exclusivamente de la verdad. Hoy se emplean procedimientos erróneos, malas artes para pasar un mensaje o incluso lograr que un candidato sea elegido, lo que supone dañar la limpieza de los procesos electorales y esto es malo; a corto plazo puede llevar a una situación de desastre y de mentira en campañas electorales que por nada del mundo recomendaría».

Aleix Sanmartín, doctor en Comunicación Política por la Universidad Complutense de Madrid y Political Management por la George Washington University, CEO y presidente de Sanmartín Group, se califica como «la única firma de consultoría política que se define como francamente progresista, ayudando a candidatos y partidos progresistas a acceder al poder, mantenerlo o influir en él sin tener que renunciar a nuestros valores».

Empezó trabajando para el PSOE en campañas municipales, siendo responsable de formación de los cursos de estrategia y comunicación política a nivel nacional en lo que era el Instituto de Capacitación del PSOE, en donde se entrenaba a los candidatos a alcaldes y diputados del partido. Posteriormente, asesoró a José Luis Rodríguez Zapatero en la campaña de 2008 y dirigió la campaña del entonces secretario de Relaciones Exteriores, Miguel Ángel Moratinos.

Formó pareja con Sanchís, con quien fundó Sanchís & Sanmartín y con posterioridad, se asentó durante casi quince años como consultor en México, donde ha trabajado en las campañas electorales presidenciales de varios candidatos entre los que se encuentra Andrés Manuel López Obrador.

Dicen que su trabajo está basado en el método científico, no deja nada al azar, se informa y con base en las encuestas y análisis de la opinión pública, genera estrategias, una metodología única para cada campaña y con base en el perfil del candidato o gobernante. Formula teorías e hipótesis y con base a su método, da respuesta a cada una de los interrogantes que más tarde se convertirán en el eje central de la campaña.

Considera que los tres pilares más poderosos que hay en este momento en la estrategia política son la construcción de identidades mediante el discurso, la nanosegmentación mediante los datos y el uso de la IA para la clasificación de zonas geográficas y perfiles.

Aunque algunos medios de comunicación internacionales le han señalado por utilizar métodos no muy ortodoxos para ganar elecciones, Sanmartín sostiene que para él la ética en elecciones la establece la legislación de cada país, siendo ético todo lo que esté dentro de la ley.

Entre sus últimos logros, y pese a su pública proclamación como consultora progresista, están los de haber dirigido la campaña para la presidencia de la Junta de Andalucía, en la que se consiguió cambiar al gobierno después de 40 años de no alternancia y colocar al primer presidente de la historia en Andalucía del Partido Popular, Juanma Moreno.

La comunicación política, para este consultor polivalente que hoy colabora en las campañas para que sus clientes ganen elecciones, sean de izquierdas o de derechas, se cierne sobre cuatro sentimientos universales: esperanza, miedo, odio y alegría... y toda comunicación que no esté enfocada sobre estos parámetros es una comunicación que no funciona.

Xavier Domínguez es uno de los consultores más reputados y experto en comunicación política con más de veinte años de profesión. Aunque empezó en el PSC, ha prestado sus servicios a diferentes partidos políticos —desde el propio PSC a ERC o al PP de García Albiol y de Núñez Feijóo— habiendo desarrollado buena parte de su carrera como consultor en América Latina como CEO de Wish & Win.

Autor de libros como *Mienta, pero no engañe* o *Dilo bien o calla para siempre*, que responden muy bien a su línea de actuación presidida por una idea fuerza: «Esto no va de hablar, esto va de hacer sentir».

Columnista y colaborador de *El Universal* de México, de *La otra opinión* de Ricardo Alemán en México o del *Meganoticiero* de María Elvira Salazar en MEGA TV, dirigido a La Florida en Estados Unidos, cuenta con un máster en Marketing Político y Estrategias de Comunicación otorgado por la Universidad Autónoma de Barcelona y la Universidad de Santiago de Compostela. Se ha especializado en Estrategia Electoral en The Graduate School of Political Management de la George Washington University.

Luis Arroyo, sociólogo, experto en comunicación y analista político muy ligado al PSOE, es otro de los consultores más sobresaliente del horizonte español y pasa por ser el nuevo gurú del sanchismo y mueve los hilos del Ateneo de Madrid, institución de la que es presidente.

Especialista en gestionar crisis de comunicación y reputacionales a través de su consultoría Asesores de Comunicación Pública, la cercanía de Arroyo al entorno de Sánchez le ha permitido dar un impulso como presidente al Ateneo madrileño con la conferencia en la que el jefe del gobierno blanqueó la negociación con Puigdemont.

Ha desarrollado su carrera fundamentalmente como consultor y asesor político. Fue director de comunicación de crisis y asuntos públicos de la multinacional Edelman y ha ocupado cargos de responsabilidad en los gobiernos de José Luis Rodríguez Zapatero. Fue director de gabinete de los secretarios de Estado de Comunicación, Miguel Barroso y Fernando Moraleda; director adjunto en el gabinete de la vicepresidenta primera, María Teresa Fernández de la Vega; y director del gabinete de la ministra Carme Chacón cuando ocupaba el Ministerio de Vivienda.

Miguel Barroso y Ayats, periodista y consultor de comunicación, era licenciado en Historia Moderna y Contemporánea y en Derecho y fue uno de los más destacados asesores de los presidentes Rodríguez Zapatero y Sánchez.

Ejerció el periodismo en distintos medios, como la revista catalana El Mundo, la agencia italiana Quotidiani Associati, *El Viejo Topo, Diario de Valencia,* y *El País.*

En 1983, inició su etapa en la comunicación institucional y política en el Ministerio de Educación y Ciencia con José María Maravall, del que fue director de comunicación y director de gabinete hasta 1988.

Exsecretario de Estado de Comunicación con Zapatero, Barroso, junto a Miguel Contreras, es considerado el artífice de la llegada al poder de los dos últimos presidentes socialistas.

Ligado desde siempre a los medios de comunicación y siempre vinculado al poder socialista, fue uno de los impulsores de la creación de La Sexta, canal de televisión posicionado en la izquierda política a cuyo frente se situaron Jaume Roures y Contreras.

De su extensa biografía profesional, son muchos los aspectos relevantes a resaltar: consejero de Prisa a propuesta de su presidente Oughourlian desde 2021; director general de la Casa de América; consejero delegado de Young & Rubicam y director de WPP Spain; CEO de la filial española de Fnac.

Miguel Ángel Rodríguez Bajón, vallisoletano, fue redactor de *El Norte de Castilla* de Valladolid en donde conoció a José María Aznar, durante su mandato como presidente de Castilla y León, donde asumió el cargo de portavoz de la Junta de esa comunidad autónoma. Más tarde pasó a ser director de Comunicación del Partido Popular, y en 1996 fue nombrado secretario de Estado de Comunicación y, aunque podría figurar en el capítulo dedicado a la comunicación institucional, sus saltos profesionales le hacen merecedor de ocupar espacio en este capítulo de la comunicación política.

En 1998, abandonó la política activa y pasó a ocupar la presidencia de la multinacional Carat España, a donde volvió tras ser requerido por Isabel Díaz Ayuso para que dirigiera su campaña electoral de 2019. Desde entonces, se ha convertido en la figura más próxima a la presidenta, su mano derecha, persona de confianza y quien decide la estrategia de Ayuso. Por ello, no podía faltar en unas elecciones tan decisivas como las de 2021 en las que, sin duda, arrasó.

El que fuera portavoz del gobierno con Aznar siempre ha cabalgado entre su papel institucional como cargo de gobierno —central o autonómico— y consultor político, lo que le ha hecho acreedor de numerosos reproches, como los recibidos cuando llamó «nazi» al doctor Luis Montes, presidente de la Asociación en defensa a morir dignamente, y «cocainómano» al Gran Wyoming.

Sin ánimo alguno de ser extensivo, dada la imposibilidad de enumerar y glosar la figura de los diecisiete secretarios de Estado de Comunicación de la Democracia española, cabe mencionar a Carmen Martínez Castro, al frente de la Secretaría de Estado desde 2011 hasta 2018, como mano derecha en materia de comunicación de Mariano Rajoy por ser persona que concitó todo tipo de celos en el Partido Popular por la influencia que dicen que ejercía sobre el presidente del Gobierno, algo que con frecuencia suele darse en este tipo de cargos.

Periodista con amplia experiencia tras sus trabajos en la COPE y en Onda Cero, Carmen Martínez Castro es considerada como «la autora» de las ruedas de prensa sin preguntas y la implantación del famoso plasma, algo de lo que disfrutó en exceso con posterioridad Pedro Sánchez y que venía a demostrar la aversión de M. Rajoy a los periodistas.

En el partido de enfrente, los cambios y permutas son igualmente habituales. Es el caso de Nieves Goicoechea, nombrada directora de comunicación del Ministerio de Interior de Grande-Marlaska, un departamento, en el que sustituía a Daniel Campos de Diego.

Goicoechea, periodista y comunicadora, tiene en su haber más de treinta años de experiencia profesional, la mayoría de ellos en la Cadena SER, donde en su última etapa ejercía como máxima responsable de la sección de Tecnología, y retomaba así su labor en el Gobierno de España, tras ocupar el puesto de secretaria de Estado de Comunicación, entre 2008 y 2010.

Polivalente, aunque siempre dentro del mismo partido, es el caso de Marisa González Casado, periodista especializada en comunicación política que en la actualidad ejerce de directora de Igualdad, Responsabilidad Social y Sostenibilidad en la Real Federación Española de Fútbol (RFEF) tras haber desempeñado el cargo de directora de Comunicación del mismo organismo, aparece por méritos propios en estas páginas.

Su trayectoria es amplia y siempre ligada al Partido Popular, en donde ha ocupado cargos de relevancia: jefa de Prensa del Grupo Parlamentario Popular de la Asamblea de Madrid; jefa de Prensa del Grupo Popular del Senado; directora general de Medios de Comunicación de la Comunidad de Madrid directora general de Medios de Comunicación del Ayuntamiento de Madrid y directora de Comunicación de la Delegación del Gobierno en Madrid.

Ha sido directora de Comunicación de campañas electorales —municipales, autonómicas y al Senado— en 1989, 1995, 1999, 2003, 2007 y 2011 y ponente de diversos cursos formativos de comunicación política.

En ocasiones, el gobierno en ejercicio y el partido político que le sustenta, intercambian profesionales. Es el caso de Ion Antolín Llorente, director de comunicación del PSOE, hasta entonces director general de Coordinación Informativa del Gobierno, para reorganizar la comunicación que se realiza desde la sede del PSOE y coordinarla con la estrategia comunicativa de la Moncloa.

Antolín ha desarrollado su carrera con una dilatada experiencia como responsable de comunicación de diferentes organismos, ostentando la responsabilidad de gerente de Comunicación Externa en CaixaBank, la dirección de Comunicación de Banca Cívica y la jefatura de Prensa de la Universidad Camilo José Cela. Como periodista trabajó como reportero gráfico en *Antena 3 Noticias* y ha sido columnista en *Estrella Digital, Madridiario, El Plural* y *Diario Palentino*.

Pero, donde las hemerotecas se convierten en vivero de frases y actuaciones sobresalientes, es en los gobiernos catalanes, ya que a algunos de sus portavoces y representantes ante la opinión pública se les hace difícil diferenciar su papel profesional como comunicadores con el de propagandistas del independentismo catalán.

Es el caso de Joan María Piqué, responsable de comunicación del Departamento de Interior y exjefe de prensa de Artur Mas, quien desde su posición oficial difundía una idea con la que se reivindicaba la lucha armada para alcanzar la independencia de Cataluña, que era sustentada con una macabra frase: «Quizás es un enfoque que aún no hemos pensado y funcionaría».

No cabía esperar menos de quien fuera director de comunicación de la Generalidad de Carles Puigdemont o de Torra, y acérrimo defensor de la causa independentista catalana y que se iniciara como periodista en la redacción de *ABC* en Cataluña.

Su momento cumbre, sin embargo, lo consiguió cuando, contestando a unos padres que pedían que sus hijos recibieran clases en español, sentenció categórico que estos fueran reunidos en un centro situado entre «la cárcel y la perrera».

Todo lo contrario que su colega Ramon Pedrós, quien fuera mano derecha en materia de comunicación de Jordi Pujol, lo que le hizo ser conocedor de los secretos de los negocios de la familia.

Quienes le conocieron señalan que era lacónico en la expresión y destilaba pausadamente juicios teñidos de ironía. Imperturbable, Pedrós mostraba una situación sin enjuiciarla. Su admiración por Pujol, a quien calificaba de «animal político» y «fenómeno extraordinario», no le impidió describir las corrupciones del gran patriarca nacionalista.

En efecto, Pedrós se atrevió a publicar algunas escenas que indicaban cómo el comportamiento de los hijos y de la mujer de Pujol no casaba con la honestidad que quería proyectar el dirigente político. Sobre ello dió pistas en dos libros sobre los turbios manejos de Marta Ferrusola e hijos en las consejerías de la Generalidad

Periodista de larga trayectoria —fue el primer corresponsal de *ABC* en Moscú y ocupó la delegación de TVE en la capital soviética en los inicios de la Transición y la corresponsalía de la Agencia EFE—, Pedrós supo distinguir las distintas facetas de Pujol y como jefe de prensa entre 1988 y 1998 experimentó y contribuyó a ello.

Hasta los partidos que quieren acabar con la «casta» y asaltar los cielos como es el caso del menguante partido Podemos valoran en lo que vale contar con un responsable de comunicación que les permita ayudar a conseguir lo inalcanzable. Así hay que entender la existencia institucional de Juanma del Olmo, mano derecha de quien fue el líder del partido morado, Pablo Iglesias.

Desde la formación del gobierno de coalición, compatibilizó su cargo de secretario de Comunicación de Podemos con el de director de Estrategia y Comunicación de la Vicepresidencia segunda, viendo culminada momentáneamente su carrera en Podemos, iniciada en julio de 2015, cuando ganó en primarias de ámbito estatal la candidatura de Podemos para el Congreso de los Diputados, siendo candidato en las elecciones generales del 20 de diciembre, logrando un escaño como diputado por Valladolid.

Fue la mano derecha del líder morado, su hombre de confianza, el gestor y creador de todos los mensajes de Iglesias desde el congreso de Vistalegre II que supuso la caída de Íñigo Errejón en la que participó activamente.

Director de campaña de Unidas Podemos en las elecciones generales de abril de 2019, fue calificada por Pablo Iglesias como «la mejor campaña» de la organización, frente a todas las anteriores, que estuvieron dirigidas por Errejón.

En la repetición de las elecciones generales ese mismo año, Iglesias volvió a confiar en él para ser el director de campaña. En esa cita electoral, Unidas Podemos consiguió mantener unos buenos resultados ante la amenaza de que la candidatura de Errejón pudiera robarles gran parte de los votos y los diputados, algo que finalmente no sucedió. Iglesias reconoció su papel poniéndolo al frente, junto a Irene Montero, de la negociación del primer Gobierno de coalición en España.

Con el paso de los años, y tras el desmoronamiento de Podemos, la vicepresidenta segunda y ministra de Trabajo, Yolanda Díaz, fichaba a la exsecretaria de Estado de Igualdad y exportavoz de Podemos, Noelia

Vera, como su nueva directora de comunicación. Con la entrada de Podemos en el primer gobierno de coalición de Pedro Sánchez, la exministra de Igualdad, Irene Montero, optó por elegir a Vera como su número dos y situándola como una de sus colaboradoras más estrechas. No obstante, en septiembre de 2021, renunció al cargo y también a su puesto en la Ejecutiva de Podemos. Su relevo en ambos casos fue la dirigente «morada» Ángela Rodríguez, Pam.

La incorporación de Vera, periodista de profesión, se producía después de que la anterior directora de comunicación durante la pasada legislatura, Virginia Uzal, fuera nombrada en esta etapa como nueva directora de gabinete de Díaz.

En este trasiego de cargos y cometidos, capítulo aparte merece Angélica Rubio, asesora personal y consejera de máxima confianza del expresidente del Gobierno, José Luis Rodríguez Zapatero y que trabajó, ante de incorporarse a Ferraz, primero y a Moncloa más tarde, como directora general de Coordinación Informativa de Presidencia, para el constructor leonés José Luis Martínez Parra y su familia, señalado por haber estado vinculado al caso Gürtel por el presunto pago de comisiones, para facilitar contratos públicos a Teconsa, la empresa de la que era propietario.

De profesión periodista, la asesora de Zapatero desarrolló la mayor parte de su carrera en León —con excepción de una breve etapa en *Radio Lugo* y la Agencia Gallega de Noticias— antes de venir a Madrid para unirse al equipo del líder socialista. Rubio ejerció el periodismo, entre otros medios de comunicación, en las redacciones del semanario Bierzo 7, las emisoras Radio Bierzo y Radio León —esta última de la Cadena SER— y la Agencia EFE en León. Y fue redactora, primero, y más tarde columnista, en *La Crónica de León*, rotativo propiedad de Martínez Parra y su padre, el magnate castellanoleonés José Martínez Núñez.

Hoy, Rubio ejerce de opinadora habitual en el programa de García Ferreras en La Sexta TV.

Junto al directorio de expertos en comunicación política, quedaría incompleto el relato si no se añadiera al mismo un fenómeno interesante consistente en la incorporación a las consultoras de comunicación de reconocidos periodistas en un pasado reciente que conjugan su presencia en tertulias, más o menos millonarias en radio y televisión, con su actividad consultora, uniendo dos actividades que algunos consideran incompatibles: la consultoría y el periodismo a través de las ondas. Todo indica que el caché o la cotización de un consultor político con voz en tertulias radiofónicas o espacios televisivos se incrementa exponencialmente.

La fuerte polarización del periodismo español hace que esta actividad periodística corra el peligro de acabar más cerca de la propaganda que de la información. Sus consecuencias son que se acaban echando en falta el análisis político dónde se interpreta de una forma objetiva e independiente lo que está pasando en términos institucionales y socioeconómicos y que los argumentos se manifiesten por los sentidos objetivos más que por intereses. A ello contribuyen los cada vez más numerosos y brillantes profesionales que están integrados en las grandes consultoras de comunicación y que tienen plaza en los espacios más distinguidos de la radio y la televisión, con el riesgo implícito que ello conlleva sobre la independencia de sus opiniones. El púlpito cotiza.

A simple modo testifical, he aquí algunos casos:

—Pablo Pombo, asesor político, ha querido contar cual es la función de un asesor dentro del gobierno: «Depende de la especialidad de cada asesor, se hace una cosa u otra». «Desde escribir discursos, preparar estrategias, cuestiones parlamentarias, analizar políticas, gestionar una crisis».

En su biografía aparece como miembro del grupo de trabajo de la ponencia política de 2017 del PSOE: «Emprendedor digital. Creativo. *Speechwriter*. Exasesor de los Ministerios de cultura, fomento y portavoz del Gobierno. Campañas electorales. Articulista. Experto en redes sociales. Consultor de estrategia, análisis y comunicación». Hoy, Pombo habla de los recortes en el Gobierno de España: «A Pedro Sánchez le parecen pocos 785 asesores».

—Ignacio Varela, analista y consultor político de larga trayectoria, hizo la carrera de Derecho en la Universidad de Madrid, en donde se convirtió en un activista estudiantil en los últimos años del franquismo. Ingresó en el PSOE en 1974 y en 1978 se incorporó a su equipo electoral. Tras la victoria de Felipe González en 1982, trabajó once años en La Moncloa como subdirector del gabinete de la Presidencia del Gobierno. Tuvo un papel destacado en el diseño de las estrategias políticas y en las campañas electorales del PSOE durante 35 años y trabajó para el Partido Radical argentino en las campañas presidenciales de 2011 y 2015. Desde entonces colabora regularmente en medios de comunicación, singularmente en *El Confidencial* —a cuyo Consejo Editorial pertenece— y en Onda Cero en donde ejerce de columnista y tertuliano.

—Verónica Fumanal, licenciada en Ciencias Políticas por la Universidad Autónoma de Barcelona, en su actividad como consultora fue directora de comunicación de Pedro Sánchez, colabora activamente en el programa *Todo es mentira* de Cuatro TV y es articulista de *El Confidencial.* Experta en *marketing* político, es directora de la agencia Politikon, fundada en 2009 y ha tenido como clientes a Jaume Collboni o a Albert Rivera.

—César Calderón, licenciado en Derecho, es fundador y director general de Redlines, compañía de asuntos públicos especializada en diagnóstico, diseño y ejecución de estrategias para instituciones, organizaciones y empresas con un fuerte foco en internet y las redes sociales. Tiene como lema «Conectamos candidatos con votantes, gobiernos con ciudadanos, empresas con clientes». Articulista de *The Objective* y tertuliano ocasional en programas de radio y televisión.

—Antonio Caño, licenciado en Periodismo por la Universidad Complutense de Madrid, comenzó su carrera como redactor en la sección internacional de la EFE. Fue director del diario *El País* entre el 4 de mayo de 2014 y el 8 de junio de 2018; habiendo sido previamente corresponsal del mismo diario en Estados Unidos. Desde el año 2022, es socio director del Área de Relaciones Institucionales en Estudio de Comunicación y ejerce de tertuliano en Onda Cero y de articulista en *The Objective.*

—Pilar García de la Granja, licenciada en Periodismo, especializada en economía y finanzas, ha desarrollado su carrera en *Expansión TV*, Onda Cero, el grupo Intereconomía y el Grupo Mediaset. Columnista en medios especializados como *El Economista, El Confidencial, 4 TV* o *Huffpost,* actualmente, colabora con Ana Rosa Quintana en televisión y con Carlos Herrera en la COPE y es miembro del Consejo Asesor de Omnicom Media Group para España y Portugal. Es cofundadora de la plataforma especializada *The Luxonomist.*

—Antonio San José es licenciado en Ciencias de la Información y *partner* de la consultora de comunicación Kreab a la vez que participa en tertulias de la cadena COPE y escribe columnas de opinión de *Voz Populi* y *El Norte de Castilla.* San José ha sido director de informativos de algunas de las principales cadenas de radio y televisión en España (RTVE, A3TV, Canal Plus y CNN+) y ha ejercido como dircom de AENA, Banco Popular, Loterías y Apuestas del Estado, SELAE y Azvalor Asset Management.

—Román Cendoya, periodista, es un profesional polivalente. Director de Comunicación del Ministerio de Agricultura, Pesca y Alimentación con Loyola del Palacio, es un analista con una extensa trayectoria como consultor político, habiendo participado en distintas campañas electorales, especialmente en América Latina a través de sus consultoras Eriskay Company y Andina Consultando. Su presencia como columnista y tertuliano es habitual en medios como *La Razón* o Grupo Intereconomía, aunque puestos a resaltar su polivalencia, merece la pena señalar que es presidente y fundador de la Compañía Tabaquera Manufacturas BALBOA CxA, ubicada en Santiago de los Caballeros, en República Dominicana.

—Cerramos la lista, consciente de que ni están todos los que son ni son todos los que están, con Sergi Sol i Bros, licenciado en Derecho por la Universidad de Barcelona y que ha trabajado como periodista en diversos medios y, según Wikipedia, «actualmente colabora en diversos medios periodísticos, como el diario españolista *La Razón*». Fue director de comunicación de Esquerra Republicana de Catalunya (ERC) hasta que durante el gobierno de Puigdemont fue nombrado jefe del Gabinete de Comunicación del vicepresidente Oriol Junqueras.

Sin duda, todos estos nombres han tenido influencia, responsabilidad y poder en el curso político de la historia de España, y es que, como señala otro consultor de comunicación español, Rafael Rubio, «los asesores de comunicación se han convertido en políticos en la sombra, y los consultores son los chefs de las cocinas políticas». En la misma línea, David Redoli, expresidente de la Asociación de Comunicación Política (ACOP), recalca la importancia de estos profesionales que han de medir bien sus pasos, «si un político no comunica bien, una excelente gestión puede no ser percibida para los ciudadanos», una consecuencia demoledora para cualquier gestión pública.

12

Asuntos públicos: entre el *lobby* y las relaciones ocultas

«Un *lobbysta* me explica un problema en diez minutos; mis asesores tardan dos días». La cita procede, según distintas fuentes, de John F. Kennedy en su época de senador y refleja fielmente una parte fundamental de la función del *lobby* en aquellos países donde esta actividad está regulada y controlada.

El *lobby* es una actividad profesional que se centra en la defensa de intereses legítimos ante los distintos ámbitos de la toma de decisiones públicas. Su objetivo es trasladar a las administraciones públicas y distintos partidos políticos la posición e intereses de una organización, trabajar para que esos intereses formen parte del debate y sean tenidos en cuenta, y conseguir también que la normativa beneficie y no perjudique los intereses de la organización o colectivo.

Dicho en otras palabras, el *lobby* es una actividad profesional que se centra en la defensa de intereses legítimos ante los distintos ámbitos de la toma de decisiones pública. Trata de trasladar la Administración Pública y a distintos partidos políticos la posición e intereses de una organización, trabajar para que esos intereses formen parte del debate y sean tenidos en cuenta y conseguir que la normativa beneficie y no perjudique los intereses de la organización o colectivo.

Hasta aquí, todo limpio y normal, salvo que en España el término y la actividad no gozan ni de buena prensa ni de buena imagen y una supuesta mayoría social incorporan a ese vocablo, respetado y normalizado en países como Estados Unidos o en la propia Unión Europea, epítetos relacionados con la corrupción, el soborno o el conflicto de intereses.

En efecto, aunque en ciertos segmentos de la sociedad española la actividad goza de «mala prensa» y el término lobista tenga una carga peyorativa, el *lobby* ha terminado por legitimarse en la gran mayoría de los países desarrollados y hasta la Organización para la Cooperación y el Desarrollo Económicos (OCDE) señala que el *lobbying* puede proporcionar a los responsables de la toma de decisiones información y datos valiosos, así como otorgar a las partes interesadas acceso al desarrollo e implementación de políticas públicas.

En este sentido, cabe recordar que en España se intentó iniciar la regulación del *lobby* en 2021, tras la apertura de un periodo de consulta pública sobre los anteproyectos de Ley de Transparencia e Integridad en las actividades de los grupos de interés (*lobbys*) y de prevención de conflictos de intereses del personal al servicio del sector público.

A día de hoy, todavía no se encuentra ninguna de estas normas en vigor, por lo que la Unión Europea está forzando su regulación, ligándolo con el desembolso de los fondos *Next Generation*.

La UE lo tiene claro desde hace tiempo y en el Registro de Transparencia Obligatorio de la Unión Europea en materia de *lobby* se indica que este tiene una serie de componentes principales íntimamente ligados con la comunicación, como son intervenir en audiencias públicas en el Parlamento, participar en consultas públicas celebradas por la Comisión o en organizar campañas de comunicación.

«Urge estandarizar los esfuerzos de transparencia: todos los participantes en actividades de *lobbying* deberían estar obligados legalmente a facilitar una cifra exacta de inversión en Asuntos Públicos. En estos momentos, aunque en los registros se reflejan algunas cantidades, no hay una descripción clara de los gastos que se deben incluir en concepto de *lobbying*. Mientras tanto, emplazamos a consultoras y asociaciones que publiquen esta información proactivamente en todos los canales posibles.

En la misma línea, abogamos por la creación de un registro español unificado para lobistas. De lo contrario, resulta mucho más complejo obtener una imagen fidedigna de las acciones de los grupos de interés en nuestro país, al tener que combinar diversas fuentes. Quien se inscribiera en este nuevo registro, debería tener derecho a la interlocución con los representantes públicos de cualquier administración».

La Unión Europea ha regulado las actividades de *lobby* que se llevan a cabo en sus instituciones, dejando a los estados miembros la libertad de desarrollar sus propias legislaciones nacionales para las actividades que tengan lugar en sus territorios.

La creación de un registro conjunto comunitario es un paso impor tante, ya que permite regular las actividades de *lobby* en sus instituciones, quedando pendiente que la inscripción en dicho registro sea obligatoria, para que se pueda hacer un seguimiento más estricto de estas actividades y que la transparencia que rodea al sector sea mayor.

Asimismo, el requerimiento de una huella legislativa permitiría que todo cambio durante el proceso de tramitación de una norma o de una política fuera público y ayudaría a conocer quién está detrás de las normas aprobadas, qué agentes externos han promocionado dicha ley y, a partir de ahí, poder saber qué intereses pueden comprometerse.

La Constitución española, haciendo una lectura interpretativa, propugna como valores superiores la libertad y el pluralismo político; un proyecto de democracia no solo basada en la representación, sino también en la participación directa de los ciudadanos en los asuntos públicos. A pesar de ese pronunciamiento constitucional, en España se sigue teniendo una valoración pacata del mundo del *lobby*, y en muchos círculos sigue siendo sinónimo de poder en la sombra, debido entre otras razones a la negativa de los sucesivos gobiernos y parlamentos democráticos de España a regular su actividad, posiblemente por temor a levantar todo tipo de suspicacias de que con esa normalización se facilita la vida a «los poderosos».

No obstante, dada la naturaleza descentralizada del Estado español y la importancia de las Comunidades Autónomas cabe destacar la existencia de normativas propias que regulan la actividad lobista en Cataluña y Navarra. En el resto de las comunidades autónomas no se ha desarrollado ninguna regulación específica sobre la actividad lobista.

Consciente de ello, el mundo de la comunicación y las consultoras decidieron incorporar los asuntos públicos —el *lobby*— como un servicio o actividad más de los que ofrece o desarrolla, teniendo claro que alguien califica la regla del 5 veces 20% de derecho, 20% de política, 20% de economía, 20% de diplomacia y 20% de comunicación. Un cóctel que hay que saber gestionar, lo cual no es nada fácil.

En efecto, pese a la controversia generada en España, el sector de la comunicación y de las relaciones publicas ha encontrado en el *lobby* una actividad sustitutiva que, en alguna medida, frena la decadencia en la que había entrado dicho término como consecuencia de una crisis de identidad que amenazaba su futuro.

Hoy por hoy, el *lobbying* y en mayor medida los asuntos públicos han terminado por imponerse en el mundo de la comunicación corporativa o institucional respaldado por actitudes propiciadas en el ámbito internacional como la de la universidad de Harvard que, tras haber investigado a los lobistas durante casi un año, llegó a la conclusión de que el *lobby* «no supone cohecho alguno y que los lobistas centran su atención profesional en pulir el arte de entablar relaciones, principalmente con miembros del equipo de gobierno, pero también con clientes potenciales, coaliciones y otros individuos y organizaciones relacionadas con las áreas de trabajo de sus clientes».

Esta conclusión universitaria norteamericana se traslada a España con la existencia una Asociación de Profesionales de Relaciones Institucionales (APRI) —asociación de profesionales del *lobby*— que en su momento presentó sus observaciones al Anteproyecto de Ley de Transparencia e Integridad de los Grupos de Interés al Ministerio de Hacienda y Función Pública. E incluso tiene una presidenta —María Rosa Rotondo— desde hace diecisiete años, quien en declaraciones públicas afirma que «en España solo tienen influencia de verdad cinco o seis personas».

Según Rotondo, llevan la etiqueta de lobista en España unas 600 personas, frente a los 11.000 que despachan en Bruselas, considerada la capital mundial de esta actividad, por delante de Washington; de unos años a esta parte los Asuntos Públicos están adquiriendo una fortaleza considerable, pudiéndose dedicar a este oficio desde políticos, directores de comunicación, abogados, secretarios de consejos de administración o políticos no en activo.

Rotondo es socia directora de Political Intelligence, agencia de *Public Affairs* y de *lobbying*, cuya actividad se puede englobar en un escenario cuyo objetivo es mejorar las decisiones políticas a través de las percepciones realistas de empresas, asociaciones o colectivos de ciudadanos.

Desde ese posicionamiento, se comprende que el *lobby* en España se haya convertido en una actividad con carta de naturaleza desde empresas y asociaciones empresariales hasta pequeñas asociaciones u ONGs. A nivel empresarial, por ejemplo, la actividad del *lobby* la desarrollan por regla general los sectores más regulados y en este sentido los grupos de interés desempeñan un papel importante y legítimo en el proceso democrático.

En definitiva, no deja de ser un derecho fundamental que los representantes de la sociedad civil tengan acceso a las instituciones y de forma muy especial a los poderes ejecutivo y legislativo a fin de comunicar sus ideas e intereses, recabar información, defender su situación o instar a cambiar la legislación que les afecta. Y hoy por hoy, esa actividad conocida como asuntos públicos o *lobby* la desarrollan mayoritariamente un selecto grupo de consultoras

Analizando el mundo del *lobby* con cierto detenimiento, habría que señalar que la actividad está incardinada en el mundo de la comunicación institucional, ya que mejora la interlocución del Gobierno con los representantes de la sociedad civil, facilita a los decisores información técnica y sectorial para su labor legislativa, promueve el debate público sobre asuntos diversos y ayuda a las empresas a estar informadas y a conocer las prioridades públicas, y todo ello se consigue mediante distintas estrategias de organización, de movilización, de comunicación o de influencia.

En definitiva, el proceso del *lobbying* es un acto comunicativo que debe ser realizado por especialistas en comunicación política o institucional en la medida en que los actores pueden ser los miembros de los órganos públicos, los expertos en comunicación de empresas, organizaciones no gubernamentales, asociaciones sociales, sindicatos o patronales.

La Comisión Nacional de los Mercados y la Competencia (CNMC), sensible a una realidad y aunque su regulación legal no está completa, creó en 2016 un Registro de Grupos de Interés y de Presión con alta asociaciones y entidades de alta actividad que van desde las grandes superficies a la patronal del taxi o fabricantes de automóvil, pasando por consultoras de comunicación que se convierten en el brazo armado de muchas empresas que buscan solucionar sus problemas frente a la administración.

Así, se puede leer en el registro de la CNMC como alguna consultora registrada señala en el apartado de Finalidad y Objetivos lo siguiente: «Somos una consultora estratégica especializada en asesoramiento en materia de comunicación. Entre nuestros objetivos destaca la representación del cliente en materia de comunicación externa e interna y el desarrollo de actividades relacionadas con su imagen y posicionamiento externo. Ofrecemos diferentes servicios de consultoría de comunicación y, además, podemos llevar a cabo acciones de representación de nuestros clientes ante determinadas instituciones u organizaciones públicas y privadas, con el fin de defender sus intereses» *Puro lobby*.

Desde la llegada de la Democracia a España hasta el día de hoy, el papel del responsable de comunicación en ciertas empresas e instituciones ha sufrido profundos cambios que han afectado no solamente a la denominación de su puesto de trabajo, sino también a la asunción de nuevas y diferentes funciones y, por tanto, a sus perfiles profesionales.

Una mayor fragmentación de la información, la multiplicación de las fuentes y una mayor complejidad en la distribución de esta información, propiciaron la primera aparición de los gabinetes de comunicación y una mayor demanda de la figura del «mediador» entre los medios y las instituciones y empresas. A esta actividad, se están sumando nuevos actores, procedentes de la clase política, que han sido fichados por consultoras dedicadas a los asuntos públicos, hasta el extremo de que, entre las grandes consultoras de la comunicación española, todas cuentan con reconocidos nombres procedentes de la política que se ocupan de esta actividad.

No está exento de peligros el *lobbying* cuando se ejerce con cargo a terceros, y a ello se ha tenido que enfrentar la consultora española LLYC al tener que destituir al exembajador estadounidense en Bolivia, Manuel Rocha, tras conocer su detención por parte del FBI, acusado de espionaje para Cuba. Rocha entró a formar parte de la empresa consultora española con el cargo de *senior advisor*, centrándose en el desarrollo del negocio.

La incorporación de Rocha se realizó para reforzar la influencia de la consultora en la región, y su función consistía en crear estrategias de comunicación, enfocadas en la minería moderna y responsable.

A la hora de bucear en la historia del *lobby* en España, aquel que está ligado con el mundo de la comunicación, un nombre sobresale sobre el resto; el de Rafael Ansón Oliart, calificado por Wikipedia como «empresario especializado en imagen y comunicación».

Doctor en Derecho, diplomado de la Escuela Nacional de Administración Francesa (ENA), miembro del Cuerpo de Técnicos de Información y Turismo, periodista, psicólogo y hermano de Luis María, director de *ABC* durante 14 años, fue director del Instituto de la Opinión Pública, precursor del actual CIS, y director general de RTVE en el primer gobierno de Adolfo Suárez y asesor del presidente.

Entre los más sobresalientes méritos como profesional del *lobby* y de la comunicación, no hay duda en señalar el nombramiento por *ABC* de Jordi Pujol como «español del año» y su consiguiente portada en el diario monárquico dirigido por su hermano «por su servicio a España» y la «contribución considerable» del líder nacionalista para «hacer visible la Constitución y la monarquía democrática que restaura las libertades de España».

Al igual que otros grandes de la comunicación, como Luis Bassat, su actividad profesional le llevó a la presidencia de la Real Academia de Gastronomía de España, así como a la presidencia de la Fundación de Estudios Sociológicos y otros numerosos cargos ejecutivos u honoríficos.

Entre los reconocimientos recibidos, y que afianza su imagen de sobresaliente lobista, podemos citar el haber recibido las grandes cruces de Isabel La Católica, del Mérito Civil de Alfonso X el Sabio, del Mérito Naval y de la Seguridad Social. Asimismo, la Medalla de Oro de la Ciudad de París, la Medalla de Oro al Mérito Turístico y la de Caballero de la Orden del Mérito de la República Italiana.

Un segundo nombre aparece en el horizonte del mundo de la comunicación con aromas de *lobby*. Nos referimos a Antonio López, uno de los pioneros de la comunicación en España, que dejó su impronta como director general, adjunto a la presidencia, y director de comunicación del Banco Bilbao (BB), desde donde ejerció su actividad de lobista, como él mismo pone de relieve, durante la etapa en la que el banco estuvo presidido por José Ángel Sánchez Asiaín, personaje extraño que había sido jefe de estudios del BB y cuyo primer encargo que le hizo nada tenía que ver con la prensa, sino que quería conocer qué pensaban los ciudadanos del banco con objeto de que la entidad no perdiera el sentido de la realidad.

Antonio López, licenciado en Derecho y funcionario del Cuerpo de Administradores Civiles del Estado durante los 25 años que permaneció en el banco vasco, no solo acaparó mucho poder, sino que jugó importantes roles de especial interés para la alta dirección del banco.

Como él mismo recuerda, entre los innumerables encargos que pudo recibir del presidente del banco, se encontraba el tratar de «desmontar cualquier atisbo de rumorología que ligaba el nombre de Sánchez Asiaín con el gobierno socialista, o el de propiciar un encuentro entre Sánchez Asiaín y Felipe González, encuentro que se produjo gracias a los buenos oficios de Julio Feo y él mismo. Importante encuentro dado que el PSOE llevaba en su programa electoral la nacionalización de la banca. A partir de ahí, Felipe González y Sánchez Asiaín mantuvieron una relación privilegiada hasta el punto de que más de un presidente de los «siete grandes» consideró que el presidente del Banco de Bilbao era una «rojo».

Algo similar ocurrió con Santiago Carrillo y otros líderes políticos, encuentros que dejaban perplejos a los presidentes del resto de los grandes bancos españoles que el día que murió Franco, y coincidiendo con su reunión periódica, dedicaron el encuentro a hablar de extratipos, práctica bancaria consistente en ofrecer rentabilidades por encima de la rentabilidad media del mercado.

El papel jugado por Antonio López en lo que es hoy el BBVA y que obligó a los «7 grandes» a tomar conciencia de que debían ganar la batalla de la opinión pública, exige al responsable orgánico en materia de comunicación a contar en su equipo con un primer espada en el mundo de las relaciones con los medios, y eso lo consiguió Antonio López fichando a Francisco Mora, periodista económico de gran prestigio y muy respetado por la profesión.

Tan solo así se pueden aguantar dos fusiones a pesar de enarbolar la bandera del «respeto a los periodistas, el diálogo permanente y la mejora constante de la transparencia».

El fichaje de Paco Mora por Antonio López, como se señala en otro capítulo de este libro, marca una senda que posteriormente fue seguida por otros altos directivos que, al menos nominalmente, tenían entre sus funciones una cuestión tan sensible para las grandes empresas como es la comunicación. Ahí están los casos de Manuel Cendoya y Aurelio Medel en el Santander, el de Luis Abril y Marisa Navas en Telefónica o el de Jaume Giró y María Luisa Martínez Gistau en CaixaBank.

Jaume Giró es otro ejemplo de directivo con funciones de lobista de una gran corporación como CaixaBank —anteriormente «la Caixa»—, entidad financiera de la que fue director ejecutivo tras desempeñar el cargo de director general de la Fundación «la Caixa», institución muy importante cuando en España existía un poderoso sector de cajas de ahorro.

Al abandonar CaixaBank, Giró reaparece como responsable financiero de la exitosa candidatura de Laporta a la presidencia del FC Barcelona, pero su aventura futbolística es fugaz y antes de la toma de posesión renuncia al descubrir que «el presidente azulgrana no tiene equipos sino súbditos, y él no está dispuesto a ser palmero de nadie».

Tras esa intensa y fulgurante carrera como profesional de la comunicación y del *lobby*, Giró fue nombrado consejero de Economía y Hacienda de la Generalidad de Cataluña a propuesta de lo que hoy es *Junts per Catalunya*, puesto que ocupó entre mayo de 2021 y octubre de 2022.

Luis Abril, licenciado en Ciencias Económicas y Empresariales por La Comercial de Deusto, Universidad donde también se licenció en Derecho, es otro de los directivos nominalmente dedicados a la comunicación empresarial o corporativa que ha ocupado una parte de su actividad en ejercer el papel de lobista, existiendo un gran consenso a la hora de considerar su gran habilidad para convertirse en hombre de confianza de altos ejecutivos que han tenido máximas responsabilidades en la economía española.

Llegó al Banco de Vizcaya siendo Pedro de Toledo consejero delegado del banco y uno de los impulsores de la fusión con el BB, y desde allí empezó a perfilar y sentar las bases de la comunicación corporativa en el seno de la empresa.

Abril inició su carrera profesional como profesor de Microeconomía en la Universidad de Deusto, dirigiendo posteriormente el departamento de Finanzas. Más adelante, en 1978, se incorporó al Banco de Vizcaya como director de Tesorería, siendo nombrado después responsable de la secretaría Técnica de la Presidencia. Durante su etapa en el grupo BBV fue director general de la división de Gestión de Activos.

Tras ocupar direcciones generales, siempre ligadas a la comunicación y al *lobby* en Banesto y el Santander Central-Hispano, se incorporó a Telefónica en 2001, multinacional que abandonó en 2012, siendo la mano derecha de su presidente, César Alierta, quien llegó a afirmar que varias decisiones cruciales de las que él tomó estuvieron directamente determinadas por Luis Abril. Ahí se demuestra el peso específico de un profesional de la comunicación corporativa cuyo papel trasciende a su enunciado básico.

Una anécdota contada por el propio Abril resulta determinante a la hora de entender el papel de un profesional de su perfil.

«Hay una comida con Alierta, Lula Da Silva, presidente en funciones de Brasil y cuatro ejecutivos más. Aquel día había salido en *El País* una doble noticia que era un sopapo monumental, y con toda razón, a Telefónica. Es decir, a mí. Yo había pasado toda la semana trabajando en Londres. Allí, en una reunión con analistas, habíamos planificado la comunicación de los objetivos y las guías de la compañía para los próximos años, entre los que había un plan de incentivos en acciones para los 120 o 130 primeros ejecutivos de la casa sujetos a conseguir determinados objetivos (que luego no se cobraron porque no se consiguieron). Eso lo ponían abriendo el periódico por la derecha. Y cerrando primera página por la izquierda, a dos columnas, publicaba un ERE de Telefónica para tropecientas personas. Plim, plom. Llegué allí, crisis, qué ha pasado... Resultó que el asunto del ERE había salido porque el departamento correspondiente lo había planificado para sacarlo un lunes, pero enviaron la notificación a la Comisión de Valores, cerraron y se fueron de vacaciones».

Pero llega el momento en que el *lobby* se queda pequeño y la cada vez más compleja sociedad requiere de nuevos servicios dado que inversores financieros, e incluso industriales demandan con intensidad algo más en un mercado crecientemente globalizado como es la consultoría estratégica de comunicación y asuntos públicos (*advisory)*, especialmente valorada como lo demuestran las recientes operaciones corporativas, de muy alto nivel, en las que grandes fondos han entrado en importantes consultoras de *advisory*, lo que demuestra que el apoyo a las estrategias, a los intereses y la reputación de las grandes corporaciones sigue siendo un asunto de gran valor. Mientras la industria de medios y la publicidad en general pierde peso, la de la comunicación lo gana.

El diario *Expansión* analizaba la reciente operación de KKR en FGS Global dejando caer la frase «un millón por consultor», estableciendo una relación directa entre precios y consultores de valor. En cualquier caso, lo que está claro es que los inversores financieros y los grandes grupos industriales han visto que la consultoría estratégica de asuntos públicos y comunicación es un filón. No es un negocio erosionado por la crisis, sobre todo si hay talento aledaño a las compañías. Estas están dispuestas a pagarlo bien y a las cifras de facturación hay que remitirse.

De acuerdo con una información publicada por *PRnoticias*, este nuevo y lucrativo mercado está creado y liderado a nivel global por Brunswick Group, con casi 500 millones de dólares de facturación anual; Finsbury Glover Hering, con 400; y seguido a cierta distancia por H/Advisors, FTI Consulting y Teneo, con volúmenes de entre 100 y 200 millones de dólares de facturación. Todos han experimentado crecimientos anuales de doble dígito, según datos de *Mergermarket* y de *Provoke*. Estas firmas constituyen el top 5 mundial de las consultoras/*advisory* de asuntos públicos y comunicación.

Recientemente, el fondo KKR (Kolbert, Kravis, Roberts & Co) considerado el mayor inversor directo del mundo, con un volumen de inversiones superior a los 400.000 millones de dólares a lo largo de su historia, se hacía con un 29% de FGS Global, grupo resultante de las consultoras de comunicación estratégica Finsbury, The Glover Park, Hering Schupenner y SardVerbinnen& Co.

FGS se dedica a la asesoría del mundo corporativo cotizado. Trata asuntos como la gestión de crisis, reputación corporativa, asuntos públicos, acceso a los mercados de capitales, fusiones y adquisiciones, salidas a bolsa. Tiene oficinas en 25 países. El principal accionista de FGS seguirá siendo WPP, un gigante multimedia, con filiales como GroupM o Mindshare en el mundo de las centrales de medios, Ogilvy o VMLY&R en publicidad, BCW y Hill &Knowlton en relaciones públicas, o la citada FGS en el segmento de la consultoría de comunicación estratégica/*advisory*. WPP es inglesa, y cotiza en Bolsa, con una capitalización del orden de los 11.000 millones de euros (unos 10.000 millones de libras). El importe de la operación valora a FGS en unas 15 veces Ebitda.

En 2021, *Financial Times* avanzaba que el creador y líder de este negocio de asuntos públicos y comunicación, Brunswick, vendía una participación significativa a un fondo gestionado por el banquero de Warren Buffett, Byron Trott, en una operación valorada en 700 millones de dólares.

Y antes, en 2019, CVC Capital Partners, entidad de capital riesgo (*private equity*) británica que desde 1981 ha realizado más de 250 inversiones de capital riesgo en un amplio rango de países y sectores, entre ellas una sobresaliente con La Liga de fútbol español, compró una participación de control de Teneo, dedicada a la consultoría de comunicación financiera y corporativa, a nivel *advisory*, con presencia en más de 40 países, y con las grandes corporaciones estadounidenses entre sus clientes. La operación permitió valorar a la firma en unos 700 millones de dólares. Teneo trabajó para la familia Clinton pero, poco antes, había incorporado a su consejo asesor a Hillary Clinton, lo que fue objeto de controversia, y también, a Tony Blair.

Vivendi, a través de su sociedad Havas, está también en la carrera de toma de posiciones en este segmento cualitativo de la comunicación, con inversiones de más de 150 millones de euros desde 2018. Yannick Bollore ha liderado adquisiciones en Londres, con Maitland; en Nueva York con Deekeling Arndt Advisors, en Milán con Porda y en Frankfurt con Abernathy MacGregor para su red AMO, que desde enero de este año ha sido rebautizada como *H/Advisors*. Y, desde 2020, en plena pandemia, Vivendi sigue con nuevas inversiones para extender su *advisory* con Cicero, como consultora en asuntos públicos en Londres y en Bruselas; y con Tinkle, como consultora de comunicación líder en España y Portugal.

El coloso europeo Vivendi es el único inversor industrial dentro de esta tendencia mundial. Con más de 16.000 millones de euros de facturación y 1.500 de beneficio, tiene una presencia significativa en el grupo

Prisa o, fuera de nuestro país, en Canal +, Universal Music o Daily Motion.

En España, el mercado de los Asuntos Públicos en España no para de crecer y las firmas especializadas en áreas de regulatorio, incidencia política, relaciones públicas o institucionales cuentan cada vez con mayor predicamento y, por ende, con mayor volumen de negocio, hasta el punto de las grandes consultoras tienen un crecimiento por encima del 10%, porcentaje que se incrementa sensiblemente dependiendo de las citas electorales que tengan lugar.

Al principio de este capítulo, esbozábamos una definición del concepto de *lobby* y ahora toca hacer lo propio con los asuntos públicos, en la creencia de que se supone es un paso más. Para ello, nada mejor que recurrir a Manuel Mostaza, director de Asuntos Públicos de Atrevia, una de las consultoras que en su porfolio incorpora los asuntos públicos.

En su opinión, los asuntos públicos son una disciplina aún poco madura en España y propensa a confundirse con el *lobby*, un término cargado de connotaciones negativas en una cultura como la nuestra, en la que parece que solo los poderes públicos están legitimados para decidir lo que es el interés general.

Esta confusión entre los asuntos públicos y el *lobby* no es única, ya que también el término de asuntos públicos se usa como sinónimo de las relaciones institucionales, aunque, como veremos, los tres son conceptos con significado propio. El de *lobby* es el concepto más estrecho de los tres: está relacionado con la idea de influir de manera directa en la regulación de un asunto concreto o de un organismo público para conseguir modificar su posición.

Englobando al *lobby* está el concepto de relaciones institucionales, que se refiere a la capacidad de influir y al establecimiento de una interlocución fluida con los actores del ecosistema de relación de una organización, aunque no se incida directamente en ellos.

Por encima de ambos conceptos, está el de asuntos públicos, de carácter más estratégico y que busca integrar las dos realidades anteriores en un modelo sinérgico que reconoce la complejidad del ecosistema público y de las lógicas que lo conforman.

En el ámbito de los Asuntos Públicos, por lo tanto, el objetivo es entender los intereses y necesidades de los clientes y generar una narrativa clara y coherente enfocada al ecosistema público. No se trata tanto, o tan solo, de influir en una decisión, como de hacer entender al regulador o a los políticos que todas las partes han de ser oídas en el proceso de toma de decisión, porque en el mundo moderno la simplicidad suele ser, en el mejor de los casos, ingenua: no hay una sola respuesta legítima a los problemas públicos porque estos problemas se construyen entre todos los actores, y no puede ser que solo los que tienen un acceso privilegiado a la agenda puedan exponer sus argumentos. El derecho a ser escuchado, por utilizar la terminología de Michael Ignatieff, es uno de los pilares en los que se ha de basar una estrategia consistente de Asuntos Públicos porque es, además, un elemento constitutivo de cualquier democracia liberal».

Aceptando que los problemas no se resuelven, sino que se gestionan, los cambios a nivel mundial que hemos vivido en los últimos años han puesto de manifiesto la necesidad de fortalecer la relación entre las empresas privadas y las administraciones públicas, estableciendo puntos de encuentro que permitan buscar soluciones a los problemas reales que estamos experimentando como sociedad.

Ese cambio de paradigma en los Asuntos Públicos, como señala un experto en esta materia, se debe en gran medida a una mayor demanda de transparencia y legitimidad en las decisiones gubernamentales por parte de la sociedad, así como a la búsqueda de la eficacia de las organizaciones, que están incorporando a sus plantillas a profesionales con conocimientos jurídicos y políticos que puedan defender sus intereses en los procesos regulatorios o en las decisiones de los poderes públicos.

Nada mejor que recurrir a ejemplos concretos para conocer los nichos de negocio, alejados del mundo del *lobby*, de quienes se ocupan de los Asuntos Públicos en apoyo de las democracias representativas.

Uno de ellos tuvo lugar el 12 de diciembre de 2015, cuando un total de 195 países firmaron el Acuerdo de París sobre el cambio climático para que estados y empresas pusieran en marcha un plan de actuación dirigido a limitar el calentamiento del planeta por debajo de 2°C y alcanzar así la neutralidad climática en 2050.

Ese mismo año, los líderes mundiales acordaron los objetivos de desarrollo sostenible para erradicar la pobreza, proteger el planeta y asegurar la prosperidad para todos como parte de una nueva agenda de desarrollo a la que se han ido sumando empresas y organizaciones de todo el mundo, con la implicación de la sociedad civil.

Asimismo, cada año desde 2006 se celebra el Foro de la Gobernanza de Internet, donde expertos y académicos de todo el mundo debaten junto a los gobiernos, las empresas y la sociedad para establecer pautas sobre el mundo virtual que garanticen un uso más seguro, sostenible e igualitario de la red. Todos esos ejemplos de asuntos públicos revelan que esta profesión tiene un gran futuro por delante.

Y qué no decir de la Agenda 2030 «supuestamente» adoptada por la Asamblea General de la ONU en septiembre de 2015 y que es un plan de acción «en favor de las personas, el planeta y la prosperidad, que quiere fortalecer la paz universal y el acceso a la justicia», aunque subyace la creencia popular de que en el origen de este proyecto se encuentra el Foro de Sao Paulo —unión de partidos y grupos políticos de la izquierda americana que tiene como objetivo combatir las consecuencias del neoliberalismo en los países de América— y el Grupo de Puebla que ha terminado por convertirse en un sucedáneo del Foro de Sao Paulo.

Son muchos los analistas que consideran que es ahí —Agenda 2030— donde hay que buscar el origen de la situación del sector agropecuario en la UE y que ha terminado por explotar mediante manifestaciones masivas de agricultores y ganaderos contra la política comunitaria en materia agrícola y ganadera en beneficio de la política medioambiental.

La publicación digital *Vozpópuli* realiza una lectura sobre el asunto que no hay que rechazar *a priori* y que consiste en acarrear con todos los males de la agricultura y la ganadería europea, hecho que se resume en una frase: «Europa no nos escucha». Es decir, que «el campo» dedica muchos menos recursos que «la ecología» en los órganos comunitarios en defensa de los intereses de ambos.

El Portal de Transparencia de la UE refleja la infrarrepresentación que hay de los agricultores y ganaderos en Bruselas, frente a la «masiva» influencia de los sectores medioambientales, y que se resume en la existencia de 1.685 grupos de presión de carácter ecologista y de defensa del medioambiente, frente a los 623 en la categoría agricultura.

Queda constatado así cómo el sector ecologista tiene mucha más influencia en las políticas europeas porque tiene hasta tres veces más representación que el campo, con su correspondiente posibilidad de presionar.

En el apartado de búsqueda general del registro de transparencia de la Unión Europea, en el que se puede investigar qué «intereses están representados a escala de la UE y en nombre de quién, así como los recursos financieros y humanos dedicados a estas actividades», al escribir la palabra *agriculture* («agricultura» en inglés), se muestran esos 623 resultados; por el contrario, al insertar el término *environment* («medioambiente» en inglés) se muestran las casi 1.700 opciones. Es decir, el medioambientalismo tiene 1.062 más posibilidades de influir en las decisiones comunitarias que el campo.

Y si esa actividad pronosticada por la Agenda 2030 se desarrolla a la sombra del cambio climático, la sostenibilidad o la paz mundial, podemos hacer extensibles los asuntos públicos al universo de actividades reguladas o de las cuentas públicas (presupuestos) de un estado, una autonomía o un municipio.

Aunque el mundo de los asuntos públicos no está suficientemente consolidado en España, si bien las multinacionales ya se han lanzado sobre lo más granado de las consultoras del sector, sí existe, salvo excepciones, una cierta relación entre las principales consultoras de comunicación y las consultoras especializadas en asuntos públicos como LLYC, Estudio de Comunicación, Atrevia o Kreab, a las que se unen la emergente Acento, Vinces o Quum, con unos crecimientos de facturación sorprendentes en Asuntos Públicos que superan los dos dígitos.

Puede que el futuro no esté escrito, pero todos los analistas convienen en resaltar las enormes posibilidades de crecimiento de este sector como consecuencia del aumento en materia de regulación que se está dando tanto a nivel europeo como nacional y que obliga a las empresas a navegar en el entorno político y del sector público. Solo en España más del 57 % de las leyes estatales aprobadas en 2022 derivaron directamente de directivas y otras decisiones tomadas en la Unión Europea, según datos del Parlamento Europeo en España (2023) y ello obliga.

Con el crecimiento de los marcos regulatorios y asuntos públicos impactando en el negocio, las organizaciones gestionan su contexto geopolítico y socioeconómico de manera segura, confiable y controlada para consolidar una agenda pública que responda a las expectativas de su entorno.

Es así como la función de los *public affairs* resulta clave para garantizar la buena reputación, la cuenta de resultados de las compañías, su sostenibilidad, el valor de sus activos intangibles y el alcance de sus objetivos estratégicos.

Otro de los grandes retos a los que se enfrenta este emergente sector de los asuntos públicos viene marcado por el nivel profesional de sus consultores. Javier Valiente de Political Intelligence España considera que «las organizaciones ahora tienen el gran reto de estructurar un área de *Public Affair*, encontrar talento capacitado e integrar la actividad con los objetivos de negocios y reputacionales».

Pero no es fácil localizar ese talento para una actividad tan compleja como son los Asuntos Públicos, uno de cuyos elementos indispensables es el conocimiento de las instituciones públicas. «Saber qué niveles competenciales ostenta cada Administración, quiénes son los interlocutores apropiados, cómo se tramitan y ejecutan las cosas, cuáles son los cauces y procedimientos adecuados... en definitiva, conocer la Administración Pública, tanto nacional como supranacional, de la misma manera que la conocería un opositor», así opina David Álvaro, director de una de las principales consultoras de Asuntos Públicos española, Acento. Tanto es así —continúa— que los perfiles con experiencia en las administraciones públicas, bien como responsable político, bien como técnico, son perfiles altamente demandados por este tipo de consultoras.

Para apuntalar su tesis, Álvaro recuerda que de los más de 20.000 *lobbystas* que se calcula ejercen su profesión en Washington, una parte nada desdeñable de esa cifra ha tenido responsabilidades directas previamente en instituciones públicas estadounidenses. No se trata de una mera cuestión de contactos, sino de la experiencia, el conocimiento y el bagaje que posibilitan que de manera eficaz se aborden los asuntos con la mayor responsabilidad y rigor posible. No todo es cuestión de una cargada agenda telefónica.

No le falta razón a Álvaro cuando señala el déficit de profesionales aptos para el desarrollo de esta actividad como una de las grandes preocupaciones del sector.

Sus nombres no suelen aparecer en los medios de comunicación salvo imponderables de diversa índole, ya que el *low profile* se impone si de lo que se trata es de alcanzar el éxito y conseguir los objetivos para los que han sido contratados.

La lista no es interminable, pero si muy selecta y reducida, y a ella no accede cualquiera, sino profesionales con una amplia experiencia y una todavía más extensa agenda.

Aunque no es el objetivo de este libro el dar a conocer nombres de ese escogido grupo de miembros del club, sí puede tener un cierto interés informativo dar a conocer algunos de los nombres que se dedican o se han dedicado, *full* o *part time,* a esta actividad y que se distribuyen no solo en todo tipo de consultoras sino en distinguidos despachos de abogados.

Sin tratar de ser exhaustivos —tarea harto compleja por otro lado— los nombres que circulan con más asiduidad y que sobresalen de la lista que manejan unos y otros, permite aventurar una conclusión: el negocio está tomando velocidad de crucero y el futuro se muestra esplendoroso porque así lo demanda el mercado y las complejas estructuras de poder en donde se toman decisiones.

Sin necesidad alguna de hacer públicas las consultoras o bufetes para quienes prestan sus servicios, merecen ser citados por su relevancia los siguientes nombres:

—Eduardo Madina, secretario general del grupo parlamentario socialista.

—Jaime Olmos, miembro del gabinete del ministro de Agricultura, Pesca y Alimentación con Aznar.

—Xavier Cima, diputado de CiU en el Parlament de Cataluña y exmarido de Inés Arrimadas.

—Rafael Catalá, ministro de Justicia en el gobierno de Rajoy.

—José Bono, ministro de Defensa y presidente del Congreso con el PSOE.

—Josep Antoni Duran i Lleida, presidente de Unión Democrática de Cataluña y portavoz de CiU en el Congreso de los Diputados.

—Cristina Villalba, directora de comunicación del secretario de Estado para la UE y portavoz de asuntos europeos del PSOE con Rodríguez Zapatero.

—Iban Rabasa, presidente de Unió de Joves de UDC y exdirector general de Relaciones Exteriores de la Generalitat.

—Lucas Calvo, asesor económico de UPyD en el Congreso de los Diputados.

—Jordi Sevilla, ministro de Administraciones Públicas en el gobierno de Rodríguez Zapatero.

—José Luis Ayllón, secretario de Estado de Relaciones con las Cortes y exdirector de gabinete de Rajoy.

—Román Escolano, ministro de Economía, Industria y Competitividad con Rajoy.

—Constantino Méndez, exsecretario de Estado de Defensa, de Administraciones Públicas y delegado del Gobierno en Madrid con Felipe González y Rodríguez Zapatero.

—Manuel Pimentel, exministro de Trabajo y Asuntos Sociales con José María Aznar.

—Juan Verde, subsecretario adjunto para las Relaciones Comerciales de EEUU y Europa.

—Maite Arcos, directora general de Telecomunicaciones y Ordenación de los Servicios de Comunicación Audiovisual del Gobierno de España con gobierno del PSOE.

—Tania Sánchez, diputada de Podemos y de Más Madrid.

—Luz Rodríguez, secretaria de Estado de Empleo del Ministerio de Trabajo e Inmigración en gobierno de Zapatero.

—Fernando Moraleda, secretario general de Agricultura y exsecretario de Estado de Comunicación con gobierno de Zapatero.

—José Martínez Olmos, exsecretario general de Sanidad y exportavoz de Sanidad del Grupo Parlamentario Socialista en el Congreso y en el Senado.

—Diego Sanjuanbenito, jefe de gabinete de Pablo Casado, concejal, director general.

—Joan Clos, ministro de Industria, Comercio y Turismo de España y exalcalde de Barcelona por el PSOE.

—Manuel Muñíz, secretario de Estado de España Global con Pedro Sánchez.

—Isabel Bonig, diputada de las Cortes Valencianas y presidenta del PP valenciano.

—Diego Gago, diputado del PP en el Congreso.

—Marta Pascal, senadora y diputada autonómica del nacionalismo catalán.

—Nacho Corredor, asesor en el Gabinete de la ministra de Política Territorial y Función Pública con Pedro Sánchez.

—Carina Mejías, diputada con Ciudadanos y PP.

—Gabriel San Miguel, director de Gabinete del concejal de Familias, Igualdad y Bienestar Social del Ayuntamiento de Madrid con Ciudadanos.

—Toni Roldan, diputado en el Congreso en representación de Ciudadanos.

—Joaquin Barga, director de gabinete de Ignacio Aguado, exvicepresidente de la Comunidad de Madrid.

—Isabel García Tejerina, ministra de Agricultura y Pesca, Alimentación y Medio Ambiente con Mariano Rajoy.

—Juan Pablo Riesgo, secretario de Estado de Empleo con Rajoy.

—Marta Fernández Curras, secretaria de Estado de Presupuestos y Gasto con Rajoy.

—Miguel Ferre, secretario de Estado de Hacienda con Cristobal Montoro.

—Juan Manuel Herrero, director de los servicios jurídicos de la Agencia Tributaria con Mariano Rajoy.

—Pablo Zalba, presidente del ICO y eurodiputado con el PP.

—José Manuel de Bunes, director general de Tributos con Rodríguez Zapatero.

—David Mellado, secretario general técnico del ministerio de Hacienda y Administraciones Públicas con Rajoy.

—Antonio Hernández, exdirector general de Política Energética y Minas en el gobierno del PSOE de Zapatero.

—Cándido Pérez Serrano, director general de presupuestos de la Comunidad de Madrid.

—Soraya Sáenz de Santamaría, vicepresidenta del gobierno con Rajoy.

—María Dolores de Cospedal, ministra de Defensa del gobierno de Rajoy y presidenta de la Junta de Comunidades de Castilla-La Mancha.

—Albert Rivera, diputado y expresidente de Ciudadanos.

—José Manuel Villegas, secretario general de Ciudadanos.

—José María Michavila, ministro de Justicia con Aznar.

—Ángel Acebes, ministro de Interior con Aznar.

—José Blanco, ministro de Fomento con Rodríguez Zapatero.

—María Pico, directora de gabinete de Soraya Sáenz de Santamaria.

—Alfonso Alonso, ministro de Sanidad, Servicios Sociales e Igualdad con Rajoy.

—Elena Valenciano, vicesecretaria general del PSOE, exdiputada y exparlamentaria europea.

Del estudio *El valor de la medición en Public Affairs en España*, que elabora Corporate Excellence junto a Political Intelligence, se comprueba que el 92,5% de los consultados considera que la actividad de *public affairs* redunda en la mejora de la sostenibilidad, *ESG* u Objetivos de Desarrollo Sostenible (ODS) de la compañía, mientras que el 100% opina que la actividad de *public affairs* ayuda a gestionar los riesgos reputacionales.

Y, una vez abierta la puerta del siempre complejo mundo de las mediciones y dada la dificultad de manejar cifras incontestables, cabe resaltar que el conocido conglomerado GAFA (Google, Apple, Facebook y Amazon) lleva años invirtiendo cifras mareantes en Asuntos Públicos. De hecho, los diez *lobbys* más influyentes de Estados Unidos destinan más de 300 millones de dólares anuales a asuntos públicos y labores institucionales.

Y, puestos a sectorializar, apuntemos que la industria farmacéutica, la sanitaria, la aseguradora, la energéticas, las financieras o las ya mencionadas tecnológicas, son las que destinan mayores cantidades a asuntos públicos y *lobby*.

El mismo estudio señala que el posicionamiento de los Asuntos Públicos en las compañías es un hecho y se atreve a señalar algunas de sus aportaciones más relevantes:

- Conecta lo que ocurre fuera con lo que pasa dentro de la empresa para responder a las expectativas de su entorno.
- Mitiga las decisiones regulatorias que afectan al negocio.
- Reduce el impacto de la regulación en los resultados financieros de la compañía.
- Eleva el perfil de la compañía ante el regulador.
- Busca regulaciones adecuadas, competitivas e innovadoras.
- Facilita las oportunidades de negocio, promoviendo y favoreciendo el desarrollo de proyectos y actividades.
- Identifica las partes de un puzle de diferentes iniciativas o proyectos.
- Garantiza la transparencia en la realización de sus funciones.
- Permite la creación de una relación con todos los cargos intermedios y directivos de la compañía.

Como se ha señalado al inicio de este capítulo, los Asuntos Públicos son una disciplina aún poco madura en España. El objeto de la materia suele confundirse a menudo con el *lobby* o las relaciones institucionales, aunque lo que es incontrovertible es que el nuevo capitalismo de *stakeholders*, respaldado por grandes fondos e instituciones, que prioriza una visión *multi-stakeholder* dentro de las organizaciones, se impone.

13

La bolsa, ese obscuro objeto de deseo

En las últimas décadas, el mercado de valores español ha registrado una profunda transformación en consonancia con el formidable cambio social, económico y cultural que ha protagonizado el país.

Y ese cambio se ha hecho realidad a pesar de la intervención sistemática del poder en la vida de las personas y de las empresas que, según un relevante periodista, «ha ido copando cada vez más espacios, hasta el punto de hacer creerse a ese poder cada vez más impune, autoritario e irresponsable, al tiempo que los intervenidos y gobernados empequeñecían sus acciones o buscaban caminos alternativos para poner su espíritu emprendedor en territorios menos hostiles».

Pese a esa influencia del BOE en la vida de la sociedad española, lo cierto es que el Mercado de Valores ha sido un protagonista privilegiado de ese cambio, canalizando múltiples operaciones corporativas que han propiciado el trasvase y la reasignación de importantes flujos de capital y acciones. De ello dan fe las numerosas salidas a bolsa acometidas por compañías de todos los sectores desde el ingreso de España en la Unión Europea.

La colocación de una empresa en el escaparate de los mercados de valores —lo que se conoce popularmente como salida a Bolsa— supone toda una revolución en sus planes estratégicos y modifica de manera radical tanto la composición de su entorno relacional como la manera en que esa relación se produce. Por su relevancia supone, pues, un paso no exento de complejidad en el camino de la transparencia y del contraste público de la estrategia empresarial y financiera de una compañía.

La salida a Bolsa de empresas, al igual que otros procesos financieros conexos como la Oferta Pública de Venta (OPV), la Oferta Pública de Suscripción (OPS) o la Oferta Pública de Adquisición (OPA), incluyendo en este paquete al *listing* o a las fusiones y adquisiciones (M&A), exigen condiciones muy severas para las empresas que aspiran a protagonizar uno de estos movimientos, no en vano el acceso al mercado de capitales es una decisión empresarial estratégica de primer orden que abre a la compañía la oportunidad de una financiación continua, al tiempo que le exige un compromiso riguroso con la transparencia y un deber con los reguladores.

Cotizar en Bolsa se identifica en el mercado como una garantía de transparencia y prestigio, ya que formar parte del propio mercado proporciona una visibilidad que potencia el prestigio y la imagen de marca de la empresa. La propia admisión a Bolsa supone igualmente un reconocimiento a la solvencia de la empresa, ya que esta debe demostrar su capacidad de generación de beneficios en los últimos periodos. Los inversores dispuestos a aportar fondos serán, a la postre, quienes valorarán cada esfuerzo que se realice en la mejora de la gestión de la empresa.

Una compañía que está preparada para salir a Bolsa ha tenido que alcanzar un alto grado de organización y control y ello es o debe ser reconocido no solo por los inversores, sino también por un público objetivo formado por clientes, proveedores o interlocutores financieros de la compañía. Y en todo ese proceso la comunicación juega un papel fundamental.

El interés de los inversores y analistas profesionales en la información sobre las empresas cotizadas que se publica en prensa financiera, tanto nacional como internacional, comporta una gestión de la información que incluye el *marketing* y la publicidad comercial por parte de la empresa que nunca puede considerarse menor o secundaria, ya que de ello depende el éxito de la operación financiera que se emprende.

La gestión activa de la información se presenta como un elemento clave en las compañías candidatas a cotizar, y la creación de un clima de opinión favorable durante un proceso financiero puede decantar el resultado final y ser clave a la hora de fijar el futuro de una compañía. Para ello, es imprescindible conocer a fondo la operación, diseñar con esmero la estrategia y definir con total rigor y credibilidad un *equity story* que permita a las partes interesadas tomar decisiones.

Entendiendo el *equity story* como un conjunto de documentos que transmiten la propuesta de valor de la compañía hacia los mercados y la opinión pública como puedan ser su historia, su presente y su previsión de futuro, y que va más allá de la información relevante obligatoria que piden los reguladores del mercado a las empresas, es considerado como un instrumento en el que se potencia la imagen de transparencia de la compañía, algo que tienen muy en cuenta los analistas financieros y los colectivos interesados por la operación.

El *equity story* debe ser único, claro, concreto, estructurado y realista y debe actualizarse sistemáticamente. Es el relato que servirá de base para la comunicación durante todo el proceso de la salida a Bolsa, de ahí que debe ser al tiempo claro y completo, y debe recoger más allá de los datos estrictamente financieros de la empresa, sino que debe dejar constancia de los valores, los fundamentos y las aspiraciones del negocio. Convencer por las cifras, pero también por el modelo.

Como consecuencia de todo ello, este tipo de operaciones financieras se han convertido en piezas codiciadas para las consultoras de comunicación con conocimientos suficientes para cubrir con éxito todas las obligaciones y necesidades que en este campo demandan las autoridades y los mercados. Todo ello ha obligado al sector de la consultoría de comunicación a especializarse en este campo y a ofrecer un porfolio muy completo que garantiza la parte que le toca en el éxito de la operación financiera correspondiente.

Así, las consultoras de comunicación especializadas en operaciones financieras como las que se abordan en este capítulo, incorporan en su oferta servicios relacionados no solo con el diseño de la estrategia y planes de comunicación, sino también en lo relativo a relaciones con inversores, a presentaciones interactivas, al *mapping* de grupos de interés, a la planificación de eventos estratégicos, al *benchmarking*, a los planes de *speaker opportunities*, a la planificación y organización de *road shows*, a las juntas, al *outsourcing*, etc. Los anglicismos no son, en este caso, decisión del autor, sino el resultado del origen de estas prácticas que incorporan las consultoras, generalmente procedentes de EE.UU.

Y todo ese listado de acciones que las consultoras ponen en el mercado, debe formar parte de una estrategia global de la compañía, imposible de compartimentar porque la información fluye sin solución de continuidad, ya que es un hecho que mientras los analistas financieros se hacen eco de las informaciones publicadas en los medios de comunicación a la hora de valorar una compañía; los accionistas manifiestan a través de las redes sociales su opinión sobre decisiones empresariales y los reguladores se hacen eco de las quejas de unos y otros cuando toca fijar su posición sobre un determinado acontecimiento.

En esta cuestión se detiene especialmente PwC a la hora abordar las salidas a Bolsa en un documento titulado *Caminando juntos a los mercados de capitales* al señalar la necesidad de aplicar un enfoque multidisciplinar, ya sea en la preparación, el acceso o la permanencia de las operaciones financieras.

«Uno de los errores más habituales consiste en delegar todos los aspectos de la preparación de la salida a bolsa en un único departamento. Los responsables de todas las áreas clave deben estar al corriente del proceso, dado que tendrán que realizar aportaciones importantes durante la fase de recopilación de información y se les pedirá que evalúen sus departamentos y establezcan un plan de transformación de su área con vistas a la nueva organización.

Por ello, resulta indispensable contar con un equipo capaz de trabajar cada una de las áreas de forma integral, con un enfoque multidisciplinar que ofrezca la posibilidad de analizar cada problema de una forma verdaderamente global».

Una estrategia de comunicación a medida puede marcar la diferencia y se puede convertir en una de las palancas principales que hagan de una operación empresarial un éxito. La decisión de una empresa de «tocar la campana» no es un asunto baladí. A menudo, es el resultado de una operación compleja. Esta se puede extender de media entre unos cuatro y seis meses, e implica un verdadero esfuerzo administrativo, legal y también financiero. Por eso, no debe pasarse por alto una comunicación capaz de sacar rédito al potencial del plan. Además, un completo plan de comunicación puede determinar una buena acogida y mantener la reputación del negocio en el mercado.

En una salida a bolsa o IPO —Oferta Pública Inicial— intervienen numerosos agentes en forma de entidades colocadoras y aseguradoras, coordinadores, auditores, asesores legales y consultores de comunicación que son, a la postre, junto con la Alta Dirección de la compañía, los que tienen en sus manos que una operación de esas características se convierta en triunfo o en fracaso, aunque está por determinar los factores que marcan el éxito del fiasco.

La historia de conquistar el parqué está repleta de operaciones de todo tipo. Como en botica, hay de todo, reafirmando que no hay dos operaciones iguales y resulta temerario afirmar que lo que vale para una salida a Bolsa es útil para una fusión o una OPA. A elegir.

En efecto, algunas de las empresas que buscan cotizar en el parqué aspiran a poner en valor sus proyectos y optan por colocar una parte del capital en Bolsa; mientras que otras aspiran a captar financiación para ejecutar sus planes de negocio. Objetivos ambos que, en ningún caso, garantizan que los inversores que acudan a una OPV logren sacar rendimiento a lo invertido.

En lo que sí parece haber consenso es en señalar que a la hora de efectuar una salida a Bolsa o cualquier otra operación financiera de altura, es importante planear con cuidado una serie de detalles que marcarán la diferencia entre el fracaso y el éxito. Conseguir la armonía entre las tres partes involucradas en el proceso —empresa, vendedor e inversores—, en el que cada una de ellas aspira a conseguir objetivos diferentes y tiene sus propios intereses, es la parte más compleja. El tamaño de las operaciones, la incertidumbre política y el propio diseño de la colocación de las acciones tienen mucho que ver en el resultado final.

Basta repasar algunos casos para detectar las razones del éxito o del fracaso de los mismos.

Si nos remontamos a situaciones pasadas, cabe preguntarse por qué Cellnex, Aena, Acciona Energía, Coca-Cola EP, Global Dominion, Endesa o Merlín registraron una rentabilidad positiva desde su estreno, mientras que Talgo, Prosegur Cash y Naturhouse fueron estrenos poco afortunados de los registrados en los últimos diez años.

Pero ningún debut como el de Telepizza, cuyo caso es estudiado todavía en las escuelas de negocio. Para muchos observadores, la salida a Bolsa de Telepizza fue una de las peores que han tenido lugar hasta el momento en Europa, con una caída de alrededor de un 25 % y en ellas influyeron numerosos factores, algunos de los cuales eran ajenos a la compañía, como pueden ser la incertidumbre política o el frenazo a las inversiones extranjeras en un momento determinado. A lo mejor, algunos de esos factores deberían haberse detectado con anterioridad.

En opinión de los expertos, un batacazo en una operación financiera puede tener que ver con las características de las propias salidas a Bolsa, pero también obedece a motivos exógenos como un frenazo de la inversión por la incertidumbre política, algo que se detecta tanto en la negociación en renta variable, como en renta fija, además de en derivados.

De hecho, la frase «la actual volatilidad de los mercados internacionales…» es una de las «excusas» más utilizadas en los comunicados de cancelación o aplazamiento de una operación de salida a Bolsa. Durante el año 2021 y 2022 fueron muchas las empresas que aplazaron sus planes de tocar la campana como consecuencia del *shock* que supuso la pandemia de la COVID-19. Véase Ibercaja, Capital Energy o Cosentino, por poner ejemplos nacionales.

Y todo eso ocurre pese a las exigencias y normativas de la Comisión Nacional del Mercado de Valores (CNMV) y a las recomendaciones del operador de todos los mercados de valores y sistemas financieros de nuestro país —Bolsas Mercados Españoles (BME)— que se esmeran en determinar las actuaciones previas para que cualquier operación financiera alcance sus objetivos, aunque nada impide que llegado el momento se cosechen monumentales fracasos.

En general, nada queda al albur, no solo en las actuaciones previas, sino también en el proceso que va desde la toma de decisión hasta el toque de campana que da inicio a las operaciones en la Bolsa. En todo ese periodo, la gestión de la información y la comunicación cobran un papel nada desdeñable.

Y no puede ser de otra manera, ya que la gestión de la comunicación en una operación financiera debería comenzar en la fase de preparación, en donde hay que determinar tanto el público objetivo de la empresa de cara a su salida a Bolsa, como los grupos de interés más habituales tales como bancos, analistas, reguladores, inversores, proveedores, periodistas, empleados y opinión pública en general con el objetivo de transmitirles los mismos mensajes clave pero con un lenguaje y formato adaptado a sus necesidades y características. El relato debe responder a una afinación sin mácula, ya que los mensajes deben ser unívocos. La orquesta debe estar perfectamente afinada, ya que lo que se juega es ciertamente trascendental para la compañía interesada.

Dar el paso de salir a Bolsa requiere un esfuerzo significativo para cualquier negocio, ya que de lo que se trata es de maximizar el potencial, y por ello los procesos más exitosos siempre están respaldados por una planificación cuidadosa y temprana, combinada, en todo momento, con el apoyo de expertos y buenos profesionales.

Y cuando eso no ocurre y falla el ensamblaje, ocurre lo que le ocurrió a Bankia, cuya salida a Bolsa atrajo a más de 350.000 inversores. Tras la reformulación de las cuentas anuales por parte de la compañía financiera, quedó al descubierto que el folleto informativo de la Oferta Pública de Suscripción (OPS) no reflejaba la imagen fiel de la entidad.

Ese proceso fallido supuso que los Juzgados y Tribunales españoles emitieran gran cantidad de sentencias favorables a los clientes que en su día suscribieron la acciones, entendiendo que se produjo un error en el consentimiento, que determinó la nulidad de la compraventa, lo que supuso que la entidad empezara a cotizar con unas cuentas que no anticipaban las pérdidas millonarias por su exposición al ladrillo tóxico. Así de fácil y así de sencillo.

Todo se fue al traste, incluida, como no podía ser de otra manera, la campaña de salida a bolsa de Bankia realizada por Publicis Comunicación España que había creado un *claim* publicitario que decía *«el primer Banco de la nueva banca»* y que transmitía a la sociedad española, con las magnitudes aportadas por la entidad, que Bankia era la tercera entidad bancaria del mercado español tras la fusión con varias cajas de ahorro provinciales.

La campaña reflejaba la realidad presente y potencial futuro de la entidad, poniendo en valor su atractivo con una campaña en la que las «grandes magnitudes», y los datos financieros estaban presentes, pero sin olvidar que para Bankia lo más importante era cada una de las personas que formaban esa Banca, sus clientes y sus empleados. «Ser BANKERO significa formar parte del futuro de este gran banco que ha emprendido el camino de la evolución hacia un nuevo modelo de banca regenerado, en el que los clientes y sus inquietudes son el centro de la actividad». Todo se fue al traste.

En el banquillo se sentaron 34 acusados, entre personas físicas y jurídicas, por las supuestas irregularidades en el proceso de salida al mercado del banco. Por encima de todos ellos, destacaba un nombre, el del exvicepresidente del Gobierno, exdirector gerente del FMI y expresidente de Bankia, Rodrigo Rato. Todos ellos quedaron finalmente absueltos.

Con todo tipo de experiencias, la realidad demuestra que el sector de la comunicación y la gestión de la información, ligado todo ello a la obligada transparencia empresarial, es un campo abonado para el sector de la consultoría de comunicación, algunas de cuyas firmas ha desarrollado un *know-how* muy eficaz para las compañías dispuestas a iniciar el tránsito que comporta una salida a Bolsa u operaciones conexas.

Estas consultoras, cuya especialidad entra dentro de lo que cabría denominar Comunicación Financiera son, en épocas de economía floreciente, por la información que circula en el sector, las más activas y las que generan mayor volumen de negocio. Según un estudio realizado por Scopen, 4 de cada 10 euros facturados por una consultora de comunicación en España, provienen de acciones relacionadas por la comunicación corporativa.

La primera empresa consultora, y líder del sector de la consultoría en comunicación de origen español, es LLYC, la única del sector que decidió cotizar en Bolsa y lo hizo con suficiencia, ya que las acciones de LLYC se dispararon más de un 30% en su estreno bursátil, cerrando su primera sesión como cotizada con un valor de mercado de 144 millones de euros.

Nadie le niega a LLYC su liderazgo en casi todos los campos de la comunicación financiera, incluyendo la de fusiones y adquisiciones (M&A).

Sus directivos ponen de relieve un punto de vista interesante que se resume en el hecho de que la creciente regulación, así como las presiones que también ejercen los fondos activistas, sitúan la información no financiera en el centro de todas las miradas. «A partir de ahora, las compañías cotizadas deben reportar de forma integrada en el negocio la información no financiera».

Por eso, las consultoras especializadas en comunicación financiera dan apoyo a las compañías para integrar la información a través del Informe Integrado o de un *Equity Story* de sostenibilidad y gobierno corporativo (*ESG*), elaborando el Estado de Información no Financiera y proporcionando asesoramiento para ayudar a los clientes a desarrollar su plan estratégico de sostenibilidad.

Para Jorge López Zafra y Luis Guerricagoitia de LLYC «es clave que la comunicación, con mayúsculas, sea considerada como un elemento importante a activar a la hora de definir la estrategia de salida a Bolsa».

En muchas ocasiones, en su opinión, las empresas comienzan a pensar en la comunicación justo cuando van a realizar el anuncio público de sus intenciones o, lo que es peor, cuando se recibe la llamada de un periodista que se ha enterado de los planes de la compañía. Esto provoca que, cuando salta la primera noticia, el mercado no esté familiarizado con la compañía o que, incluso en el supuesto de que ya tuviese cierto perfil público, su historia anterior no encaje con la de la nueva etapa.

Por este motivo, enfatizan, «es necesario aprovechar las semanas previas a la ventana de oportunidad para crear un entorno favorable que facilite el proceso posterior». Algo especialmente importante si tenemos en cuenta que los huecos para gestionar una operación de este tipo son cada vez más estrechos y excepcionales.

Crear una narrativa corporativa propia, definir el perfil público de los ejecutivos clave, construir una relación sólida con los medios de comunicación y empezar a generar una cobertura mediática equilibrada y precisa son herramientas a activar cuanto antes. «Solo una firme base reputacional previa, capaz de propiciar el apoyo del mercado, podrá favorecer el éxito ante potenciales momentos de incertidumbre o volatilidad».

Fundamental es el control de la narrativa de una empresa que comienza con el desarrollo de una historia única e integrada y la adopción de procesos internos que aseguran que, tanto los equipos de comunicación como los de relaciones con inversores comuniquen esa historia de manera consistente.

Una especial mención para estos consultores merece la compleja labor de fomentar que los medios de comunicación sean aliados. «Las OPV u OPS son procesos tasados legalmente en los que está reglada la información que debe trasladarse al mercado en cada momento. Sin embargo, este condicionante no implica que deba renunciarse a mantener una relación fluida con los medios de comunicación».

El histórico de la empresa, el contexto del sector o los detalles técnicos y legales del proceso son, en su opinión, algunos temas clave cuyo conocimiento aporta valor a quienes siguen la actualidad de la firma.

Otra de las grandes del sector —Tinkle— cuenta con un equipo de *communications advisory*, como ellos le denominan, que acumula una importante experiencia en comunicación financiera, OPV y relaciones con inversores, así como de apoyo a la gestión de diversas cotizadas tanto del IBEX 35, del continuo y del Mercado Alternativo Bursátil (MAB), incluso de una compañía española que cotiza en el NASDAQ.

José María Zamarro, director adjunto de la especialidad durante muchos años en Tinkle, en su amplio currículum gustaba incorporar el hecho de que fuera elegido para prologar la edición española del libro *Ganar la confianza de los accionistas: Guía para fortalecer el valor de la empresa a través de su integridad, transparencia y buenas prácticas de gestión* del catedrático Baruch Lev de Stern School of Business de la Universidad de Nueva York para Harvard Business Review Press.

Zamarro solía recordar a sus clientes una anécdota muy extendida entre los consultores de comunicación financiera y que protagonizó Warren Buffett, cuando fue requerido en un acto público a que señalara una habilidad que valorara en relación con el mercado de valores.

El empresario estadounidense, uno de los inversores con mejor olfato de Wall Street fue directo y contundente: «La única manera fácil de llegar a valer más es perfeccionando las habilidades de comunicación. Si no puedes comunicarte, es como guiñarle un ojo a alguien en la oscuridad: no pasa nada. Puedes tener toda la capacidad intelectual del mundo, pero tienes que ser capaz de transmitirla».

A pesar de que el consejo puede parecer simple, en realidad gran parte del éxito profesional radica en el hecho de saber comunicarse con los demás de manera afectiva, ya que nuestros interlocutores reciben tantos estímulos diarios que si no sabemos cómo captar su atención y explicar con claridad lo que pensamos y lo que deseamos, es posible que nuestra voz acabe perdiéndose entre tanto ruido.

Estudio de Comunicación es otra de las consultoras que es referencia en operaciones de carácter financiero y que desde su fundación en 1983 ha desarrollado más de 2.500 proyectos para distintos clientes, destacando importantes lanzamientos de compañías, operaciones de fusiones y adquisiciones, salidas a Bolsa, ofertas públicas de adquisición de acciones y gestión de crisis y un largo etc.

Su consejero delegado, Benito Berceruelo, sostiene que, en el caso de las operaciones corporativas, como es la salida a Bolsa, la comunicación debe estar al servicio de la gestión, pero, en estos casos, la gestión tiene un objetivo de corto y otro de largo recorrido y es necesario hacerlos compatibles. «Una vez que se produce el toque de campana, en ese momento, el banco colocador ya terminó su trabajo y el gestor logró su objetivo de cotizar con éxito, pero queda un inmenso mundo por delante en el que el trabajo de imagen realizado durante la colocación puede ayudar o no. Si habíamos logrado aprovechar el momento de salida a Bolsa para generar conocimiento y prestigio en el mercado, podremos recoger los frutos una vez que las acciones cotizan. En caso contrario, ya no contaremos con la oportunidad de la novedad, de la noticia para que los medios y los diferente *stakeholders* se fijen en nosotros. Ya seremos una cotizada más».

El mundo de la comunicación financiera no se acaba en las salidas a Bolsa y hay otras muchas operaciones como las OPAs que demandan comunicación de forma clara y contundente. Así lo pone de relieve Juan Francés, socio de Estudio de Comunicación, que resalta que el rol de una agencia de comunicación en una OPA es la de ejercer una «labor de coordinación entre los distintos participantes: grupo opante, asesores, compañía opada…».

Otra consultora, Kreab, fundada en 1970 en Suecia por Peje Emilsson y Jan-Erik Ander, lleva 23 años establecida en España y se sitúa entre las mejor posicionadas en materia de comunicación financiera en España.

Gonzalo Torres Martín, director de Comunicación Financiera de la consultora, incide en un asunto en el que otros consultores han mostrado especial sensibilidad:

«La sensación de euforia el día después es inevitable. El objetivo por el que tanto se ha luchado está cumplido, pero lo cierto es que, para la compañía listada el viaje acaba de comenzar. Y es entonces cuando algunos gestores se dan cuenta de que la postcotización es, al menos, tan compleja como lo fue la precotización».

Es llamativo que gestores que han prestado una especial atención a esta habilidad de gestión (la comunicación) durante un proceso de salida a Bolsa se olviden de ella después, cuando puede que los propósitos sean más numerosos —y por lo tanto dispersos— pero, desde luego, no menos importantes.

El asesor de comunicación financiera tiene que ser sobre todo capaz de crear valor a través de una estrategia bien diseñada y ejecutada en un contexto complejo, como es el de las finanzas y los mercados, en el que los resultados de las acciones comunicativas pueden medirse en millones de euros. Y si no se puede crear valor, porque a veces el viento sopla de cara y no todos los escenarios son propicios para ellos, la comunicación financiera debe servir al menos para limitar la pérdida del mismo.

Y, como no todo es cuestión de tamaño en este sector de la consultoría de comunicación financiera, Eurocofin, creada en 1987 por Rafael Ordovás, hace años se especializó en un área especialmente sensible para las compañías cotizadas como es la de Relación con Inversores, aunque como suele ocurrir con muchas otras consultoras, Eurocofin es polivalente y transversal.

Las relaciones con inversores se han convertido en un área esencial dentro de las organizaciones porque contribuye de manera crítica a la correcta formación de expectativas sobre el valor de mercado de la compañía en Bolsa.

Dentro de un mercado de valores en constante movimiento, las compañías deben adaptar su estrategia de comunicación a las exigencias de sus inversores o grupos de interés. En este marco de actuación de las relaciones con inversores, para Eurocofin, la identificación de los mismos es uno de los principales retos diarios de esta función para maximizar la eficiencia en el uso de los recursos. El hecho de que aparezcan constantemente nuevas regulaciones, nuevos conceptos y nuevas herramientas, como la sostenibilidad o las redes sociales, genera un cierto impacto en el desempeño de las relaciones con inversores ya que se traduce en el aumento de los requisitos de transparencia de las compañías y de la cualificación de los profesionales al frente de esta responsabilidad en las compañías cotizadas, así como en nuevas y mayores posibilidades de comunicación.

Esta disciplina tiene entre sus principales objetivos mejorar la percepción y entendimiento de la compañía en el mercado, aumentar la cobertura del valor por parte de los analistas y mejorar el conocimiento de la compañía sobre su base accionarial e inversores potenciales.

El objetivo final es el diseño y ejecución sistemática de un Programa de Relaciones con Inversores para la comunicación de las acciones estratégicas, operativas, organizativas y financieras dirigido a los accionistas e inversores institucionales, analistas financieros, Bolsas, periodistas financieros, autoridades reguladoras de los mercados de capitales y agencias de rating, que contribuya a la correcta formación del precio de la acción, y por tanto, a la creación de valor para sus accionistas.

Una comunicación abierta y constructiva con todos los participantes en los mercados de capitales, así como un contexto de transparencia en lo que respecta a la evolución de la compañía, conforman un medio efectivo para conseguir la confianza y credibilidad de los inversores.

No es un tema menor. La desconfianza es una de las peores lacras para los mercados y, en Bolsa, las compañías no pueden permitirse el lujo de crear dudas, ya que ello puede pasar factura a la cotización. Un sondeo realizado por Estudio de Comunicación a inversores, accionistas, gestores y analistas, concluye que solo el 24,8 % de los encuestados cree que las empresas cotizadas dicen la verdad.

La importancia de la relación entre una cotizada y los inversores radica en que, a través de la misma, se potencia la visibilidad de la empresa en los mercados de capitales y se intentan evitar las fluctuaciones innecesarias en el precio de las acciones a través de información actual de la compañía y del sector, de la dinámica competitiva, de las expectativas de evolución relevantes y realistas, y de la evolución operativa y financiera de la empresa.

Segmentar las políticas de comunicación según el tipo de audiencia y adaptar el mensaje en cada momento es uno de los principios básicos que debe conseguir el consultor en comunicación financiera. Hay que ofrecer distintos tipos de información en función del tipo de accionistas al que nos dirigimos. No es la misma la información que se facilita a los accionistas institucionales, a los fondos de inversión o a los pequeños accionistas.

En definitiva, la confianza, la credibilidad, la transparencia son considerados valores básicos en las Relaciones con los Inversores que todo consultor debe tener presentes si quiere que su labor se vea coronada por el éxito.

Pero no todos los actores presentan un cierto entusiasmo por la comunicación a la hora de vender las salidas a Bolsa. Es el caso del BBVA, que en su web y en la sección de finanzas corporativas publica un artículo bajo el título *Salidas a Bolsa: una estrategia de crecimiento para las empresas* que despacha el papel de la comunicación con un «etc...» al dejar por escrito un párrafo en el que resalta la necesidad de apoyo externo que se requiere a la hora de que una compañía salga a Bolsa «de otros agentes cuya contribución es clave antes, durante y después de la salida a bolsa: bancos de inversión, despachos de abogados, auditores, etc. Los bancos de inversión, en particular, trabajan en la estructuración de la oferta, que incluye el posicionamiento bursátil de la compañía, el refinamiento y presentación del *equity story* y el *marketing* de la oferta entre los potenciales inversores». Aquí, cada uno a lo suyo.

14

Asociacionismo: entre la sopa de letras y la defensa de intereses

Como ha quedado reseñado a lo largo de estas páginas en más de una ocasión, la Transición española que trajo la Democracia a España, y con ella la libertad, tuvo sus repercusiones en el mundo de la comunicación en la medida en que los medios —prensa escrita, radio y televisión— experimentaron una explosiva primavera —*¡qué mil flores florezcan!*— que tuvo su clara repercusión en todas las estructuras sociales del país, no en vano la libertad de información fue amparada por la Constitución de 1978, cuyo artículo 20 expresa solemnemente que «todo español tiene el derecho a comunicar o recibir libremente información veraz por cualquier medio de difusión».

En los últimos diez años del franquismo —periodo conocido como tardofranquismo— apenas hubo movimientos en el sector de los medios de comunicación en España, aunque se produjeron movimientos en el posicionamiento editorial de muchos de ellos, como si se trataran de buscar una buena colocación de cara a la nueva etapa que estaba por venir más bien pronto que tarde.

En ese periodo, los principales grupos privados seguían siendo Prensa Española, la Editorial Católica y las empresas periodísticas del conde de Godó. Resultaba patente, como señala algún analista que, «en definitiva, no pasaban de ser grupos con más ascendiente político que informativo», con un «interés real» focalizado en influir en la clase política y en los «núcleos con capacidad de decisión del régimen», más allá de los beneficios por la venta de ejemplares o la creación de saneados conglomerados mediáticos.

La libertad de la que gozaba la prensa escrita en la España de 1975, aun con indudables limitaciones, había ganado terreno con respecto a la situación existente diez años antes. La nueva Ley de Prensa e Imprenta de 1966, junto con el empuje de algunos periódicos y revistas por ir ampliando los márgenes informativos y editoriales que el gobierno permitía de forma discrecional, habían significado un paso importante hacia el cumplimiento de la labor de la prensa: informar al ciudadano de lo que ocurría y proporcionarle orientaciones interpretativas de los hechos.

A medida que aumentaba la libertad de los periódicos para informar y opinar, creció el número de títulos nuevos que salían al mercado, precisamente, al calor de esos nuevos aires de cambio político que se percibían en el ambiente. Desde el punto de vista jurídico, la primera medida importante de liberalización de la prensa no llegó hasta el 1 de abril de 1977 cuando un decreto derogó los artículos más punitivos de la Ley de Prensa, como los relativos al secuestro administrativo y a la facultad de suspender periódicos. Se vivían, entonces, los meses inmediatamente anteriores a las primeras elecciones democráticas.

Algunos datos revelan el cambiante panorama de la prensa diaria en la España de aquellos años. Así, entre 1975 y 1984, dejaron de editarse 60 diarios, 25 de los cuales pertenecían a la cadena de prensa estatal heredada del franquismo. Y en 1984, la mitad de los aproximadamente 115 periódicos que se publicaban no existían diez años antes, lo que da una clara idea de la renovación producida.

La radio fue el medio de comunicación que tuvo un mayor crecimiento de audiencia, pasando de 7 millones de escuchantes, en 1975, a 17 millones en 1982, incremento que es atribuible a la libertad informativa que se le concedió en 1977 y que ponía fin a la feroz censura franquista, a la vez que permitía a la radio española recuperar la información, hurtada al medio en España durante toda la dictadura.

Por su parte, la televisión, que era el medio de comunicación más seguido por los españoles, también realizó una renovación de sus modos de informar, aunque sin perder su dependencia gubernamental, lo que la convirtió en un poderoso instrumento al servicio de la reforma democrática emprendida por el Gobierno de Adolfo Suárez.

En el año 2004, existían en España 139 diarios de pago, tres de ellos económicos, cuya difusión ascendía a 4.284.000 ejemplares diarios. Tras la caída en la difusión de 2002, la Asociación Española de Diarios Españoles (AEDE) destacaba que en ese año la prensa diaria intensificaba su recuperación económica y avanzaba en difusión, número de lectores y audiencia. Se llega a una difusión de 104 ejemplares por cada 1.000 habitantes, lo que situaba a España por encima del umbral del subdesarrollo en cuanto a lectura de periódicos, según la UNESCO (establecido en 100 ejemplares por 1.000 habitantes).

En 2006, el Estudio General de Medios indicaba que existían más de 15,5 millones de lectores de diarios. Más de 14 millones, eran ya lectores de diarios de información general, cerca de 4 millones de periódicos deportivos, y 221.000 de diarios sobre economía. Pero las cifras también destacaban que los gratuitos ya se distribuían más que los de pago.

Hoy, en opinión de los observadores más respetables, y como regla general, la sociedad de la información está cambiando el contexto y la forma de actuar de los medios; se está perdiendo la fidelidad del lector, que consume varios medios y se muestra cada vez más reacio a pagar por la información; desciende la difusión; cae la publicidad, que se reparte cada vez entre más medios y busca audiencias más específicas; se invierte menos en buscar y producir la información; se opta por las promociones, generadoras de un promedio del 25% de los ingresos en los últimos años, y se compite con la radio y la televisión convirtiéndose en «prensa espectáculo», en detrimento de la calidad, el nivel, la profundidad...

Es en ese escenario de recuperación de libertades en todos los órdenes sociales, pero fundamentalmente en el de la empresa, en donde cabe enmarcar la aparición de la prensa especializada en economía —impresa en papel de color salmón, hecho que trasladaba a España la costumbre iniciada en 1893 por el periódico londinense *Financial Times*—, cuyas cabeceras complementaban a las potentes secciones de economía y Bolsa de la prensa generalista.

Cinco Días fue el periódico pionero y salió a la calle en 1978, seguido por *Expansión*, que nació ocho años más tarde. Después vino el acabose con el lanzamiento de *La Gaceta de los Negocios*, *La Economía 16*, *El Economista* y un sinfín de publicaciones periódicas que, según se suponía, venían a satisfacer el creciente interés de la ciudadanía por la economía y las cotizaciones bursátiles.

Con la inflación de prensa económica, llegó el desarrollo de una especialización del periodismo económico, el cual había empezado su singladura profesional, tal y como se entiende ahora, años antes en algún diario vespertino como *Informaciones*.

Fue el crecimiento de la prensa económica el que propició el florecimiento del periodismo económico, especialización que fue vivero de una actividad profesional que hoy se posiciona en el seno de las empresas, las instituciones y organismos varios. Nos referimos al director de comunicación o DIRCOM, que había empezado con paso firme a sustituir a los conocidos «jefes de prensa», terminología ambigua, propia de una etapa en la que abundaba la Prensa del Movimiento y la adicta al régimen franquista; y que en ningún caso jugaba papel reseñable alguno en el mercado, entre otras razones porque el mercado no existía o era una caricatura de lo que debe ser en una sociedad libre.

Los datos que se manejan son contundentes al respecto e indican que la casi totalidad de los puestos de responsables de la comunicación en las empresas importantes privadas y algunos de la administración y sector público, procedían del periodismo económico. Ganaba el mundo de la comunicación empresarial, corporativa e institucional y perdían los medios de comunicación que en ocasiones veían como se descapitalizaban sus redacciones, algo que rápidamente se subsanó debido al interés que despertó en el gremio periodístico el mundo de la economía.

Pero no se tenía que esperar a la muerte de Franco para que viera la luz la Asociación de Periodistas de Información Económica (APIE), fundada en 1973, que hoy cuenta con más de 300 asociados, todos ellos periodistas dedicados a la información económica y cuyos objetivos son velar por la independencia y la objetividad de los contenidos informativos, defender la libertad en el ejercicio profesional de sus asociados, fomentar la transparencia informativa de instituciones y empresas, y desarrollar actividades que amplíen los conocimientos y la formación de sus socios.

Tanto es así que la APIE no tuvo inconveniente, junto con la Federación de Asociaciones de Periodistas de España (FAPE), en posicionarse en una materia tan delicada como la gobernanza de instituciones como la Comisión Nacional del Mercado de Valores (CNMV) valorando positivamente que se incluya entre sus propuestas de «buen gobierno» de las empresas cotizadas, que estas cuenten con una política de comunicación de información económico-financiera a través de los medios de comunicación y otros canales «que contribuya a maximizar la difusión y la calidad de la información».

No obstante, APIE y FAPE consideraban que para que esta práctica de «buen gobierno» pudiera ser evaluada la recomendación tendría que ser más concreta, en el sentido de que los máximos ejecutivos de cada sociedad (el presidente y el consejero delegado) comparecieran, al menos, una vez al año ante los medios de comunicación para presentar las cuentas o informar sobre la empresa sin que pueda incluirse en este cómputo la comparecencia en Junta de Accionistas.

En consecuencia, APIE y FAPE proponían una redacción alternativa para la recomendación cuarta del Código de Buen Gobierno de la CNMV en la que se planteaba que, «sin perjuicio de las obligaciones legales de difusión de información privilegiada y otro tipo de información regulada, la sociedad cuente también con una política general relativa a la comunicación de información económico-financiera y corporativa, a través de los canales que considere adecuados (medios de comunicación, redes sociales u otras vías) que contribuya a maximizar la difusión y la calidad de la información a disposición del mercado, de los inversores y demás grupos de interés».

La iniciativa de APIE y de FAPE no era sino un paso más para forzar a las empresas a incorporar en sus estructuras el principio de transparencia y obligar a estas a ejercer una labor de informar a la sociedad, no solo de sus resultados, sino de su evolución, considerando que los medios de comunicación especializados desarrollan una labor de intermediación que había que respetar y promocionar.

Empresas e instituciones, públicas y privadas, son conscientes de que aparecer en prensa económica, da una medida del posicionamiento y de las posibilidades de desarrollo de una empresa y ello obliga a unos y a otros a desarrollar un nivel de responsabilidad y de exigencia ética que merece ser vigilada con rigor.

Sobre las relaciones entre empresa y medios de comunicación se han escrito libros y tesis doctorales, lo cual indica el interés que genera ese mundo que progresivamente va alcanzado un nivel y un rigor que es importante cuidar y en el que los *dircom* tienen mucho que decir y aportar, sobre todo en materia de fuentes informativas, su fiabilidad y su rigor. El asunto no es una cuestión menor dado el rol que deben jugar en este proceso unos y otros.

Es en este escenario en donde desempeña su papel la Asociación de Directivos de Comunicación (DIRCOM), fundada en 1992 por Ramón del Corral y que en la actualidad agrupa a cerca de 600 directores de Comunicación de las empresas e instituciones más importantes en España, así como a los máximos responsables de las agencias-consultoras de Comunicación y tiene como misión impulsar el reconocimiento de la comunicación en sus diferentes vertientes —corporativa, empresarial, institucional— y del profesional de la misma como función estratégica para el desarrollo y la gestión de las entidades representadas. En total, más de 1.100 asociados.

La idea de integrar la comunicación en el mundo de las organizaciones y de las empresas surgió en los años 70, según los estudiosos en la materia, y se debió a los continuos cambios que se estaban dando en las empresas e instituciones varias, tales como la fragmentación departamental sin conexión interna. Cada departamento se ocupaba de «su parte» sin saber realmente lo que estaban haciendo conjuntamente, lo que daba lugar a un desperdicio de esfuerzos individuales y dispersos. Esta situación empresarial proyectaba una imagen débil, incoherente y sin fuerza para competir. En el último cuarto de siglo se empezó a visionar la idea de aunar la comunicación con la organización, siendo las empresas de servicios las que impulsaron esta necesidad.

Así las cosas, las décadas de los 80/90 no solamente comportaron avances importantes en la tecnología de los *mass media*, lo que no solo incrementó exponencialmente la demanda de información, sino que supuso una adecuación de las estructuras corporativas con el objetivo de dar respuesta a esas necesidades y que en materia de comunicación supuso la creación de direcciones de Comunicación en el mundo de las empresas e instituciones que vinieron a sustituir a los gabinetes de prensa y a sus correspondientes «jefes», bajo la premisa de que los intereses de las empresas habían ido evolucionando a lo largo de los años y que lo seguirían haciendo en los años venideros.

En esas décadas, empiezan a proliferar de forma generalizada los departamentos de comunicación —al igual que se multiplican las consultoras y las asesorías de comunicación— en todas aquellas empresas, instituciones y organismos con suficiente masa crítica como para contratar a estos expertos. Emergió así con fuerza la figura del dircom, y su papel llegó a adquirir una especial relevancia por sus conocimientos del comportamiento de los medios de comunicación, cultura corporativa, comunicación interna, políticas de Responsabilidad Social Corporativa (RSC), relaciones públicas o comunicación *online*.

Estos cambios comportaron también, en el seno de los principales departamentos de comunicación, una clara división de funciones, fruto de la complejidad en los procesos comunicativos, derivados no solo de los nuevos avances tecnológicos (TIC), sino también de las nuevas necesidades de comunicación de las empresas en su comunicación interna o en su relación con los *stakeholders*.

Hoy la dirección de comunicación ya es, definitivamente, tanto por sus amplios recursos como por la proliferación de especialistas, una realidad y un área clave de inteligencia y de gestión de intangibles en la mayor parte de las instituciones.

Como el francés Lamarck enunció en 1744 en el libro *Filosofía Zoológica*, los órganos se adquieren o se pierden como consecuencia del uso o desuso, y que los caracteres adquiridos por un ser vivo son heredados por sus descendientes.

Del nacimiento de la Asociación DIRCOM solo hay un hecho cierto: fue un proyecto personal diseñado, trabajado y fundado por Ramón del Corral, su primer presidente, lo que le fue reconocido por la Asociación dando su nombre a sus premios anuales de Comunicación Corporativa.

Y no fue una tarea fácil, ya que su gestación se prolongó durante varios años. En el caso que concierne al autor de estas páginas, y por encima de paternidades varias, la primera vez que tuve noticia de un intento de crear una asociación de directores de comunicación fue, creo recordar, en 1985. Ramon del Corral (Moncho) convocó a un grupo de amigos en el restaurante Lúculo, en la calle Génova de Madrid, para plantearnos su incipiente idea de crear una asociación de profesionales de la comunicación empresarial a la que nos invitaba a incorporarnos. Allí estaba Moncho, entonces ejerciendo en el BCH, José Vicente de Juan (Banca March), Jaime Sanz (Bolsa de Madrid), Federico Ysart (Banco Santander) y Carlos Díaz Güell (Iberia L.A.E). Había algún otro colega que sabrá perdonarme, pero que no consigo recordarle o recordarles. Antes y después de este encuentro debió haber otros, pero no tengo constancia fehaciente de los mismos ni de sus componentes.

Ramón del Corral tenía 51 años cuando falleció y era director general adjunto del Banco Santander Central-Hispano (BSCH), entidad resultante de la fusión de los bancos Santander, Central e Hispano. Puede considerarse un paradigma del profesional de la comunicación empresarial, en su versión actual, cuando esta estaba dando sus primeros pasos.

Comenzó su vida profesional en el mundo del periodismo y ocupó puestos relevantes en los servicios informativos de TVE, pasando con posterioridad a ocuparse de la jefatura de prensa del Gobierno Civil de Madrid, de los servicios informativos del Ministerio del Interior a continuación, y del Ministerio de Sanidad y Seguridad Social, antes de dar el salto al sector financiero y hacerse cargo de la dirección de comunicación del Banco Hispano Americano, cargo que siguió ocupando, ya como subdirector general, al fusionarse este banco con el Central.

En el momento de su fallecimiento, del Corral era director general adjunto del Banco Santander Central-Hispano y presidente de Arena Media Communications (antigua SOPEC), filial de Media Planing Group.

Del Corral siempre defendió que la comunicación es anterior a la información y que esta es un desarrollo cualificado de aquella, de modo que no cabe una división entre ambos conceptos que significaría una fragmentación profesional.

Llegados a este punto, puede resultar esclarecedor traer a colación la figura de Joan Costa, teórico de la comunicación empresarial que afirma algo tan simple, pero que a veces se olvida, como lo es el hecho de que el director de comunicación nace de la necesidad de la empresa.

El comunicólogo, diseñador, investigador y metodólogo catalán llega a la conclusión de que la evolución de este profesional de la comunicación se caracteriza por tres periodos.

La primera etapa, situada en los años 80, es la de identificación, en la que el responsable de comunicación se dedicaba únicamente a las relaciones con los medios de comunicación y su función era básicamente reactiva. El objetivo de las empresas en esta época era conseguir alcanzar el mayor espacio mediático posible y que la sociedad tuviera una visión positiva de ellas. De esta forma, el dircom surge del perfil del periodista, pues es el que conoce las rutinas, las normas y las reglas de los medios.

A finales de los 90, aparece el periodo de consolidación en el que el dircom expande su actividad a otros departamentos tales como la publicidad y la gestión de eventos. Además, el dircom adopta una actitud más activa frente a su labor.

Finalmente, llega el período de madurez, en el que el profesional está altamente formado y preparado, y actúa de forma proactiva. Un director de comunicación con una alta responsabilidad, y caracterizado por su condición de estratega.

Michael Ritter, consultor independiente en comunicación estratégica, afirma que el rol del dircom ha evolucionado hacia algo mucho más completo y complejo. De esta forma, apunta que el profesional ha pasado de entender la comunicación como un flujo de información unidireccional, es decir, lanzando mensajes sin tener en cuenta las reacciones y opiniones de los públicos, a comprenderla como un proceso integrado y un flujo bidireccional en el que se establece un *feedback* con los mercados financieros.

Además, añade que antes era el encargado de gestionar las decisiones estratégicas tomadas en los altos niveles ejecutivos, pero hoy en día el director de comunicación forma parte de esa toma de decisiones, pues se encuentra integrado en la alta dirección de las organizaciones, hasta el punto de convertirse en pertinentes las preguntas formuladas por Riom, Libaert y Adary para evaluar el peso de un dircom: ¿A quién reporta este responsable? ¿Forma parte o no del Comité de Dirección? En las respuestas, está la solución.

Como respuesta, no nos equivocamos al afirmar que hoy en día el dircom representa una figura importante y cuenta con un cargo relevante dentro de las organizaciones. Al menos, sobre el papel, ya que en el apartado práctico este aspecto aún no se ha visto del todo reflejado, pues sigue siendo un perfil relativamente nuevo que está dando sus primeros pasos en el mundo empresarial y no acaba de estar del todo definido.

Para refrendar la visibilidad que la comunicación ha ido copando en la estructura directiva de las organizaciones y la continuidad de esta tendencia ascendente del estatus del DIRCOM, basta echar un vistazo a algunos de los datos recogidos por el estudio *El Estado de la Comunicación en España (2021-2022)*, realizado por dircom: más de la mitad de los profesionales encuestados (54,8 %) indican que reportan directamente al CEO o a la persona con mayor poder de decisión en el comité ejecutivo, más de un tercio (35,4 %) afirma que el máximo responsable de comunicación es miembro del comité ejecutivo, siendo cada vez menos los dircoms que no reportan directamente al CEO, ni a la persona con mayor poder de decisión en el comité ejecutivo, solo un 9,8 %.

En cualquier caso, se ha pasado de la nota de prensa y los remitidos a una estrategia empresarial, lo cual es ya de por sí un logro digno de resaltar. Hasta tal punto, que en las facultades se enseña que lo que espera la alta dirección de un dircom son, entre otras cualidades, competencia técnica, inteligencia prospectiva, conexiones con el exterior y el interior de la organización, ser un experto solucionador de problemas. Y ser capaz de aplicar nuevas y auténticas narrativas.

Hoy, a muchos directores de comunicación se le confían, además de las relaciones con los medios de difusión; las relaciones internas, en colaboración con Recursos Humanos; el protocolo; la publicidad; la realización de eventos y presencia en eventos, pero también la imagen corporativa, la responsabilidad corporativa y las relaciones institucionales, lo que obliga a que este profesional deba ocupar un puesto en el equipo directivo de la empresa, algo que, según las últimas encuestas, ya comienza a ser habitual.

En el siglo XXI, la dirección de comunicación ya es definitivamente, tanto por sus amplios recursos como por la proliferación de especialistas, un área clave de inteligencia en una buena parte de las instituciones con independencia de la formación de quien ocupe el puesto y, según se puede entrever en los estudios que tratan de analizar las tendencias a futuro, está importancia de la labor comunicativa en las empresas no tiene visos de ir a menos, sino, todo lo contrario.

Solo así se puede entender que Villarejo espiara a directores de comunicación de grandes empresas por orden del BBVA. Los detectives pincharon, entre otros, el teléfono del dircom del Santander, Aurelio Medel, e incluso el del máximo responsable de comunicación del banco vasco, Javier Ayuso, no, privándose de pinchar el teléfono del entonces director de comunicación del Banco de España, Carlos Díaz Güell y el de decenas y decenas de otros profesionales supuestamente relacionados con el asunto. Y el asunto no era otro que el de obtener información sobre el intento de toma de control del banco por parte de Sacyr y de su entonces presidente Luis del Rivero.

Sobre el perfil y el futuro del director de comunicación, el actual presidente de DIRCOM, López Quesada, considera relevante que este tenga una visión muy transversal, lo que le permita pensar de una manera omnicomprensiva; y, que sea un profesional cada vez más formado. «Desde un ámbito inicialmente limitado al periodismo, hoy vemos que la profesión de dircom no está limitada a los periodistas, aunque sigue siendo fundamental que cualquier responsable de comunicación entienda la labor y el quehacer de los medios porque tiene que ser su interlocutor muy habitualmente».

Los datos, en opinión de López Quesada, están jugando un papel tan relevante en el trabajo de los dircoms y sus departamentos como el que tienen en otras disciplinas de la comunicación, porque la escucha, si es lo suficientemente tecnológica, permite ser muy rápido en la respuesta. Algunas compañías con sistemas muy sofisticados de escucha, están haciendo aflorar los temas delicados a partir del análisis de datos y con inteligencia humana están cualificando esos datos de manera que se pueda reaccionar a problemas potenciales o emergentes antes de que se conviertan en tendencia generalizada. Eso se consigue con *big data*.

La tendencia, en un futuro no muy lejano, se dirige hacia una comunicación mucho más personalizada, donde la inteligencia artificial pueda liberar a los profesionales del sector de tareas de poco valor añadido. «Estamos en un momento en el que aún continuamos entendiendo las lógicas del *big data*, todavía tenemos gestiones muy artesanales. (...) De aquí a diez años, habrá un salto exponencial hacia una comunicación personalizada casi uno por uno».

López Quesada, que cierra la lista de presidentes de la asociación DIRCOM que abriera Ramón del Corral, al igual que sus antecesores, es un profesional de larga experiencia que se ha dedicado a la consultoría de comunicación en Burson Marsteller, Weber Shandwick, Gestamp y Alcoa.

Entre del Corral y López Quesada, un grupo de respetables profesionales de la comunicación han estado al frente de la Asociación y son los responsables directos del éxito de «público y crítica» de la institución.

Javier Fernández del Moral, catedrático de periodismo especializado y decano de la Facultad de Ciencias de la Información de la UCM; Borja Puig de la Bellacasa, consejero delegado de Bassat Ogilvy Comunicación; José Manuel Velasco, director de comunicación en Renfe, Unión Fenosa y FCC; y Montserrat Tarrés, directora de Comunicación de Novartis, conforman el cuadro de honor de la Asociación. Y como presidente de honor, Antonio López.

Tendrán tarea quienes presidan la asociación en los tiempos venideros, ya que, en el futuro, la comunicación de las organizaciones deberá adaptarse a las demandas de una sociedad cada vez más globalizada, incorporando la sostenibilidad y los criterios *ESG* (*Environmental, Social and Governance)* como elementos centrales en sus estrategias. En este nuevo contexto, los criterios *ESG* han adquirido, en los últimos años, una especial relevancia, dando lugar a la figura del «inversor socialmente responsable» al convertirse los factores ambientales, sociales y de buen gobierno en los más valorados por los inversores actuales, más allá de los resultados financieros.

Como diría un fino observador, no se trata de una moda, sino de la nueva conducta y preocupaciones del accionariado que, apuesta por empresas comprometidas con el medio ambiente, con la sociedad y con las buenas prácticas de gobierno corporativo, convirtiendo el rol de los dircom y de las consultoras de comunicación en este nuevo escenario cada vez más imprescindible.

Tal y como recoge el último estudio sobre el estado del sector, los tres temas estratégicos de mayor relevancia para los comunicadores españoles son:

- Usar el *big data* y algoritmos para la comunicación (52,4%).
- Integrar o alinear la *ESG*, RSC y/o la sostenibilidad en el área de la comunicación (38,9%).
- Fortalecer el rol de la función de comunicación para apoyar la toma de decisiones de los altos directivos (34,7%).

Llegados a este punto y como sea que la función crea el órgano, no solo nació DIRCOM como asociación que congregó a los responsables de la comunicación en empresas y otros organismos, sino que se potenciaron y recrearon asociaciones sectoriales fundadas en épocas anteriores que, como consecuencia de la dictadura de Franco, llevaban una vida lánguida.

No es el momento de desarrollar o diseccionar, ni en su forma ni en su fondo, la situación del movimiento asociativo en España al amparo de lo estipulado en el artículo 22 de la Constitución; simplemente se quiere dejar constancia de que a ese proceso no son ajenos los sectores relacionados con la comunicación, la publicidad, las relaciones públicas, etc., como no podía ser de otra manera, en la medida en que todas ellas se hallan inmersas en lo que se conoce como sociedad civil, término en proceso de disolución en una economía como la española, en la que, según la OCDE, el peso directo del Estado en la economía española supera con creces el 50% del PIB.

Otra cosa es si la participación de las decenas de miles de asociaciones que se mueven en el entorno de los decisores políticos, resulta suficientemente eficaz.

En el caso de los *lobbys* españoles, un sector en auge y ligado al mundo de la comunicación corporativa, esta participación continúa estando en el limbo administrativo por mor de una cierta desgana política, pese a que la propia Unión Europea presiona para que se cree un registro unificado, de carácter obligatorio, que permita identificar intereses y procedimientos de estos conocidos como grupos de presión.

Un estudio realizado por la UCM, bajo la dirección de Alfredo Arceo, patrocinado *por* RetiEspaña de *Government Relations and Public Affairs*, especializada en estrategias políticas, campañas de diplomacia corporativa y liderazgo, ofrece una radiografía sobre la actividad de *lobbying* en España, entendida como los esfuerzos de distintos colectivos por influir, legítimamente, en los poderes públicos, para defender los intereses de sus miembros. El estudio detecta los puntos fuertes y débiles con los que cuentan los tres grandes tipos de actores que llevan a cabo esta práctica: las organizaciones sectoriales que tratan de defender ante los poderes públicos los intereses de sus empresas o colectivos profesionales asociados; las organizaciones de la sociedad civil como ONGs, agrupaciones ecologistas, asociaciones de consumidores o de pacientes; y las consultoras que ofrecen servicios de asuntos públicos en España, ya sea de forma especializada, o como una parte de su oferta completa de servicios de comunicación.

De los estudios existentes, se desprende que las asociaciones trasversales son las que más partido sacan a la hora de defender sus intereses colectivos ante los poderes públicos.

Sin entrar en sectores y actividades relacionados y el reparto de los fondos *Next Generation* de la UE de acuerdo con el Plan de Recuperación, Transformación y Resiliencia de la economía española, tan de actualidad cuando se escriben estas páginas y sobre los que los principales grupos de interés han coincidido en concentrar parte de sus esfuerzos de *lobby*, existen asociaciones que trabajan intensamente por ejercer una influencia favorable a la transformación digital de la sociedad, e incluyen en su agenda las regulaciones sobre datos personales. Este tema se encuentra igualmente entre las prioridades del mundo de la comunicación y la publicidad, en tanto que las decisiones al respecto condicionan mucho su actividad *online*, y supone todo un campo de discusión pública entre las organizaciones sectoriales y aquellos grupos de interés compuestos por internautas.

Además de la Asociación DIRCOM, no está el mundo de la comunicación empresarial o institucional huérfano de entidades asociativas que le represente; otra cosa es que todas ellas tengan el peso específico y la influencia que se les supone.

Sin tratar de cubrir todo el campo asociativo español del sector de la comunicación en sus diferentes áreas de influencia, y sin determinar un orden que indique nada más que un somero repaso a las asociaciones que representan al sector que nos ocupa, a continuación citamos algunas:

—La Asociación de Consultoras de Comunicación (ADC), cuya denominación durante 30 años de vida fue la de Asociación de Empresas Consultoras en Relaciones Públicas y Comunicación (ADECEC). Con la renovación del nombre, se busca reflejar la nueva realidad del sector y evolucionar a una asociación más plural, abierta y adaptada a las necesidades de los profesionales y las consultoras que la integran.

Esta Asociación continúa centrándose en defender los intereses del sector de la comunicación y las relaciones públicas en el más amplio sentido, poniendo en valor la indiscutible labor que desarrollan en materia de responsabilidad, transparencia e innovación en la comunicación de empresas e instituciones, y abarcando todas las nuevas competencias que se cubren como la transformación digital, la innovación tecnológica y la creatividad.

—ADC, en su anterior denominación, se fundó en 1991 auspiciada por un grupo de profesionales, representantes de las principales empresas consultoras en relaciones públicas en España, con el objetivo de difundir la práctica de la consultoría de comunicación y relaciones públicas en nuestro país. Fundada por 18 empresas bajo la presidencia de Joaquín Maestre, pionero e impulsor de las Relaciones Públicas en nuestro país, en la actualidad cuenta con una treintena de agencias asociadas.

En su historia, la Asociación ha contado con la presidencia de grandes profesionales del sector como Juan-Cruz Más (Comunicación Empresarial S.A.), Agustín de Uribe-Salazar (Gabinete Uribe), José Antonio Lisbona (Citigate Sanchis), Carlos Paniagua (Paniagua Consultores), Eloísa Alonso (Hill+Knowlton), Teresa García Cisneros (Ketchum), Almudena Alonso (Burson Cohn & Wolfe) y la presidenta actual, Ludi García (Hotwire), quién ostenta este cargo desde diciembre de 2020.

Las empresas que integran ADC, según las últimas cifras conocidas, dan empleo a más de mil profesionales, con una facturación en honorarios superior a los 120 millones de euros.

—García, *managing director* de Hotwire, comenzó su carrera como periodista en publicaciones especializadas en tecnología como Computerworld (IDG). Además, desempeñó diversos puestos de responsabilidad en las áreas de comunicación y *marketing* de Terra. Durante catorce años formó parte de Ketchum, incorporándose en 2007 a Omnicom como directora asociada, donde permaneció durante once años. En 2018, se unió a Hotwire como responsable de la estrategia y el plan de negocio de la consultora en España.

—La Asociación de Empresas de la Comunicación (La FEDE) es una organización empresarial que aúna a las empresas de publicidad y comunicación españolas. Con más de 40 años de historia, La FEDE está formada por una red de más de 120 empresas y asociaciones regionales y provinciales con un alcance de 250 empresas de servicios que encarnan a los diferentes colectivos de la industria publicitaria representados en las seis secciones de la asociación

Su principal objetivo es impulsar el desarrollo de la industria publicitaria, motor clave de la sociedad, representando y defendiendo los intereses de los asociados, la divulgación e investigación y la creación de sinergias entre los diferentes colectivos.

—La Asociación de Profesionales de las Relaciones Institucionales (APRI) representa a un total de 287 profesionales de las relaciones institucionales y los asuntos públicos y entre las actividades que desarrolla están las de reforzar la representatividad del sector participando en foros para convertir las relaciones institucionales, asuntos públicos y *lobby* en profesiones de reconocido prestigio y valor.

Entre sus objetivos, destacan promover la transparencia y la regulación del sector de las relaciones institucionales, asuntos públicos y *lobby* en España; fomentar el conocimiento, formación e intercambio de experiencias; y promover iniciativas que refuercen el conocimiento del sector.

—La Asociación Española de Anunciantes (AEA) cuenta con 225 socios que representan más de 600 marcas, entre sus objetivos están la representación y defensa de los intereses de los anunciantes; la representación en los Comités y Juntas de Autocontrol, GfK, AIMC, Geomex, Infoadex, Kantar y OJD; el asesoramiento legal, técnico y de producción... actuando como un brazo más de los equipos de *marketing*; sesiones de formación, especialmente digital; foros reservados exclusivamente a los anunciantes; estudios y herramientas exclusivas, etcétera.

—La Asociación de Creatividad Transformadora (ACT) inicialmente fue constituida en 1977 como Asociación Española de Agencias de Comunicación Publicitaria (AEACP) y estaba formada por representantes de

21 agencias españolas, la mayoría grandes agencias o asociadas a multinacionales; desde 2019, pasa a denominarse ACT. Bajo el lema «donde la creatividad y el talento aplicados a la construcción de valor es nuestro negocio», esta asociación busca fomentar y proteger el valor central de la creatividad.

—La Asociación Marketing de España (MKT) agrupa a más de mil socios entre empresas, directivos y profesionales de *marketing* en España. Fundada en 1961, bajo la denominación de Club de Dirigentes de Marketing de Madrid, en el año 2009 se convierte en MKT.

—La Asociación de Agencias de Medios (AM) agrupa a las mayores centrales que gestionan la publicidad de las marcas más importantes. Asesora sobre las recomendaciones y ejecución de los planes para facilitar que las marcas entren en contacto con sus consumidores y usuarios de la forma eficaz y rentable y sus miembros gestionan más del 80% de la inversión publicitaria de las principales empresas, organismos e instituciones de nuestro país.

—La Asociación de Agencias de Publicidad y Comunicación de Salud (AEAPS) engloba a todas aquellas agencias que, independientemente de su tamaño y localización, comparten un mismo objetivo: perseguir y lograr la máxima calidad de la comunicación en el ámbito de la salud. Para alcanzar este fin, todos los miembros de la asociación tienen una vocación de avance, de innovación y de búsqueda de la excelencia, una suma de valores que se traduce en la plena confianza de los clientes a los que representan.

—La Asociación de Comunicadores e Informadores Jurídicos (ACIJUR) es una asociación profesional, sin ánimo de lucro, constituida para la defensa de los intereses de los asociados y que agrupa a los periodistas dedicados, primordialmente a la información jurídica, tanto a través de medios informativos como de actividades de comunicación. Sus objetivos incluyen: la defensa de la libertad en el ejercicio profesional de sus asociados; velar por la independencia y objetividad de los contenidos informativos; facilitar el diálogo y acceso a las fuentes informativas; representar a sus asociados en cuestiones y temas de índole profesional; desarrollar actividades susceptibles de perfeccionar los conocimientos técnicos y la capacitación de sus asociados; y dar a conocer las características y especificaciones de la información jurídica.

—La Asociación de Profesionales de la Comunicación de la Industria Farmacéutica (ACOIF) fue fundada en 2005 con el propósito de agrupar a todas las personas que trabajan en comunicación dentro del sector farmacéutico; tiene como fines fundamentales proteger, fomentar y divulgar la labor profesional de comunicación en la industria farmacéutica, velar por el cumplimiento ético de la comunicación en el sector y fomentar la calidad de la formación profesional de los asociados.

—La Asociación Española de Branding (AEBRAND) nace en 2010 y su misión es representar, promover, posicionar y defender la actividad del *branding* y las marcas como disciplina profesional, como activo intangible de enorme valor, como ventaja competitiva, factor de innovación y de futuro para las empresas y la economía nacional. Entre sus socios, se encuentran las principales consultoras y agencias de *branding* de España.

—La Agencias de Eventos Españolas Asociadas (AEVEA), fundada en 2015; este grupo representativo de agencias de organización integral de eventos nace con vocación de «trabajar por y para nuestra industria». Actualmente, está compuesto por 66 agencias, cuyo fin es que el sector de eventos sea reconocido por su peso económico, su seriedad y su capacidad para conseguir comunicar en directo, de un modo estratégico.

—La Asociación de Medios Publicitarios de España (AMPE) es una entidad sin ánimo de lucro fundada en 1963 con el nombre Club de Medios Publicitarios de España. En 1977, cambió su denominación, pero mantuvo su objetivo de defender los intereses de los medios publicitarios y la eficacia de la publicidad. Está formada exclusivamente por medios de comunicación que admiten publicidad.

Como asociación abierta a la que pertenecen grupos y empresas dedicadas profesionalmente al desarrollo de los medios publicitarios, en ella tienen cabida tanto los denominados medios convencionales como los nuevos modelos y formas de medios y soportes digitales *online*.

15

M&A: la invasión de las multinacionales

Un intangible, eso es la comunicación, y sin embargo algo a lo que de un tiempo a esta parte se le puede poner un precio, en ocasiones, altísimo. Si no fuese rentable, no se habría convertido en un sector de tanto potencial, pero lo cierto es que la comunicación se valora cada día más, pues las empresas saben la importancia que tiene manejar el mensaje, transmitir sus valores, ideas y mercancías de manera controlada, y están dispuestas a invertir en ello porque saben, que todo plan estratégico necesita, hoy en día, de un cuidado proceso de comunicación.

Es patente la dificultad de medir el valor real que una consultora de comunicación aporta a un negocio en términos estrictamente cuantitativos, pero, aunque la posibilidad de ponerlo en cifras es confusa, no hay ninguna duda de que en muchos casos los intangibles como la reputación o la marca, aportan valor y hacen que una compañía obtenga más o menos beneficios, valga más o menos en el mercado.

Para tratar de poner en cifras el sector de la consultoría de comunicación en España, han surgido muchos estudios que preguntan a las corporaciones cuánto valor creen que suponen las consultoras en su negocio. Así, por ejemplo, en un estudio de Scopen, a la pregunta ¿en qué porcentaje contribuyen sus agencias creativas al crecimiento de su negocio? La media de la contribución apuntaba a un 25,7%, siendo del 13% las compañías que señalan que esta contribución era alta (más de un 59%). Y si la pregunta se abre a las agencias de medios, se concluye que la contribución media es del 25,6%, mientras un 14% señalaba que la contribución era alta (más del 50%), el 54,3% señalaron que dicha contribución podría rondar entre el 10 y el 50%, mientras el 22,6% apuntaron que esta contribución es baja (menos del 10%).

Es ahí donde se sitúa la base de un proceso de M&A, acrónimo proviene de la frase en inglés *Mergers and Acquisitions* (fusiones y adquisiciones), tan en auge en lo que llevamos de siglo en todo tipo de empresas y al que las consultoras de comunicación no son ajenas. Una estrategia que es parte del desarrollo a nivel externo al que apunta una empresa con necesidades de crecimiento y expansión en su sector, u otro nuevo donde quiera incursionar.

Los motivos y las ventajas para las sociedades de este tipo de procesos son numerosos, ya sea a través de fusiones, adquisiciones o alianzas con otras, entre las que las sinergias no son las menores.

Sin tratar de ser exhaustivos, se podrían exponer motivos relacionados con la reducción de los costes, el acceso a tecnologías y mayores recursos, obtención de beneficios fiscales, ganar cuotas de mercado, aumentar posiciones en el mercado, aumentar su control del mismo, acceder a nuevos mercados o mejorar la competitividad de la compañía.

En términos generales, según uno de los últimos informes de *Transactional Track Record (TTR)*, el mercado transaccional español contabilizaba un total de 1.036 *deals* hasta el mes de mayo de 2023, con un valor agregado de 25.580 millones de euros, números que reflejan la solidez y el dinamismo del mercado de fusiones y adquisiciones en España, así como su capacidad para atraer inversiones extranjeras y generar oportunidades de crecimiento empresarial.

Como referente, 2021, año en el que se produjeron hasta 1.506 operaciones por valor de 99.000 millones de euros. En 2022, el número de operaciones creció en más de un 10%.

Por lo que se refiere al sector de la comunicación, los grandes *holdings* de la comunicación mundiales han iniciado desde hace unos meses un proceso de integración de sus marcas. La crisis económica les ha golpeado con dureza, por lo que buscan el ahorro de costes gracias a las sinergias entre agencias y, por otra parte, una gestión más holística, que es la que demandan los clientes, en un contexto en el que los apartados de creatividad, comunicación, relaciones públicas, etc., están enormemente difuminados.

De entre las consultoras de comunicación internacionales que operan en España, destacan en la clasificación FTI Consulting, con 243 millones de dólares facturados el año pasado; Havas PR, con 225 millones; Archetype, con 90 millones; Hotwire, con 42 millones; Kreab, con 41 millones; o Newlink, 37 millones.

Treinta años después de la creación de la Sociedad Anónima Española de Relaciones Públicas (SAE de RP) por Joaquín Maestre, pionero de las relaciones públicas en España, la red internacional de Weber Shandwick adquirió en 1990 esta consultora de comunicación, manteniendo a su fundador como presidente hasta 2002.

La compra final fue el resultado lógico de la colaboración iniciada a mediados de la década de los sesenta del siglo pasado entre la empresa de Maestre y Shandwick.

Esta fue la primera operación de consideración de M&A que se produjo en España, lo que le confirió a su fundador la calificación de «pionero», no solo por haber sido el primero en introducir en España la práctica de las «relaciones públicas», sino por inaugurar las operaciones de M&A en el sector de la consultoría de comunicación en España.

Weber Shandwick es una agencia de relaciones públicas formada en 2001 en su denominación actual, mediante la fusión del Grupo Weber (1987), Shandwick International (1974), y BSMG (2001). A su vez, hoy, forma parte del *holding* internacional Interpublic.

Once años más tarde, en 2001, es la multinacional británica Incepta la que adquiere el grupo Sanchis Comunicación por 3,7 millones de libras (por aquel entonces, 994 millones de pesetas), quedando fuera del acuerdo todos los negocios de América Latina donde Sanchís tenía siete oficinas en diferentes países, y el 50% de la empresa francesa Mediatique, que era propiedad, a partes iguales, de José Luis Sanchís y del empresario Marc Bousquet.

El acuerdo suponía la adquisición del 100% de los negocios de Sanchis en España y Portugal, así como las compañías HM Sanchis (con sede en Valencia), Xper (dedicada a la investigación de imagen y mercados) y Métrica (de análisis y seguimiento de prensa).

Aunque no puede calificarse como compañía española, lo cierto es que Burson-Marsteller en España ha sido el embrión de muchas de las grandes consultoras de comunicación españolas y rampa de salida de innumerables directores de comunicación de las principales empresas del IBEX 35, desde que en 1981 la norteamericana Teresa Dorn, puso sus cimientos en

España y dirigió la consultora hasta convertirla en una de las grandes del sector.

Fue ella la que abrió el mercado nacional para la agencia norteamericana, creada en 1946 por Harold Burson (experto en relaciones públicas) y su socio Bill Marsteller (publicitario). Antes de fundar la oficina española de Burson, Dorn trabajó para otras firmas de la época en Madrid, como Maestre, o la también multinacional Jennings Public Relations.

En 2020, el *holding* multinacional británico WPP, que había adquirido Burson en 2000 comienza su proceso de horizontalidad y anuncia la fusión de Burson-Marsteller y Cohn & Wolfe (BCW). En ese momento, a nivel mundial, Burson tuvo unos ingresos 480 millones de dólares en 2018, mientras que la Cohn & Wolfe superaba los 224 millones de euros.

Tan solo tres compañías superaban esa cifra: Weber Shandwick, con 825 millones; Edelman, con 874 millones; y la unión de Ketchum, Porter Novelli y FleishmanHillard (que dan lugar a Omnicom PR Group), con 1.254 millones.

No es hasta enero de 2018 cuando nace oficialmente en España Omnicom Public Relations Group, como consecuencia de la fusión de tres de sus agencias de comunicación más relevantes: Ketchum, Porter Novelli y FleishmanHillard.

En Ketchum se había integrado en 1999 la Agencia SEIS, fundada por Tony Noel y Teresa García Cisneros en 1989. De ellos fue el mérito de construir una consultora que inició su actividad con una plantilla de seis empleados que se convirtieron en un centenar cuando se integraron en Ketchum. García Cisneros había trabajado durante diez años en el *Diario 16*, así como en Televisión Española, revistas de información general y en prensa regional y ocupaba la presidencia de la Asociación de Empresas Consultoras en Relaciones Públicas y Comunicación (ADECEC), desde 2021 Asociación de Consultoras de Comunicación (ADC).

A Porter Novelli, consultora fundada en Washington en 1972 por William D. Novelli y Jack Porter, fue a parar la consultora española Comunicación Empresarial, fundada en 1986 por Juan Cruz Más, periodista, profesional de la comunicación y empresario, hombre de convicciones —miembro del Opus Dei— que procuró vivir con rectitud y discreción, manteniendo la palabra dada y contribuyendo al bien común con su trabajo.

Las agencias de publicidad no son ajenas al movimiento M&A y como muestra el reconocido botón de marras que en este caso responde al nombre de Bassat & Asociados fundada en 1975 por Luis Bassat Coen y que fue renombrada como Bassat Ogilvy al ser participada por la multinacional Ogilvy & Mather en 1975. Consecuencia de esa participación, se creó el grupo Bassat Ogilvy Iberia en el que Bassat pasó a desempeñar el puesto de presidente del Grupo WPP Iberia y miembro del Consejo de Administración de Ogilvy Worldwide.

Hoy, Ogilvy & Mather de WPP ha agrupado bajo esa marca a todas las agencias que dependían de ella, entre las que estaban Ogilvy & Mather Publicidad, Ogilvy One, Neo Ogilvy y Ogilvy Public Relations.

Pero de todos los procesos de M&A ejecutados en España, ninguno como el protagonizado por Havas Group (Vivendi) a principios de 2022 al hacerse con una participación mayoritaria en Tinkle, tercera consultora de comunicación española por facturación y primera por productividad.

El grupo francés Vivendi, al que pertenece Havas, es uno de los tres mayores del mundo, cuenta con una amplia implantación en España, con proyección directa o a través de este último país hacia América Latina. Sus empresas incluyen alguna de las mayores compañías de música del mundo, uno de los archivos de películas de mayor importancia, algunos de los principales estudios de cine, la segunda compañía de parques temáticos, enormes intereses editoriales e inversiones estratégicas en grupos como BskyB del Reino Unido o en Networks de EE. UU. Sus actividades en medios de comunicación se desarrollan a través del Grupo Canal+ (producción y distribución de cine, vídeo y televisión), Universal Music (UMG) y Vivendi Universal Games.

Tinkle se ha ido expandiendo desde el área de consultoría y comunicación estratégica hasta el mundo de la comunicación 2.0, incluyendo servicios de comunicación corporativa, estrategia y creatividad, *social media marketing*, eventos, diseño, etc. con marcado foco en la innovación. Lo hace desde tres oficinas (Madrid, Barcelona y Lisboa) y respaldada por una estructura formada por unos 200 consultores.

Según informaba Havas, la firma Tinkle continuará operando su negocio en España y Portugal bajo el liderazgo de Javier Curtichs, y se integrará en la red H/Advisors, aprovechando las capacidades internacionales Vivendi y Havas. Esta red especializada del conglomerado francés no tenía actualmente presencia en España ni Portugal, situación que se solventa con la adquisición de Tinkle.

Con esta operación, Tinkle se integra en AMO Strategic Advisors, que es la unidad especializada en comunicación corporativa y financiera de Vivendi, dueña del grupo Havas desde hace cuatro años, y que tiene filiales en Europa, Asia y América. Esta división del conglomerado francés no tenía actualmente presencia en España, situación que se corrige con la adquisición de una porción de Tinkle.

Tinkle pasa así a formar parte de la órbita de Vivendi en España, que tiene una división de medios —con agencias como Havas Media y Arena Media— y otra creativa —con su filial Havas—. El primer ejecutivo del grupo francés a nivel global, Yannick Bolloré, ha destacado de Tinkle su «espíritu emprendedor, el impulso por la excelencia y el compromiso con las personas y el medio ambiente», cualidades que hacen que «encaje de manera natural» en el *holding* empresarial que dirige. En su caso, el presidente del grupo Havas en España, Alfonso Rodés, enmarca esta operación en un contexto en el que «nunca ha habido tanta necesidad de relaciones públicas y comunicación estratégica». El directivo y emprendedor cree asimismo que con la incorporación de Tinkle a Havas «permaneceremos en la vanguardia y juntos combinaremos, complementaremos y mejoraremos nuestras respectivas capacidades en España y Portugal».

El proceso no ha terminado, y en el sector de la comunicación se espera que continúen las operaciones de compras y fusiones con una cada vez mayor presencia de compañías multinacionales.

Mientras esa etapa llega, los movimientos M&A en el mercado de las consultoras españolas han continuado en los últimos años, aunque en escala reducida. Estos son algunos de ellos:

En junio de 2018, LLYC anunciaba la adquisición de Arenalia Comunicación & Eventos, una consultoría de comunicación corporativa y de producto con sede en Barcelona y especializada en las áreas de Consumo, *Digital Brands* y *Lifestyle*. Siguiendo esta estrategia de expansión, en 2023 hacían público el acuerdo de compra de un 80% de la agencia estadounidense de *marketing* y relaciones públicas, BAM, por 9,7 millones de euros, su mayor operación corporativa.

Mientras tanto, la consultora de José Antonio Llorente nunca ha perdido de vista uno de sus mayores mercados: el de América Latina. En 2020, se hacía con el 90% de Factor C Comunicaciones, agencia chilena de comunicaciones estratégicas y asuntos públicos. En el mismo año, pero en Colombia, LLYC adquiría Adaptative, consultora de innovación. Siguiendo este método de crecimiento por la región, en 2021 adquiría el 75% de la agencia mexicana BESO, por 7,2 millones de euros.

Para continuar «dando soluciones a los clientes», LLYC se hacía en 2021 con la consultora española de performance y marketing digital Apache, especializada en la transformación y el crecimiento de negocio, según ha informado en un comunicado. El mismo año anunciaba también la compra del 70% de la agencia China Partners, una firma de publicidad independiente, por unos 5,2 millones de euros.

&Beyond, grupo de comunicación especializado en crear marcas a través de la estrategia, los contenidos y los medios, integraba también en 2023 en su estructura a Difunde Online, agencia de *marketing* digital que ofrece servicios de SEO, redes sociales analítica web y publicidad programática entre otras. Esta integración se daba después de que, en 2018, Difunde integrara también en sus filas a Abascal Comunicación.

En 2018, la agencia Solsona Comunicación se integraba en Alta Grupo de Comunicación después de que este se hiciera con un 67% de la firma fundada por Montse Solsona. Esta compañía pasaba así a formar parte del grupo de agencias que integran Alta Comunicación: Punta Alta, especialista en el sector de la salud, La Bendita Agencia, agencia de publicidad de servicios plenos; y The Digital Adgency, experta en servicios digitales de publicidad y comunicación.

Un año más tarde, en 2019, Quum Comunicación comunicaba la adquisición del 100% de Deva Comunicación, consultora de comunicación corporativa y financiera especializada en la gestión de la reputación de las compañías fundada en 1999.

En 2023, tan solo dos años después de su creación, Harmon integraba en su estructura la agencia Comco para ampliar su posicionamiento en el mundo corporativo. Antes de esto, Harmon, firmó una alianza con la portuguesa Generator, consultora de comunicación corporativa y asuntos públicos.

ACH Consultores de Comunicación pasaba a denominarse SEC Newgate Spain. Tal y como explicaba en 2021 el portal *Dircomfidencial*, tras el anuncio en septiembre de 2019 de la fusión de dos grupos de comunicación, SEC Global y Newgate Communications, se estableció un período durante el cual distintas marcas del grupo mantendrían sus nombres debido a la sólida vinculación de cada entidad con sus mercados nacionales. Concluía este periodo con la creación de una única marca e imagen para todo el grupo a nivel mundial. Más adelante, ya bajo la nueva denominación, SEC Newgate, firmaba un acuerdo para adquirir el 100% de Wepublic, una de las mayores firmas de consultoría en comunicación y asuntos públicos de los Países Bajos.

Lasker, consultora de comunicación y relaciones institucionales hacía también pública una operación de este tipo al anunciar la integración en su estructura de la agencia Equipo de Comunicación con el fin de reforzar las capacidades creativas de la compañía y seguir potenciando su desarrollo.

En 2022, Kreab Iberia aprobaba la operación corporativa para tomar una participación mayoritaria en la consultora valenciana de comunicación de la empresaria Conchita Lucas, que operaba en la comunidad valenciana con la marca de ElekktraMedia.

Newlink, consultora colaborativa con sede en Miami y oficinas en Latinoamérica, y Globally, agencia de comunicación y relaciones públicas de España, se unieron en abril de 2018 para formar Newlink Consulting and Communications Spain.

Dos consultoras de comunicación estratégica —Making Known y Kemet Corner— y la agencia creativa Inusualy se unían a mediados de 2023 bajo las mismas siglas, el grupo Making Known para ofrecer de forma integrada servicios de estrategia, comunicación, creatividad y *marketing* digital.

Como queda patente a través de este repaso, que no incluye todas las operaciones, si algo define al sector en la actualidad es la transición. Transición entre viejas y nuevas prácticas, pero también transición hacia otros modelos de negocio más integrados, diversificados y fuertes. La creación de la consultora que incluya todo tipo de servicios pasa por la fusión y adquisición como medio para completar sus servicios. Como señalan en un artículo los profesores universitarios C. Costa-Sánchez, M. Mínguez-González y M. Túñez, «en la actualidad describen el sector de la consultoría de comunicación en España dos tendencias: la concentración empresarial, en un intermitente contexto de fusiones y adquisiciones, y la consecuente concentración del mercado».

16

Un yacimiento de empleo cada vez más cotizado

Los manuales de periodismo, aquellos que compendian lo más sustancial de la materia, introducen al lector en dos conceptos básicos que inevitablemente este debe incorporar a su actividad profesional, siempre y cuando quiera ejercer el periodismo desde un enfoque políticamente correcto.

La primera creencia, convertida en teoría con el paso de los tiempos, es conocida como «pirámide invertida», cuyo título encierra las bases para estructurar y organizar una información de manera que atraiga y mantenga la atención del lector. Su característica principal es que los datos se dispongan en orden decreciente, de mayor a menor importancia, a través de las respuestas a las denominadas 6W inglesas que son: qué (*what*), quién (*who*), cómo (*how*), cuándo (*when*), dónde (*where*), y por qué (*why*). La estructura busca mantener la atención del receptor de la información, dosificando los puntos de interés, de manera que al lector le resulte atractivo su contenido.

La segunda creencia, bastante menos científica, pero igualmente eficaz, responde a la calificación de «percha» en el periodismo de antaño o de «cebo» en el mundo audiovisual actual y que, en síntesis, consiste en utilizar los ganchos de una información que hagan de esta —sea dato o noticia— un hecho de interés para el lector, que le atrape y anime a seguir prestando atención a su contenido.

El lector está en su legítimo derecho a preguntarse a qué viene tan prolija introducción. La respuesta no es precisamente simple, ya que relaciona la «pirámide invertida» con la Guerra de Secesión Norteamericana que es donde está el origen de esa teoría, según los estudiosos del asunto. Lo de la percha se sitúa en la parte alta de la pirámide.

¿Y? Pues resulta que lo anteriormente escrito viene al pelo para introducir el tema que se trata continuación y que no es otro que el yacimiento de empleo que existe en torno a la comunicación empresarial, corporativa o institucional.

La importancia de la prensa durante la Guerra Civil Española fue trascendental en los dos bandos que combatieron a lo largo de tres años de cruel enfrentamiento. Muchos de los mejores corresponsales internacionales de guerra se forjaron en el conflicto español, algunos de ellos —Hemingway entre ellos— escapando milagrosamente de los proyectiles. Y donde hay prensa, la historia aconseja que haya responsables de la cosa en la retaguardia, puesto, cargo o empleo cuyo trabajo consiste en «colaborar» con los periodistas o equivalentes. Son y han sido los conocidos como jefes de prensa que hoy han sido mayoritariamente sustituidos por los dircoms. Los historiadores se han ocupado de recordar su papel.

Al igual que sucede en nuestros días, todos esos periodistas que trabajaron en España entre 1936 y 1939 tuvieron que lidiar con la figura de los jefes de prensa. Se trataba, por lo general, de personas adictas tanto al bando republicano como al sublevado que compaginaban su labor de coordinar a los medios con la de censurar las informaciones que se enviaban a estos.

Alrededor de 140 corresponsales extranjeros, llegaron a España para informar de lo sucedido, lo que obligó a Hebert Matthews, William P. Carney, Jay Allen, Cecil Garathy, Guy Burgess, Harold Philby, Robert Capa, Ernest Hemingway, entre otros, a enfrentarse a la censura cuyo fin no era otro que sacar el mayor rédito a la propaganda que se elaboraba en la retaguardia. La Guerra Civil Española fue la primera guerra contada por corresponsales a escala internacional y ello llevó a que alguien dejara caer una reflexión de peso: «La guerra militar sería ganada por el llamado bando nacional, pero sin duda, la batalla de la opinión pública internacional la ganó la República con la ayuda de los periodistas destacados, primero en Madrid y luego en Valencia y Barcelona».

Para «lidiar» a esa tribu —Manu Leguineche *dixit*—, Franco contaba, según algunos historiadores, con un jefe de prensa, en este caso un hombre extravagante y antiguo militar, el terrateniente salmantino Gonzalo de

Aguilera y Munro que, al estallar la sublevación, no tuvo dudas y se unió a los rebeldes poniéndose al servicio de Franco.

Por sus conocimientos lingüísticos, fue destinado a la oficina de prensa del Cuartel General de Mola como enlace entre los medios de comunicación y el Estado Mayor nacional.

Las funciones de Aguilera y Munro (Conde de Alba de Yeltes) eran, por un lado, las de ejercer como portavoz ante la prensa de las ideas franquistas y, por el otro, acompañar a los corresponsales extranjeros y «facilitar» su trabajo dentro de las unidades sublevadas.

Los conflictos del conde con los corresponsales extranjeros fueron muchos y de lo más diverso. Uno de ellos fue especialmente violento con el periodista estadounidense de la CBS, John T. Whitaker, al que llegó a amenazar de muerte por una crónica que el periodista norteamericano había enviado a su periódico saltándose la censura impuesta. Aguilera, según algunos historiadores, amenazó de muerte a Whitaker mientras este cubría la liberación del Alcázar de Toledo. Acosado por el conde, el corresponsal de la CBS tuvo que salir de España en 1937.

En el bando contrario, Arturo Barea, reconocido escritor extremeño se convirtió muy pronto en una de las personas más influyentes para los periodistas extranjeros acreditados en la zona republicana: Ejercía el cargo de censor de las crónicas que los corresponsales enviaban a sus respectivos medios en la oficina de prensa extranjera y propaganda del Ministerio de Asuntos Exteriores. Su superior era Luis Rubio Hidalgo, censor jefe.

Tras la marcha del Gobierno a Valencia, Barea decidió quedarse en Madrid, siendo nombrado censor jefe en sustitución de Rubio que había dirigido sus pasos hacia Valencia. Los corresponsales extranjeros que cubrían la defensa de la capital tenían su centro de prensa en el edificio de la Telefónica en la Gran Vía y allí redactaban sus crónicas para marcharse posteriormente al Palacio de Santa Cruz donde Barea, como censor responsable, tenía que autorizar el envío o no de las noticias. En el caso de recibir la autorización, los corresponsales regresaban a la Telefónica donde con la ayuda de una telefonista enviaban por teléfono su crónica, mientras un equipo de espías republicanos solía escuchar todo lo que se transmitía.

Varios investigadores que han estudiado la figura de Barea aseguran que su comportamiento, desde noviembre de 1936 hasta finales de 1937, fue permisivo con los corresponsales extranjeros. Sin embargo, uno de los puntos negros de su trayectoria como responsable de prensa fue, según varios investigadores, su papel en los asesinatos masivos en Paracuellos del Jarama. Obviamente él no tuvo nada que ver con los fusilamientos, pero es público que sí hizo todo lo posible para que nadie informara de esas matanzas. El diplomático noruego Félix Schlayer y el delegado de la Cruz Roja en España, el doctor Henny, ya habían informado a varios periodistas de lo que estaba pasando en Paracuellos y, algunos de ellos, sobre todo los estadounidenses y franceses, pretendían dar esa información a sus respectivos países de lo que estaba pasando. Barea lo impidió.

Hasta aquí un breve relato de cómo funcionaban las relaciones con la prensa durante una guerra. Hoy, extrapolando esa situación a una empresa o a una institución con problemas y salvando las enormes diferencias, la denominación sería la de «comunicación de crisis».

Eran otros tiempos, durante los cuales, y a modo de ejemplo, merece ser recordada la obligación, desde octubre de 1939, de todas las emisoras de radio, tanto públicas como privadas, de conectar con Radio Nacional de España para transmitir los diarios hablados elaborados por la cadena oficial. Era el conocido «el parte» y dejaba clara, junto con la censura oficial, la propiedad intelectual y de contenidos de los medios de comunicación.

En esas circunstancias, y contando con la prensa del Movimiento, era fácil ser jefe de prensa, figura que no fue especialmente común durante el franquismo ya que era más que suficiente hacer llegar a los medios el correspondiente comunicado oficial o nota de prensa para su publicación o emisión por las ondas.

En cualquier caso, estaba la prensa extranjera y sus corresponsales a los que había que atender y aunque solo fuera para dar ese servicio era necesario contar con personas, afines al régimen, que atendieran las peticiones de los periodistas extranjeros como Walter Haubrich del *Frankfurter Allgemeine*, José Antonio Nováis de *Le Monde*, Gordon Martin de la BBC, Harry Debelius del *The Times* de Londres o Henry Giniger de Associated Press.

Hoy, el mercado laboral del sector de la comunicación, exceptuando la comunicación en medios, vive un crecimiento digno de reseñar que no tiene visos de tener un final próximo, lo que permite dar cobijo a miles de titulados universitarios egresados cuya salida profesional se había convertido en un saco sin fondo. No podemos ignorar el hecho de que una facultad como la de Ciencias de la Información de la UCM ha matriculado a más de 100.000 alumnos desde 1971, cifra a la que hay que sumar las de otras universidades.

Pocas entidades de carácter público o privado, que conforman la denominada sociedad civil, pueden permitirse el lujo de ignorar la importancia de contar con algún tipo de apoyo en materia de comunicación con su entorno y ello se traduce en la contratación de servicios que cubran esas necesidades.

Ha pasado a la historia la época durante la cual la comunicación tan solo concernía a las poco más de 160 empresas cotizadas de la bolsa española —hoy presentes entre el mercado continuo y el mercado alternativo—, o a los gobiernos y partidos políticos que aspiraban a ganar unas elecciones.

Los antiguos gabinetes de prensa han pasado a mejor vida, incluso en su denominación, y la comunicación empresarial o corporativa se ha extendido entre organismos e instituciones de todo tipo para dar respuestas a una sociedad que busca cubrir unas necesidades sobre las que existe una cierta controversia, ya que mientras unos coinciden que ha sido la demanda social la que generó la existencia de esas necesidades de comunicación, otros aseguran que fue la mala imagen de determinados sectores la que provocó su aparición en el mundo de la empresa y de las instituciones.

Tomando como referencia las investigaciones de Martín de 1998 que hablaba de la existencia en nuestro país en 1997 de 3.000 directores de comunicación en el sector empresarial y de la administración, así como de 184 asesorías de la comunicación, 3.500 profesionales trabajando en gabinetes de comunicación y 1.600 revistas informativas especializadas, no resulta arriesgado aventurar que el número de dircoms en la actualidad en España, tanto en empresas como en las administraciones públicas y otras entidades, se acerca a los 6.500, que gestionan unas plantillas cercanas a los 13.000 profesionales. A estas cifras habría que sumar las consultoras de comunicación, muchas de ellas intensivas en la creación de puestos de trabajo.

Dada la heterogeneidad de este sector y lo dispar de sus fundamentos y personalidad jurídica, en el que conviven consultoras de comunicación, «relaciones públicas» y agencias de publicidad, resulta casi imposible ofrecer una cifra sobre número de sociedades que componen este sector de variada tipología, hasta el punto de que las investigaciones publicadas arrojan una horquilla que va desde las 640 a las 1.100 consultoras/agencias/asesorías dedicadas a la comunicación corporativa, relaciones públicas y publicidad.

Sea como sea, lo cierto es que hoy por hoy no hay empresa, sector, institución, organismo, corporación —publico o privada— o personaje público, que no cuente con un profesional de la comunicación o de la imagen o de una consultora especializada que ofrezca los servicios que se requieren y que todos ellos ofrecen, que dicho sea de paso son muchos y variados.

Desde un equipo de fútbol hasta una orden religiosa, pasando, por un deportista de elite, una empresa o un ayuntamiento o partido político con aspiraciones, todos sienten la necesidad de trasladar *urbi et orbi* sus objetivos cumplidos, sus aspiraciones, sus necesidades, sus éxitos…

Hoy, la Comunicación, en sus distintas especialidades, demanda un gran número de profesionales con cocimientos y experiencias, y los cambios producidos en esta materia, junto a la nueva forma de hacer periodismo, han supuesto nuevos retos y oportunidades para el sector, especialmente sensibilizado hacia todo lo referente a la digitalización.

En todo ello algo ha tenido que ver la salud económica del sector de la Comunicación —no hablamos de medios— cuyos *players* han experimentado una mejora generalizada del negocio, hasta el punto de que prácticamente la totalidad de las firmas había contratado personal en 2022. Y la mayoría de las veces, a tiempo completo.

A constatar, un aumento de determinados empleos como especialistas en *marketing* digital, ingeniería especializada, ciencia de datos e inteligencia artificial.

Por ello, no sorprende encontrar una cierta concurrencia entre analistas e investigadores a la hora de determinar los principales valores y habilidades que deben presidir las actividades en materia de comunicación empresarial o corporativa de cara al futuro.

Entre ellas, no sorprende encontrar la reducción del uso de la intuición y el aumento de la capacidad de análisis de datos y *big data*; la necesidad de comprender la complejidad de un mundo cada vez más hiperconectado; el dominar la administración y gestión de canales digitales o entender la cultura electrónica y digital, y su incidencia en la comunicación, ya sea interna, publicitaria, relacional y, por supuesto, la misma digital.

Pero la principal habilidad que debe desarrollar el profesional de la comunicación institucional o corporativa es la adaptarse, pues no sobrevive quien es más fuerte o inteligente, sino quien se mejor se adapta.

Y todo ello sin olvidar lo que son las labores tradicionales del sector de la comunicación en sus diferentes ramas o especializades y como señala un académico, el nuevo perfil profesional de la comunicación corporativa deberá ser un estratega de la irreverencia y de la disrupción. «Tendrá que irrespetar algunas de las creencias y premisas de la comunicación tradicional para llevarlas hacia nuevos horizontes y de manera impetuosa logrará el dominio de los nuevos canales y medios».

Entre esas labores tradicionales, las encuestas señalan prioridades por parte de los demandantes de servicios a las consultoras de comunicación españolas. La primera de estas actividades requeridas es el diseño de estrategias de comunicación, seguida por la relación con los medios, la gestión de crisis, el diseño y ejecución de eventos, la comunicación interna y las relaciones institucionales.

Con guerras o sin ellas, la comunicación empresarial, corporativa, institucional, o como quiera que se quiera denominar a esta actividad o cargo orgánico aparejado, es una especialidad que ha experimentado un crecimiento exponencial desde la llegada de la Democracia a España, digna de ser estudiada con detenimiento, aunque tiene sus antecedentes en los gabinetes de prensa y jefes de la materia, cuya denominación indicaba un estrafalario sentido de la propiedad sobre tan digna actividad económica.

Como complemento de la percha introductoria elegida de forma no aleatoria, habría que mencionar el caso histórico de Telefónica y de Santiago Galindo Herrero quien fuera, posiblemente, uno de los primeros responsables de comunicación empresarial que hubo en España, aunque el término estaba entonces por descubrir, y desempeñó su papel en la Telefónica de «las Matildes», las nunca olvidadas acciones de la CTNE que a finales de los años 60 alcanzaron una popularidad extraordinaria gracias a una campaña publicitaria protagonizada por José Luis López Vázquez para dar a conocer la primera OPV de acciones de Telefónica.

Entre los años 1965 y 1973, el capital bursátil de Telefónica creció de 20.000 millones de pesetas a más de 85.000 millones, a partir de las ampliaciones de capital dada la gran cantidad de inversores que acudieron a dicha oferta atraídos por las acciones que eran más rentables que la deuda pública. La publicidad fue la culpable.

La biografía de Galindo, publicada en la revista *El Basilisco*, fundada por Gustavo Bueno en 1978, le define como «periodista, ideólogo y servidor público español, estudioso del pensamiento tradicionalista, miembro de la organización católica Opus Dei, desempeñó importantes puestos de responsabilidad durante el franquismo: fue secretario de los cursos de Periodismo de la Universidad Internacional Menéndez Pelayo (1946-1954), secretario del Ateneo de Madrid (1951-1958, bajo la presidencia de Florentino Pérez Embid), director de Editora Nacional (1953-1962), gobernador civil de la provincia de Santa Cruz de Tenerife (1958-1960), director de *El Alcázar* (1960-1962), profesor ayudante de Historia Política Contemporánea en la Facultad de Ciencias Políticas y Económicas de Madrid (1962-1971), se incorporó en 1965 a la Compañía Telefónica Nacional de España como director de servicios de información y relaciones sociales (SIRS), en 1968 fue nombrado director, y en el momento de su fallecimiento ocupaba el puesto de Director General de Telefónica».

Difícil encontrar un equivalente a Galindo en otras empresas e instituciones públicas españolas, salvo en el Instituto Nacional de Industria (INI) en donde Adriano Gómez Molina, todo un personaje de la época, trataba a facilitar las tareas de los plumillas que se acercaba por su sede en la Plaza del Marqués de Salamanca de Madrid en busca de información, pese a que el *holding* creado por el marqués de Suanzes lo que quería era predicar con la propaganda.

En la actualidad, el equipo responsable de la Comunicación en Telefónica está dirigido por Eduardo Navarro, ingeniero metalúrgico por la Universidad Federal de Minas Gerais (Brasil) que ostenta el cargo de director de Asuntos Corporativos y Sostenibilidad, y que se incorporó a Telefónica en 1999, como vicepresidente de Estrategia Corporativa y Asuntos Regulatorios de Telefónica Brasil.

Como directora global de Comunicación, nos encontramos con Eva Fernández, licenciada en Ciencias Económicas y Empresariales y doctora en Empresas por el CEU San Pablo. Ha sido directora general de la Universidad Camilo José Cela y directora general de *El Mundo*. Es experta en el mundo digital y cofundadora del diario digital *El Español*, del que fue consejera delegada desde el 2015 al 2019.

A partir de ahí, el organigrama nos presenta a Alejandro Kowalski como director de Comunicación de Telefónica España, cuya labor gira en torno a la coordinación de las operaciones de comunicación y relaciones con los medios de Movistar.

A continuación, aparece Fiona Maharg como directora de Comunicación Corporativa Internacional, puesto que ocupa desde enero del 2017.

A renglón seguido, en horizontal o en vertical, nos encontramos con Francisco Álvarez, director de Comunicación Estratégica, cuya tarea es la relación con Presidencia y gabinete; la relación con la Fundación Telefónica, y el control de los acuerdos a los que llegue Telefónica.

Aitor Goyenechea está al frente de la Dirección de Comunicación Interna, dirección pensada como un *hub* que engloba diversas áreas, como la generación de contenidos y mensajes de toda la compañía.

Finalmente, Laura Sanz es la directora de Audiencias. Sus funciones son las de gestionar todos los canales orgánicos y sociales de la compañía y monitorizar en tiempo real el sistema de alertas de cualquier tipo de impacto a nivel reputacional.

Como queda probado, la Dirección de Comunicación en Telefónica ha cambiado de forma manifiesta.

Entre Galindo y el equipo directivo del área de comunicación actual, ha habido un largo periodo protagonizado por profesionales de mucho nivel.

Del primero —Luis Abril— se pueden encontrar diversas referencias en otros capítulos de estas páginas.

De Marisa Navas, licenciada en Ciencias de la Información por la Universidad Complutense de Madrid, su historial profesional señala que comenzó su labor periodística en el diario *Informaciones*, especializándose en información económica, siendo redactora jefa del diario *Cinco Días* y miembro fundacional de la revista *Inversión* y de *La Gaceta de los Negocios*, a cuya dirección accedió en 1995, como primera mujer directora de un diario de tirada nacional.

Directora también de la revista económica *Dinero*, en 1997 pasó al mundo de la comunicación empresarial con su nombramiento como directora de Relaciones Institucionales de Tabacalera y miembro de su comité de dirección bajo la presidencia de César Alierta. En el año 2000, se incorporó a Telefónica, tras ser nombrado Alierta presidente, donde desempeñó los cargos de directora general adjunta de Comunicación, directora de Comunicación Corporativa y Marketing Institucional y miembro del comité ejecutivo de la multinacional.

Junto a Navas, es imprescindible la labor de Mauricio Fernández Martín, licenciado en Ciencias de la Información por la UCM y doctor en Periodismo por la misma universidad. Se incorpora a Telefónica en 2002 como director de Comunicación y Relaciones Institucionales del Grupo Admira Media, siendo nombrado dos años después director de Comunicación Corporativa del Grupo Telefónica, puesto que abandonó a finales de 2017. Con anterioridad a Telefónica, su trayectoria profesional pasa por el Ministerio del Interior, Onda Cero, *Antena Semanal, TV News* o Europa Press.

En esa larga singladura por la historia de la compañía de telecomunicaciones, es de justicia recordar la labor realizada en materia de comunicación por Roberto Velázquez, Guillermo Medina o Pedro Crespo.

Junto con Telefónica, el sector automovilístico y especialmente la Sociedad Española de Automóviles de Turismo (SEAT) merecen un puesto en el libro de honor de los departamentos de Comunicación en España, alcanzando su responsable, José Gómez Mar, el grado de «pionero».

Tal es el reconocimiento a la labor de Gómez Mar que Luike, histórico editor de la prensa de motor en España, promovió, en colaboración con *Newspress*, el premio José Gómez Mar por ser el creador del primer servicio de prensa de una marca de automoción en España.

No es un caso aislado el de SEAT, ya que el sector automovilístico ha sido desde el principio especialmente sensible al mundo de la comunicación dada la íntima vinculación existente entre automóvil y la sociedad.

Como ya se ha señalado en algún otro pasaje de este libro, no es el objetivo de este trabajo abordar en extenso la situación de la comunicación en todos y cada uno de los sectores u organismos públicos y privados de España, ya que resulta del todo punto imposible, pero ello no es óbice para dejar constancia de una realidad, como es el hecho de que el sector del automóvil fue un pionero en materia de comunicación empresarial.

Valga, así pues, dejar constancia de los muchos profesionales que han ocupado u ocupan cargos de responsabilidad en este sector como son los casos de Graciliano Hernández en Peugeot-Talbo; Tomás Cavanna en Ford; Pilar Guridi en General Motors; Cecilia Taieb, Carlos de Luis y Óscar Montero en SEAT; Cristina del Rey en Ford; Pedro Crespo o José Antonio León en el Grupo PSA; Eva Vicente en Ford, Audi WW; Jesús Presa o Mercedes García de Renault; Miguel López-Quesada en Gestamp o de Félix García en la Asociación Española de Fabricantes de Automóviles y Camiones (ANFAC). La lista se haría interminable.

De entre todos los segmentos en los que la comunicación ha penetrado de forma consistente, citemos dos por ser quienes más ofertas de empleo lanzan al mercado. Empresa y administración en sus distintos niveles —central, autonómico y local— son, sin duda, los yacimientos de empleo con mayor número de plazas a cubrir o, si se prefiere, donde se concentra una mayor oferta de puestos de trabajo y necesidades a cubrir, bien individualmente, bien colectivamente, a través de las consultoras de comunicación.

Como continuación al sector del automóvil, el transporte aéreo merece una presencia en este breviario dedicado a la comunicación empresarial, ya que en Iberia L.A.E. se supera el caso que tiende a convertirse en normal y que se repite con bastante frecuencia: que el fichado como director de Comunicación y miembro del Consejo de Dirección, sea nombrado consejero de la compañía.

Es el caso de Juan Cierco Jiménez de Parga, licenciado en Ciencias de la Información, rama de Periodismo, quien fuera fichado en 2014 procedente de Gamesa como director de Comunicación, Relaciones Institucionales y RSC, tras ocupar el puesto de director general de Información Internacional en la Secretaría de Estado de Comunicación de Moncloa.

En enero de 2020, siendo ya director corporativo de Iberia, Cierco fue nombrado consejero de la compañía incorporando, tiempo después, a Sonia Sánchez Plaza, licenciada en Ciencias de la Información, como directora de comunicación de la compañía. Esta periodista fue anteriormente directora de Comunicación, Marca y Sostenibilidad de Paradores y, en la etapa más reciente, fue directora de Gabinete del secretario de Estado de la Presidencia del Gobierno.

Cierco sustituyó a Luis Díaz Güell como director de comunicación de la compañía e igualmente miembro del Comité de Dirección de Iberia quien, tras diecisiete años, tres presidentes y una privatización, decidió prejubilarse. Este Díaz Güell fue director del semanario *Actualidad Económica*, director de *Dinero* y director de *Cambio 16* y fue presidente de la Asociación de Periodistas de Información Económica (APIE).

El mismo número de presidentes depositaron, igualmente, su confianza en Carlos Díaz Güell, como director de Comunicación de la compañía aérea e igualmente miembro del Comité de Dirección, desde 1982 a 1988, año en el que abandonó la empresa para crear, dirigir y cerrar un periódico económico que formaba parte del Grupo 16.

Y, por continuar con el sector del transporte, aunque sea el ferroviario, sería imperdonable no traer a este capítulo al fallecido Miguel García Sánchez, histórico responsable de Comunicación de Renfe, cuando todavía no existía Adif.

Periodista económico de primera hornada, fue miembro fundador de *Doblón*, primer semanario económico crítico con el franquismo. Tras pasar por la redacción de *Interviú* y *El Nuevo Lunes*, Joaquín Leguina, presidente de la Comunidad de Madrid, lo incorporó como jefe de prensa desde donde pasó a dirigir la comunicación de Renfe.

No es fácil saber si fue el primero en responsabilizarse de la comunicación en Renfe —posiblemente no—, pero abrió brecha para que la comunicación tomara carta de naturaleza en la empresa ferroviaria y que la dirección de Comunicación de la compañía fuera ocupada por profesionales como Manuel Sempere, Ignacio Garay, Ángel Faus, José Luis Semprún, José Manuel Velasco o Carmelo Calvo.

Como resulta del todo punto inabarcable realizar una labor extensa de la actividad de los profesionales de la comunicación en los ámbitos de las administraciones/instituciones y de la empresa, optamos por realizar un vuelo panorámico que nos permita obtener una imagen global de la dimensión de este yacimiento de empleo que tiene un presente brillante y un futuro que no parece tener un final cercano, tratando de elegir casos que reflejan una realidad no siempre digna de alabanza.

La comunicación corporativa o institucional, que se supone que no se ejerce para obtener un beneficio económico, al menos de forma concreta, resulta del todo punto inabarcable, aunque repleta de casos que permiten ofrecer una idea sobre su configuración y el rol que juegan sus responsables en un entorno cambiante y dominado por la confianza de quien nombra al profesional de la comunicación.

Y por eso, se pueden encontrar casos dispares, que pueden ir desde un Joan Tapia hasta un Luis de la Mata. El puesto va unido inevitablemente al del «señorito», por lo que el índice de movilidad es extraordinariamente elevado.

El primero fue nombrado asesor del ministro de Economía, Miguel Boyer, en el primer gobierno formado por Felipe González, tras dirigir el departamento de relaciones externas de la Caja de Ahorros y Pensiones de Barcelona y que tras su cese fue fichado como director de *La Vanguardia* entre 1987 y 2000.

El segundo ha sido el elegido por Alberto Núñez Feijóo para responsabilizarse de la Comunicación del PP a nivel nacional y con amplia experiencia en distintos medios de comunicación como *ABC* o *El Mundo-El Correo de Burgos*. De la Mata tuvo que presentar su renuncia como consejero de la Corporación de Radio Televisión de Galicia tras la decisión de Núñez Feijóo.

A partir de ahí, el abanico se despliega y se pueden encontrar varillas de todo tipo y condición.

Y sin salirnos de X (antes Twitter), y siguiendo con los excesos verbales, recordar que el alcalde de Badajoz, Ignacio Gragera, cesó a su jefe de prensa, Javier Gragera, después de confirmar que había utilizado un perfil falso en esta red social, vinculado a su teléfono móvil corporativo, desde el que había criticado y atacado tanto a otros grupos políticos, trabajadores municipales y policía local, a los vecinos que se quejaban del estado de la localidad. En el caso de los Gragera, no existe vínculo de consanguineidad alguno entre ellos.

Ni de lejos es normal ninguno de los dos casos anteriormente señalados. Lo habitual es que todos o casi todos los altos cargos de los gobiernos, parlamentos y ayuntamientos tengan departamentos de comunicación, más o menos numerosos, que ejercen con responsabilidad y rigor sus cometidos, aunque ello no impide un cierto grado de movilidad laboral que merece la pena resaltar.

Es el caso del jefe de prensa del vicepresidente de la Junta de Castilla y León de Vox, Antonio José Candel, que decidió abandonar a Juan García Gallardo y poner rumbo a Murcia para fichar por el vicepresidente murciano José Ángel Antelo, también de Vox.

Y como hay tránsitos de todo tipo, ahí está Maritcha Ruiz Mateos, que tras ser destituida como directora de comunicación del PSOE fue nombrada presidenta del Hipódromo de la Zarzuela por el consejo de administración de la sociedad hípica, tras el visto bueno por parte del consejo de administración de la Sociedad Estatal de Participaciones Industriales (SEPI).

Este trasiego de cargos es generalizado y hace imposible un seguimiento razonablemente preciso, pero lo que sí es seguro es que Julio López Revuelta, concejal de Cultura, Festejos, Patrimonio y Deportes del Ayuntamiento de Salamanca, abandonó su cargo municipal para pasar a formar parte del equipo de Alfonso Fernández Mañueco en la Junta de Castilla y León en donde ocupó el cargo de director de comunicación de la Junta de Castilla y León, tal y como publicaba el BOCYL, en sustitución de Alejandro Salgado.

Otro ejemplo de movilidad en una región como Madrid. La periodista Cristina Gil Tolmo fue nombrada nueva directora general de Medios de la Comunidad de la Comunidad, en sustitución de Francisco García de Diego que volvió a su anterior puesto de jefe de Gabinete adjunto, puesto que abandonó tras la salida de Sandra Fernández a Mediaset.

Gil Tolmo, licenciada en Periodismo, ha desarrollado gran parte de su carrera profesional en la agencia de noticias Europa Press, recibiendo en 2016, el premio de la Asociación de la Prensa de Madrid a la «Mejor Periodista Especializada».

Más. Sin nada que ver con el transfuguismo, el alcalde de Madrid, Martínez-Almeida, ficho a Daniel Bardavío como responsable de comunicación, un puesto similar al que ya ocupó con Albert Rivera cuando era el líder de Ciudadanos.

No es fácil ocuparse de la comunicación de un ministro porque en esa figura converge el técnico y el político y, si no que se lo digan a Juan Emilio Maíllo, periodista económico, que tras pasar por distintos medios de comunicación recaló en Bankia como director de Comunicación Externa para pasar posteriormente a Telefónica y por último a dirigir la Comunicación de la vicepresidenta primera del Gobierno de Pedro Sánchez, Nadia Calviño, durante menos de año y medio, puesto que abandonó para volver definitivamente a Telefónica.

Pocos conocen las razones de tan corto tiempo junto a la vicepresidenta primera del gobierno, pero lo cierto es que Maíllo es solo un caso de la pequeña diáspora que se produjo en el entorno de Calviño como fueron los abandonos de Carmen Balsa, Ana de la Cueva, Daniel Fuentes y Víctor Echevarría.

La actividad del responsable de comunicación de una institución del tipo que sea no resulta fácil y en ocasiones las tensiones se hacen insoportables y obligan a tomar decisiones muy duras. Es el caso de numerosos responsables de comunicación y afines que firmaron en 2021 un escrito en el que se pedía que se desacreditara, por parte del Congreso de los Diputados, a una plataforma de TV y a su responsable, Javier Negre, por mantener una línea editorial e informativa con la que estaban en total desacuerdo y, supuestamente, por manipular la información parlamentaria.

El escrito estaba firmado por doce responsables de comunicación de distintos partidos y grupos parlamentarios.

Estos eran los peticionarios:

—Marco Aracama, director de Comunicación del Grupo Socialista; Marta Pagola, jefa de prensa del PNV y pareja sentimental de Rufián; Nuria Arranz, jefa de prensa de Unidas Podemos; Meritxell Barrionuevo responsable de prensa de ERC en el Congreso de los Diputados; Nerea Martí de Junts; Oihan Vitoria, asesor parlamentario y portavoz de EH Bildu; Juan Suárez de Más País-Equo, Marcos Fernández Rodríguez del

BNG, Jordina Salvat Masdéu periodista del *Diario de Tarragona* por parte de la CUP; Paloma Pita, asistente del Grupo Parlamentario Mixto (Nueva Canarias); Marc Rodés, asistente Técnico Parlamentario (PDeCAT) y Edgar Bot de Compromís.

El mundo del deporte es uno más de los que han recurrido a la comunicación y, dentro de ese capítulo, el fútbol merece un apartado especial y una crítica muy concreta, ya que con la potenciación de la figura del dircom surge, como cortapisa, el desarrollo al ejercicio profesional de los periodistas deportivos, cuya crítica más sentida la dejó por escrito uno de sus miembros: «Como periodista, es una auténtica pena no poder realizar entrevistas libres ni con los jugadores ni con el entrenador, ni poder realizar reportajes, ni poder obtener información de primera mano de algunos empleados del club como los médicos, por poner algunos ejemplos, y depender única y exclusivamente de la web corporativa para enterarte de muchas informaciones o de lo que te quiere contar el director de comunicación. Te sientes absolutamente hundido y lo único que puedes hacer es aprovechar los *off the record* y, muchas veces, ni siquiera lo puedes utilizar».

Son los habitualmente conocidos como daños colaterales del proceso y una de las razones que hacen que los periodistas no consideren a los dircom como colaboradores infranqueables o leales intermediarios de una labor, sino como muros infranqueable entre el periodista y la fuente.

Como resultaría imposible, por inabarcable, abordar la situación del mundo de la comunicación en el planeta deportivo español, nos detendremos en algunos supuestos que no son ni representativos, ni demostrativos ni, por supuesto, generalizables del deporte rey —el fútbol— en donde el Barcelona y el Real Madrid compiten en una interminable carrera por encontrar una panacea en forma de DIRCOM que se ajuste a las exigencias del club o más concretamente de su presidente.

En el caso del club de la capital de España por antonomasia, un mero repaso nos presenta una práctica que sería rechazable en cualquier otra empresa: la ausencia de continuidad.

En septiembre de 2004, Antonio García Ferreras, hasta entonces director de la Cadena SER, era nombrado director de Comunicación y Contenidos del Real Madrid, siendo presidente Florentino Pérez. Licenciado en Periodismo por la Universidad Complutense de Madrid, García Ferreras comenzó su carrera como periodista en 1986, en la emisora Radio Valladolid de la Cadena SER. Para ser dircom de un club deportivo es condición *sine qua non* ser hincha del club al que se representa, resultando inverosímil, por ejemplo, ser seguidor apasionado del Betis FC y dircom del Sevilla FC. Esto no suele ocurrir con los directores de Financieros o de Operaciones de una empresa cualquiera del IBEX 35. Isco Alarcón es un caso aparte.

Es en 2006 cuando Carlos Fernández Conde, fundador y consejero delegado de Ares Comunicación Corporativa, fue nombrado director de Comunicación del Real Madrid durante la breve etapa en la que Fernando Martín ocupó la presidencia del club.

Fernando Nadal, a principios de 2007, fue contratado como director de Comunicación del Real Madrid procedente de ENDESA. Licenciado en Derecho y periodista, trabajó durante 20 años como responsable de las secciones de Empresas y Finanzas de los diarios españoles *El Economista, YA, ABC, El País* y *Expansión*.

Alejandro Elortegui se incorpora al Real Madrid en 2009 como director de Comunicación con Ramón Calderón, puesto que ocupó durante seis meses. Anteriormente, había sido director general de Progresa, empresa del grupo PRISA y director adjunto del diario *AS*.

Sería Antonio Galeano, licenciado en Ciencias de la Información por la Universidad Complutense de Madrid y con estudios en Antropología Social y Cultural por la Universidad Hispalense de Sevilla, quien ocupara el puesto de director de Comunicación del Real Madrid en 2009. Hasta entonces Galeano era director de deportes de La Sexta TV.

En el Barça, la movilidad en el área de Comunicación es similar a la del club merengue, lo que hace difícil el seguimiento cronológico de los cambios.

De entrada y como referencia, señalar que, en octubre de 2022, la prensa catalana se hace eco de que el club despide a tres históricos del área de Comunicación: Toni Ruiz, David Saura, José Manuel Lázaro y Ketty Calatayud.

Ruiz había ocupado hasta entonces la dirección de Comunicación Institucional del FC Barcelona y había permanecido en el club azulgrana desde la época de Josep Lluís Núñez.

José Manuel Lázaro ingresó en el club en 2004 y en 2017 asumió la jefatura de Medios de Deportes Profesionales, responsable de la comunicación deportiva.

En el caso de Ketty Calatayud, la que había sido jefa de la Sección de Deportes de *La Vanguardia* durante casi catorce años, ocupó la dirección de comunicación del club culé durante trece meses, aunque tras su cese estuvo once años como responsable de la redacción del relato del club y la generación del contenido de las publicaciones corporativas.

David Saura llevaba 24 años en el club cuando recibió la carta de despido. Su último cargo fue el de jefe de proyectos de Comunicación Cor porativa y es considerado como uno de los impulsores del crecimiento del Barça en los medios digitales.

Hoy es el periodista deportivo Àlex Santos, quien ejerció casi toda su carrera profesional en la Agencia EFE y que fuera jefe de prensa de la candidatura de Joan Laporta, quien ostenta el cargo de director de Comunicación del FC Barcelona.

Jaume Masferrer, miembro de la Junta Directiva del Fútbol Club Barcelona durante el anterior mandato del presidente Joan Laporta en 2003, ocupó durante siete años cargos de responsabilidad en Marketing y Medios Audiovisuales en el club.

Albert Montagut, un histórico del periodismo catalán, fue nombrado en 2013 director de comunicación del FC Barcelona. Periodista, fue profesor de periodismo en la Universidad Autónoma de Barcelona y en la Universidad Pompeu Fabra. Trabajó en *El Periódico de Catalunya* y en *El País*, donde fue corresponsal para la Casa Blanca y Naciones Unidas. Posteriormente, fue director adjunto de *El Mundo* y *El Periódico*.

Albert Roura, periodista, fue director de comunicación del FC Barcelona, sustituyendo a Montagut, siendo el primer director de comunicación elegido personalmente por Josep María Bartomeu, pues los anteriores (Pere Jansà, Ketty Calatayud, Xavier Martín y el propio Montagut) fueron nombrados por Sandro Rosell. Roura había ocupado hasta entonces la dirección de Mecenazgo del Palau de la Música Catalana, la dirección de Comunicación del grupo Agbar y había sido jefe de prensa de El Corte Inglés en Cataluña. Como periodista ejerció en TVE, TV3, *Diario de Barcelona, El Periódico de Cataluña* y Cataluña Radio.

Pere Jansà llegó al FC Barcelona en 2010. En una primera etapa, ejerció como director de Comunicación, pero posteriormente, en febrero de 2011, pasó a dirigir el Área Social.

Xavier Martín fue director de Comunicación del club azulgrana entre diciembre de 2011 y enero de 2014. De enero a julio de 2015 fue director de campaña de la candidatura de Toni Freixa en las elecciones del Barça.

Pero en el mundo del fútbol no todo es *glamour*; de hecho, aunque así fuera, ningún club que se precie ignora la importancia de la comunicación. Ahí está para recordárnoslo profesionales como José Luis Redondo, jefe de prensa del Navalcarnero o Javier Santiago, jefe de prensa de la SD Ponferradina, cuyo trabajo consiste en facilitar la vida de los periodistas deportivos acreditados en el encuentro, facilitando las alineaciones, dando la última hora deportiva o gestionando la entrevista con el protagonista del encuentro.

Su trabajo no consiste en organizar multitudinarias ruedas de prensa como hacen sus colegas de la primera división. Nunca se verán en la situación de tener filtrar los cientos de peticiones de entrevistas que los grandes medios de comunicación requieren de las estrellas de sus equipos, ni tendrán que acompañar a un jugador a un acto publicitario. Su trabajo es más sosegado, pero no por ello menos importante.

Ocasionalmente, los responsables de comunicación de un club deportivo —en este caso de fútbol— se ven elevados a la categoría de protagonistas sin pretenderlo ni buscarlo. Es el caso de Pablo García Cuervo, director de Comunicación de la Real Federación Española de Fútbol (RFEF), recientemente cesado de su cargo como consecuencia del caso Rubiales, lo cual en un ejemplo de lo que muchos han considerado como la traslación ejemplarizante de la perspectiva de género o del movimiento *woke* al mundo del deporte.

De acuerdo con la norma, la perspectiva de género se refiere a la metodología y mecanismos que permiten identificar, cuestionar y valorar la discriminación, desigualdad y exclusión de las mujeres, que se pretende justificar con base en las diferencias biológicas entre mujeres y hombres, así como las acciones que deben emprenderse para actuar sobre los factores de género y crear las condiciones de cambio que permitan avanzar en la construcción de la igualdad de género.

Cuando se habla de perspectiva de género, se hace alusión a una herramienta conceptual que busca mostrar que las diferencias entre mujeres y hombres se dan no tan solo por su determinación biológica, sino también por las diferencias culturales asignadas a los seres humanos.

El caso Rubiales fue el resultado de una gigantesca polémica relacionada con el expresidente de la RFEF, Luis Rubiales, tras una serie de actos vulgares y obscenos que protagonizó durante el partido de la final de la Copa Mundial Femenina de Fútbol, el 20 de agosto de 2023, más propios de un gañán que de quien ostentaba la más alta representación del fútbol español. En dicho evento, Rubiales celebró el único gol de la selección española agarrándose los genitales en el palco de honor. Posteriormente, tras la finalización del partido, cargó sobre uno de sus hombros a la futbolista española Athenea del Castillo, agarrándola del muslo. Finalmente, durante la entrega de trofeos a la selección ganadora, Rubiales besó en la boca a la centrocampista Jenni Hermoso, lo que causó una formidable polémica.

Como consecuencia de esos hechos, se produjo un movimiento social y múltiples presiones que se zanjaron con la salida de Rubiales de la RFEF y una cascada de ceses y despidos, entre ellos el del exsecretario general Andreu Camps y el del seleccionador nacional, Jorge Vilda.

Desde el siempre confuso terreno de las presiones, uno de los propuestos al despido fue el del director de comunicación de la RFEF, Pablo García Cuervo, destitución que se basaba, supuestamente, en el hecho de haber difundido un comunicado por instrucciones de su superior —Rubiales— en el que la Federación daba su versión sobre los sucesos.

Durante los días previos al despido de García Cuervo, distintos observadores creyeron detectar un curioso movimiento entre los periodistas deportivos, mayoritariamente reconocedores de la buena labor profesional de García Cuervo, aunque mientras que en el caso de muchos de los periodistas hombres se valoraba la calidad profesional del amenazado y no se veía razón alguna para su despido, en el caso de muchas de las periodistas mujeres primaba, por delante de cualquier otra consideración profesional, el hecho de que las futbolistas denunciaran a García Cuervo como colaborador necesario de Rubiales.

Habían pasado dos décadas desde que otro licenciado en Ciencias de la Información, Gerardo González Otero, se convirtiera en todopoderoso secretario general de la RFEF, tras ejercer primero como jefe de Prensa y después como director de Comunicación.

Tempus fugit.

Y como broche, un verso suelto.

En este apartado, aunque ocupe una parcela minoritaria, no se puede por menos que mencionar a los responsables de prensa personales que trabajan por y para las estrellas de diferentes escenarios y ahí entran deportistas como Rafael Nadal o actores y actrices con posibles económicos.

Como botón, una muestra. Benito Pérez Barbadillo desarrolla su labor profesional como responsable de comunicación o jefe de prensa de Rafael

Nadal, tras haber pasado por la dirección de comunicación del Circuito de Jerez y ejercer como director de relaciones públicas de la ATP para Europa y Latinoamérica.

Como ocurre en cualquier otra actividad económica, el personaje público puede optar por contratar una consultora, en este caso agencia, de comunicación, sector en donde la oferta es amplia y variada.

A modo de referencia, dos casos singulares.

Gran Vía Comunicación puede asesorar, realizar una estrategia junto con el actor de cara a su imagen, aconsejar y/o realizar junto con profesionales de cada ámbito un *book* y/o *videobook,* difusión en RR. SS., *website*, gestión de entrevistas y eventos, gestión con *showrooms* etc. Como CEO aparece Irene López Navarro, licenciada en Periodismo que ha trabajado en todos los campos de la comunicación y del periodismo político y parlamentario hasta que la crisis la dejo colgada de la brocha y creo la agencia especializada en actores, directores, cine y teatro.

El segundo ejemplo es DYP Comunicación, la agencia que se encarga de la prensa del Festival de Málaga desde hace años, a cuyo frente se encuentra José María Alonso, periodista/comunicador especializado y con experiencia en medios de comunicación y en artes escénicas que une estas facetas para favorecer a sus actores representados.

Los museos son otro de los campos de acción abonados a la comunicación. Y como no es cuestión de abordar la casuística de los cerca de 1.500 museos existentes en España, nos centramos en tres: el Prado, el Reina Sofia y el Real Jardín Botánico.

Este último cuenta con una Unidad de Comunicación creada en 2004 y formado por Jesús García Rodrigo y Marisa Esteban.

García Rodrigo es licenciado en Ciencias de la Información por la Universidad Complutense de Madrid y ha trabajado en medios de comunicación como Antena 3 Radio, Cadena COPE o la Agencia EFE. Anteriormente había desarrollado su labor en los gabinetes de prensa de la Junta de Comunidades de Castilla-La Mancha y de la Secretaría de Estado de Comunicación del Ministerio de Presidencia.

Esteban, por su parte, es doctora en Biología por la Universidad Complutense de Madrid Investigadora del Consejo Superior de Investigaciones Científicas (CSIC) y responsable de la Comunicación web y redes sociales.

El Museo del Prado cuenta con un histórico de la comunicación al frente de la Dirección de Comunicación. Se trata de Carlos Chaguaceda, licenciado en Ciencias de la Información, con experiencia en varios medios de comunicación y diferentes empresas como Telefónica Media, Coca Cola y Unesa. En 2015, fue nombrado director general de Turismo de la Comunidad de Madrid.

En el caso del Museo Reina Sofía, la dirección de Comunicación la ocupa Concha Iglesias Otheo de Tejada, que con anterioridad había sido redactora del Gabinete de Prensa del Ministerio del Interior durante nueve años.

Y para cerrar el círculo de la heterogeneidad de este sector de la comunicación corporativa, valgan algunos ejemplos que nos permiten evaluar la transversalidad de este «negocio».

En este punto hay que hacer referencia a la Organización Nacional de Ciegos Españoles (ONCE) que, con una trayectoria de casi 85 años, también necesita de la comunicación en sus diferentes facetas para posicionarse en el mercado y desde Antonio Mayor Villa a Fernando Mendía pasando por José Manuel González Huesa o José María Prieto, todos han dejado su huella en esta institución.

La Iglesia Católica, además de púlpito, requiere de comunicación corporativa como herramienta para transmitir su gestión a la sociedad y para ello el cardenal arzobispo de Madrid, Carlos Osoro, nombraba a Pablo Martín Ibáñez como sustituto de Rodrigo Pinedo como nuevo director de comunicación. Martín, graduado en Periodismo y Comunicación Audiovisual por la Universidad Rey Juan Carlos, ha estado vinculado al área de comunicación de la Compañía de Jesús desde 2016 y hasta su nombramiento en el Arzobispado de Madrid era el responsable de comunicación de su red de colegios (EDUCSI).

Pinedo, licenciado en Derecho y Periodismo por la Universidad CEU San Pablo, se presenta en Linkedin, tras su cese como director de comunicación y portavoz del Arzobispado de Madrid, como editor y director *Alfa y Omega*, exmiembro del Consejo de Administración de COPE y exmiembro del Consejo de Administración de Trece TV.

El profesional de la comunicación no es un *rara avis* en un mundo que exige polivalencia y transversalidad, y de la misma manera que un buen profesional de la materia puede ser fichado para ocupar la dirección financiera de una empresa energética o la de otra de alimentación, un buen profesional de la comunicación suele incorporar a su currículum un alto grado de movilidad, por lo que no debe sorprender que quien hoy ocupa un determinado puesto en una compañía pueda aparecer en otra un tiempo después por circunstancias varias y, algunas veces, inconfesables.

Pero, igual que se produce ese fenómeno, se produce el contrario, el de la fidelidad a la empresa a la que se pertenece, el transvase de profesionales consultoras y empresas o el del simple cambio de un oficio, desde el periodístico al de la comunicación empresarial.

La lista, en cualquiera de esos apartados, puede hacerse inabarcable, por lo que una vez más, se hace obligado un proceso de selección con el peligro que comporta el dejar fuera a profesionales que tienen mucho que decir en este mundo de la comunicación.

El sector de la construcción y de la obra pública, por ejemplo, continúa teniendo un importante peso en el PIB español, aunque muy inferior al de décadas pretéritas, lo que ha obligado a muchas de sus empresas a buscarse la vida en el exterior.

Una de ellas, Ferrovial, se vio en el centro del huracán político cuando anunció su decisión de trasladar la sede de la compañía desde Madrid a Países Bajos, lo que la convirtió en el centro de una ofensiva política sin precedente por parte del gobierno.

El entonces director de Comunicación de la compañía, Francisco Polo, en proceso de jubilación, tuvo que retrasar su marcha para «comerse el marrón» como portavoz de la sociedad y dar la cara ante la opinión pública, haciendo frente a las demoledoras embestidas de muchos miembros del gobierno. Labor impagable.

Polo, licenciado en Periodismo y doctor en Ciencias de la Información, se incorporó a Ferrovial como director de Comunicación y Reputación Corporativa, tras una amplia experiencia en medios —*Triunfo, Sábado Gráfico, La Actualidad Española* o *El Nuevo Lunes*— y en la consultoría en Burson-Marsteller y Llorente & Cuenca.

En el escenario empresarial aparece ACS, referente mundial en las actividades de construcción, concesiones y servicios, además de un claro ejemplo de que la comunicación corporativa, tal y como se entiende en la actualidad, le resulta una actividad superflua, siendo su presidente, Florentino Pérez, el considerado como el auténtico muñidor de la política de comunicación de la multinacional española. Y si en ocasiones algún asunto le desborda, recurre a su hombre de confianza en el sector que no es otro que el siempre controvertido Antonio García Ferreras de La Sexta.

Hubo un tiempo en que Florentino Pérez creyó sentir la necesidad de incorporar la comunicación empresarial a su compañía, de modo que incorporó a la estructura de ACS a un profesional del sector como Lorenzo Cooklin, en funciones de director de Comunicación Corporativa del Grupo. Anteriormente, Cooklin había ejercido como director de Comunicación de Grupo Dragados, que finalmente se fusionó con ACS.

Cinco años permaneció Cooklin en ACS, hasta que fue fichado por Ignacio Garralda, presidente de Mutua Madrileña para ocupar el puesto de subdirector general de Comunicación, Relaciones Institucionales, Sostenibilidad y RSC. Hoy Cooklin ocupa la dirección general de la Fundación Mutua Madrileña.

Otro empresario que, según muchos periodistas, ha decidido seguir la senda marcada por Florentino Pérez en materia de comunicación de considerarse que él era el mejor jefe de prensa, es Ignacio Sánchez Galán, presidente de Iberdrola.

Pese a haber contado históricamente con buenos profesionales al frente de estas cuestiones, el fichaje fallido del socialista Antonio Miguel Carmona para mejorar la imagen de la compañía y engrasar las relaciones con el gobierno de Pedro Sánchez y algún otro desengaño, Sánchez Galán optó por seguir los pasos de Florentino Pérez en materia de comunicación.

Uno de los históricos que durante doce años estuvo al frente de la Dirección de Comunicación de Iberdrola es José Luis González-Besada, licenciado en periodismo y hoy dircom de El Corte Inglés, empresa en la que durante muchos años ejerció como responsable de comunicación un histórico, Ángel Barutell, siempre acompañado por Antonio Jiménez Manteca.

Previamente, González-Besada había desarrollado su carrera profesional en *ABC*, donde fue director adjunto, y también ha participado como comentarista en programas de radio y televisión.

Atrás queda el fichaje de Carlos Fernández Guerra como director de un nuevo departamento de *Digital and Social Media* de Iberdrola, que hasta entonces había desempeñado con especial éxito en la Policía Nacional, en donde creó y fue el máximo responsable del programa de Comunicación, Atención al Ciudadano, Formación y concienciación en Seguridad Policía 2.0.

Fernández Guerra, licenciado en Ciencias de la Información, había recibido varios premios de reconocimiento a su labor como *community manager* de España y las razones que movieron a Iberdrola, según la energética, fueron la mejora de la transparencia, comunicación y diálogo con sus clientes, accionistas, empleados y la sociedad en general.

Pedro Alonso Ruiz, licenciado en Periodismo, es otro de los históricos de la comunicación empresarial y que está al frente de la Dirección General de Comunicación de Sacyr, otra empresa de nivel del sector de Ingeniería e Infraestructuras, desde hace más de una década. Anteriormente fue director de Comunicación Adif tras muchos años trabajando en el diario económico *Expansión*.

Hoy la Dirección de Comunicación y Reputación de Adif es ocupada por Susana Sanjuán, licenciada en Periodismo, arquetipo de los nuevos profesionales de la comunicación empresarial o corporativa que sustituyen a toda una generación de profesionales que sentaron las bases de esta actividad cuando ni siquiera estaba definida su denominación orgánica.

Con anterioridad a Adif, Sanjuan ocupó la Dirección de Comunicación de Iberdrola, fue socia de la consultora Kreab, directora de comunicación de Gamesa, manager de comunicación en Abertis, directora de comunicación y *marketing* del Grupo Rayet y Quabit y jefa de comunicación de Ferrovial y Cintra.

De la comunicación de FCC, uno de los mayores grupos europeos de infraestructura y servicios públicos, se ocupó otro histórico como José Manuel Velasco, licenciado en Ciencias de la Información, tras haber dirigido la comunicación de Unión Fenosa y Renfe. En total, 25 años que culminaron presidiendo DIRCOM.

Mientras el grupo Inditex, con su marca insignia Zara al frente, se situaba como el segundo mayor grupo del mundo en distribución textil, la revista *Time* colocaba a esta compañía española como la primera empresa española entre las 100 mejores empresas del mundo y aunque el concepto «mejor» es tan discutible como discutido, lo cierto es que su creador, Amancio Ortega, ha sabido crear un imperio de la nada.

Con la llegada de Marta Ortega a la presidencia del grupo, un nuevo profesional se hacía cargo de la comunicación de Inditex. Raúl Estradera, con más de veinte años ligado a Inditex, siempre en el mundo de la comunicación, había ocupado en los últimos años la comunicación y las relaciones institucionales del Grupo Pontegadea y de la Fundación Amancio Ortega. Sustituía en el cargo a Jesús Echevarría, todo un experto en el *low profile* (perfil bajo) concepto que en comunicación empresarial está bastante extendido.

Aunque pertenezcan a sectores diferentes, les une el ser líderes en distintas modalidades empresariales. Por onceavo año consecutivo Repsol continúa formando parte de la lista de las 50 marcas del sector petróleo y gas más valiosas del mundo, según los datos del último informe *Brand Finance Oil & Gas 50* y sigue siendo la única representante española en este ranking.

En ello algo habrán tenido que ver el equipo de comunicación de la compañía española, liderado por Begoña Elices y que siempre estuvo bien acompañada por profesionales de la talla de Manuel Hermógenes, director de Estrategia de Comunicación, Reputación Corporativa y Marca, y Juan Navarro, dircom de la compania durante catorce años.

De Elices, licenciada en Ciencias de la Información y en Económicas, se han enumerado sus atributos profesionales en otro capítulo de este libro, por lo que no es cuestión de repetirlos. Veinte años son testigos de sus éxitos en la petrolera española, a la que llegó procedente del Banco Santander Central-Hispano, en donde desempeñó el cargo de directora de Relaciones Informativas.

Manuel Hermógenes, por su parte, fue director de Estrategia de Comunicación, Reputación y Marca con Begoña Elices. Anteriormente trabajó como director de Comunicación de la Comisión Nacional del Mercado de Valores (CNMV).

Juan Navarro, asimismo, fue fichado por Elices como dircom de la petrolera. Periodista de vocación, había trabajado en la Bolsa de Madrid, la cadena SER, el diario *Independiente*, la agencia de noticias Reuters y la consultora de comunicación Burson Marsteller.

A Elices, le sustituyó Arturo Gonzalo como director general de comunicación, relaciones institucionales y presidencia, puesto que abandonó tres años después de ser nombrado para convertirse en consejero delegado de Enagas.

Hoy es Marcos Fraga, licenciado en Periodismo, quien ocupa el cargo de director de Comunicación y Marca de la petrolera, a la vez que asume el Gabinete de Presidencia. Antes de su incorporación a Repsol, ejerció como periodista en EFE y Europa Press, así como en el diario *Expansión*.

El papel que juegan los medios de comunicación en la promoción de la salud y la necesidad de fomentar y defender la presencia de la sanidad privada en la sociedad española, son razones poderosas para que emergiera con fuerza, hace décadas, la figura del dircom en el sector de la salud.

Su divulgación, ligada a nombres como el de Ramón Sánchez Ocaña o Bartolomé Beltrán, han potenciado la necesidad de crear unidades de comunicación en el seno de las organizaciones sanitarias, lo que ha llevado aparejado la aparición de numerosas consultoras especializadas y la creación de potentes departamentos en las más importantes consultoras de comunicación empresarial de nuestro país.

Esa necesidad se vio especialmente potenciada con la aparición del Coronavirus y sus trágicas consecuencias, cuya presencia en los medios de comunicación fue exponencial. Según los informes que circulan, entre el 7 de enero y el 15 de marzo se publicaron 161.913 noticias en los medios de comunicación de nuestro país, estimándose que una persona en España leía o escuchaba en esos días una media de 33,29 noticias sobre el tema.

Por la importancia del Grupo Quirón, del que es director Corporativo de Comunicación y Relaciones Externas y miembro de su Comité de Dirección, sobresale Julio Fernández-Llamazares Herrera, licenciado en Marketing y Dirección Comercial y cuya actividad profesional ha estado ligada a la sanidad, la administración pública y la universidad, y cuyos méritos han sido reconocidos en varias ocasiones con diversos premios.

Junto a Fernández-Llamazares Herrera sobresalen nombres de profesionales de la comunicación especializada en la salud como Dolors Marco Jiménez de la Clínica Universitaria de Navarra, Roberto Sanz de HM Hospitales, Angélica Alarcón de Ribera Salud, Miguel García Lamigueiro de DKV Seguros, María Sánchez Blanco de Novaltía o Patricia Anguera de Essity. La nómina de dircoms se hace interminable.

De acuerdo con un informe elaborado por la Asociación de Consultoras de Comunicación sobre «La mujer en comunicación y RR. PP. en España», las mujeres representaban un 70% de los profesionales del sector de la comunicación, aunque solo un 30% ocupaban puestos directivos. Sin embargo, una revisión de numerosas páginas web de consultoras de comunicación y dicoms de empresas y organismos, nos permite aventurar que el porcentaje se acerca más al 50% que al 30% señalado por el informe mencionado.

A los casos recogidos en este libro, cabe añadir tres más: el de María Jesús Luengo Martín, el de María Cortina y el de Ana Ortas.

Luengo, licenciada en Ciencias de la Información, se dedicó al periodismo económico en el *Grupo 16*, Cuatro TV y CNN +. Hoy es la directora de la Oficina de Presidencia, Comunicación y Marketing de la Cámara de Comercio de España, tras dirigir la Comunicación en AENA y estar en la Vicepresidencia segunda del Gobierno y en el Ministerio de Economía y Hacienda.

Cortina estudió Derecho en la Universidad de Deusto, Asesoría Fiscal de Empresas en ICADE y Dirección Estratégica y Liderazgo Social en el IESE. Comenzó como periodista económica en el *Grupo 16*, desde donde se incorporó al Ministerio de Economía como jefa de Prensa del Departamento de Impuestos. Posteriormente se incorporó a Telefónica en el área de Comunicación y más tarde a NH Hoteles desde donde pasó a Burston-Marsteller como responsable de Finanzas Corporativas. En 2007, fue contratada por Siemens para dirigir el Departamento de Comunicación y Asuntos Gubernamentales del grupo en España.

Ortas, licenciada en Ciencias de la Información, es la directora de comunicación de PRISA. Inició su carrera en Radio Nacional y la Agencia EFE para, a partir de 1990, pasar a formar parte del equipo fundador de Canal+. Posteriormente asumió la Subdirección de Informativos de Telecinco en el Grupo Mediaset, para más tarde convertirse en directora global de Comunicación, Relación con los Medios y Patrocinios del grupo BBVA.

Un caso infrecuente en el mundo de la comunicación empresarial y que hizo el camino inverso al habitual es el de José Antonio Sánchez, consejero delegado y editor de *El Confidencial*, uno de los primeros diarios digitales españoles que alcanzó el éxito y la aceptación millonaria de los lectores.

Podría perfectamente formar parte de la categoría de los *self made men*, como refleja el hecho de pasar de hacer prácticas en *Diario 16* a convertirse en editor de éxito, tras un largo paso por el mundo de la comunicación empresarial

Del periódico fundado por Juan Tomás de Salas, la inquietud llevó a Sánchez en 1988 a crear Asesores 2000 -actualmente Dédalo- consultora de PR y Comunicación que en pocos años pasó a liderar este sector en España y la única que en esa época rivalizó con la poderosa Burson-Marsteller de Teresa Dorn. En ese período, Sánchez participó en importantes asuntos corporativos del país, destacando su colaboración con Mario Conde en la época álgida de Banesto, al convertirse en consultor de referencia.

Su colaboración con Conde le llevo a aceptar en 1996 una oferta para incorporarse a Telefónica, siendo presidente Juan Villalonga al que acompañó en su trayectoria de expansión latinoamericana, proceso que convirtió a la compañía de telecomunicaciones española en la gran multinacional que es hoy. En Telefónica descubrió el potencial del mundo digital durante el proceso de creación de Terra, lo que le posibilitó abandonar la dirección general de esta sociedad con el objetivo fijo de crear *El Confidencial,* junto con Jesús Cacho, diario digital que lanzó cuando estallaba la burbuja puntocom y que se ha convertido en diario de referencia.

Los *outsiders* también tienen cabida en este mundo de la comunicación empresarial o corporativa, y un ejemplo de ellos es José Romero, agrónomo metido a comunicador que durante años patrocinó los Foros de Nueva Economía de José Luis Rodríguez, los cuales se convirtieron en «fuente informativa» de los muchos periodistas que cubrían sus desayunos y, por lo tanto, en una pieza fundamental de la estrategia de comunicación de las empresas patrocinadoras. Romero se dedicó al cultivo de la comunicación en empresas como Microsoft y Vodafone y posteriormente en Emeerre Comunicación.

De sus reflexiones sobre la materia, elegimos dos: «La tentación de una compañía es contar, pero antes debe escuchar» y «un buen director de comunicación debe ser alguien que entienda muy bien la organización, coordine la compañía, tenga credibilidad, aporte valor y concentre mensajes».

La historia de la comunicación empresarial o corporativa en España puede hacerse interminable e inabarcable por lo que no es cuestión de seguir recordando los «hitos mojones» de este oficio y de sus protagonistas, sabedor de que muchos de los que han jugado un papel importante en este relato se quedan fuera.

Pero, aceptando esa premisa, estas páginas quedarían confesamente incompletas sin recordar a dos profesionales que dejaron su huella en este sector de la comunicación empresarial: Jaime Sanz y Pedro Vega.

El primero es uno de los componentes de la primera hornada de periodistas económicos, decidió abandonar el periodismo activo en *Cambio 16* para dirigir la comunicación y las relaciones externas de la Bolsa de Madrid durante 30 años, sucediéndole Pablo Malumbres como director de Comunicación Corporativa e Institucional, Identidad e Imagen de Bolsas y Mercados Españoles (BME).

Vega, por su parte, fue un ejemplo de profesionalidad y lo demostró durante el tiempo que fue jefe de prensa del grupo parlamentario de Minoría Catalana en el Congreso de los Diputados y de Miquel Roca durante la «operación Reformista» y durante su etapa en Aguas de Barcelona (Agbar) en donde fue director de Comunicación. Vega, estudió Magisterio y ejerció el periodismo en Radio España Independiente, *Diario 16* y *Mundo Obrero.*

17

El futuro: entre el metaverso, la IA y la excelencia en la formación

Daniel Bell escribió el 1973 un libro titulado *El advenimiento de la sociedad posindustrial*, en el que predecía el surgimiento de una nueva economía basada en los servicios y la información. El libro de Bell fue profético pues sobran motivos para asegurar que esa nueva economía está cada vez más implantada. Que la información es poder se ha asegurado —y demostrado— en muchas ocasiones, pero puede que fueran pocos los que en los albores de la comunicación como profesión vieron que, más allá de poder, la información también daba para crear una industria potente, fundada y, en el siglo XXI, más que necesaria.

La información es ya una materia prima, puesto que miles de empresas de tecnología puntera invierten cantidades astronómicas de dinero en conseguir datos e información valiosos. Información de todo tipo, pero, sobre todo, información de los potenciales consumidores y clientes. Saber lo que piensa, lo que tiene y lo que quiere la gente es un valor en sí mismo para las empresas de hoy.

Todo ello para dar cuerpo a una teoría extendida y que dice más bien poco del sistema en el que estamos metidos y que según la cual, el ciudadano tiene valor en la medida en que vota, paga impuestos y consume. Ahí termina su razón de ser y por eso hay que conocer de él hasta el más mínimo de sus impulsos.

El sector de las consultoras de comunicación, lejos de ser ajeno a este irreversible proceso, es, de hecho, parte muy activa de esta nueva economía de la información. Y lo es porque a fuerza de los años, toda empresa sabe que la gestión de la información y la manera de comunicar es un activo, pese a ser intangible, en sí mismo.

Para hablar de tendencias del sector de comunicación, no se puede pasar por alto el cambio de paradigma de las empresas. Los intangibles de un negocio se han puesto al nivel de la principal materia prima de cada cual. Difícil de cuantificar, pero a todas luces necesarios, son los planes de comunicación de una empresa y junto a ese intangible, otros muchos más, que sin ser estrictamente cuantificables se han convertido en motores de crecimiento de todo negocio.

¿Cuánto más hace ganar a una empresa comunicar su plan de desarrollo sostenible, su política de descarbonización, su plan de equidad para sus equipos? No está claro, pero claro está que, de un tiempo a esta parte, el «cómo se hace» tiene un peso relevante en los resultados finales. Hacer las cosas bien es clave para construir una sólida reputación, pero no es suficiente, puesto que también hay que hacerlo saber, porque así lo demandan los ciudadanos, los consumidores y cada vez más los empleados.

Dentro de la estrategia de gestión de intangibles de las organizaciones, la comunicación corporativa se ha convertido en un elemento fundamental que contribuye a fortalecer su reputación y su posicionamiento. Muestra de ello es que, según el informe *Approaching the Future 2023: Tendencias en Reputación y Gestión de Intangibles*, elaborado por *Corporate Excellence – Centre for Reputation Leadership* junto a CANVAS, firma de consultoría y conocimiento estratégico en sostenibilidad, la comunicación se ha convertido en 2023 en el ámbito al que la alta dirección está dedicando en la actualidad mayores esfuerzos.

Según este estudio, que identifica las diez principales tendencias globales que más importan y preocupan a más de 1.200 profesionales de 53 países, la comunicación corporativa es la tendencia en la que más están trabajando las compañías: el 53% de ellas asegura que hoy día es una de sus prioridades, creciendo 11 puntos porcentuales respecto al informe de 2022.

Comunicar valores u otros activos intangibles puede reportar beneficios no tan solo reputacionales, sino también económicos a la empresa. En cambio, una estrategia errónea, o una buena, pero mal desarrollada, puede derivar en una comunicación negativa que nace de la propia corporación.

La comunicación, cada vez más, constituye una parte sustancial de la realidad de los intangibles. La marca, la reputación, la responsabilidad social, son realidades que existen en la medida en que se comunican, o si preferimos ser menos drásticos, sin comunicación los intangibles pierden peso en la cadena de valor de una compañía.

El informe *Approaching the Future 2023* identifica también las tendencias globales de reputación, sostenibilidad, ética y buen gobierno y las principales conclusiones giran en torno al hecho de que el 56% de las compañías encuestadas considera que la sostenibilidad y los criterios ASG/ *ESG* son de vital relevancia para sus organizaciones.

ESG, en inglés, o ASG, en castellano, se refieren a los criterios que se utilizan para evaluar el desempeño e impacto de la empresa sobre los ámbitos en «A» o «E» de *environmental* o ambiental, «S» de social y «G» de *governance* o gobernanza

Casi la mitad de las empresas está trabajando ya en esta visión de triple impacto y seis de cada diez está destinando tiempo y recursos a la integración de la sostenibilidad en las estrategias del negocio.

Una segunda tendencia que se manifestaba como fundamental en la última edición es la gestión de la comunicación corporativa. Para más de la mitad de los profesionales consultados, es hoy un ámbito de trabajo prioritario y, de las 10 tendencias del informe, es en la que más está trabajando actualmente la alta dirección.

Otro campo de actuación que priorizan las empresas es la tecnología, como eje transformador y elemento imprescindible para la gestión de intangibles y el viaje hacia modelos de negocio más sostenibles.

Las otras dos tendencias que lideraban el *ranking* para las organizaciones son el liderazgo responsable y la reputación corporativa, que irrumpen con fuerza dentro de las cinco áreas más prioritarias y en las que, a su vez, más están trabajando las organizaciones. Existe, por tanto, una gran coherencia entre lo que consideran importante y dónde están poniendo el foco de sus esfuerzos. El informe indica, además, que para más de la mitad de las empresas la reputación es la tercera tendencia en orden de prioridad y cómo el 80% de los directivos ya está trabajando en la definición de su plan estratégico reputacional.

También destaca el importante esfuerzo destinado por parte de las organizaciones a gestionar la marca corporativa. El rol de la marca, como plataforma de relación con los grupos de interés, sigue creciendo en relevancia, pasando de un 27,6% a un 40,7%. En consonancia, también aumenta la intensidad de trabajo en esta área: si en 2022 el 17,9% de profesionales afirmaba avanzar en este aspecto de forma prioritaria, en 2023 la cifra alcanza el 45,1%. Se observa cómo en la gestión de la marca corporativa cobra especial relevancia su orientación hacia el impacto y el desarrollo de un posicionamiento claro ante los temas de interés general.

Los otros ámbitos que completan el mapa de tendencias *Approaching the Future 2023* y que, por tanto, siguen ocupando un lugar destacado en el día a día de las organizaciones son la gestión del propósito corporativo, prioritario para la alta dirección; el futuro del trabajo, cada vez más híbrido y flexible; el gobierno corporativo y la transformación de los consejos de administración; y la emergencia climática, que ha caído a la última posición de las diez tendencias clave, posiblemente motivado por un enfoque más focalizado en estrategias de triple impacto o ASG.

En vista de dónde tienen puesto el foco las empresas, no es de extrañar que las tendencias de las consultoras de comunicación vayan también hacia esos derroteros. Como se ha enfatizado en estas páginas, la comunicación corporativa ha de ser cada vez más integral, más específica y más milimétrica, tendencias que más se detectan en el sector y que se seguirán viendo en la diversificación de las consultoras. Bien sea mediante la creación de nuevas empresas que sirven de departamentos especializados —es el caso de la creación de sus propias agencias de diseño, por ejemplo—, o bien sea mediante la adquisición o fusión con compañías que puedan rellenar esa área de especialización que les falta. Cada vez más, las grandes consultoras tienen todo tipo de servicios para evitar que el cliente tenga que elegir otra agencia en caso de necesitar una campaña más digital, consultoría sobre análisis de datos, diseño creativo, o incluso formación de portavoces. Ya todas las grandes consultoras cuentan con todo lo que una empresa pueda desear en el ámbito comunicativo.

Más allá de los modelos organizacionales de las consultoras, conviene mirar dónde tienen el foco las consultoras de comunicación corporativa, aunque si algo han demostrado los últimos años —muy marcados por la crisis COVID-19— es que a veces sirve de muy poco tratar de predecir hacia donde van las cosas, lo cierto es que hay una tendencia bien marcada de un tiempo a esta parte: la digitalización. La digitalización exacerbada, más si cabe, con la irrupción de la inteligencia artificial.

Así, la agencia Esencial elaboraba un listado que coincide con las miradas de otras muchas agencias y que contiene las tendencias del sector. La comunicación corporativa, señalan sus expertos, estará marcada por un mayor desarrollo del entorno digital, la aparición de nuevos formatos y plataformas, «la implantación de iniciativas en el metaverso, las mayores posibilidades de microsegmentación y de medición de campañas y la apuesta por estrategias transversales».

La lista de grandes tendencias que marcarán el curso de las consultoras de Comunicación continúa del modo que presentamos a continuación.

La gestión eficaz de intangibles para generar confianza e incrementar el valor de la marca, el establecimiento de nuevos marcos de relación entre las áreas de marketing y comunicación, además de la necesaria involucración de los empleados en las estrategias comunicativas, serán aspectos que impactarán en el sector de ahora en adelante.

No será un año —hablo del año 2023— disruptivo en términos de cambios de paradigmas, pero sí un ejercicio donde se consolidarán modelos de negocio incipientes, nuevas tecnologías existentes y formatos comunicativos más directos, personalizados y originales.

Como se decía anteriormente, la gestión de los intangibles ganará importancia entre las empresas y por lo tanto entre sus dircoms, con independencia del tamaño de sus organizaciones.

Actualmente, más del 50% del valor de una compañía corresponde directamente al valor que tienen sus intangibles. La gestión de estos activos será un elemento vital dentro de las funciones y responsabilidades del dircom. Esto representará gestionar, no solamente el valor de la marca, su posicionamiento o la reputación corporativa, con una medición más efectiva basada en nuevas métricas y tecnologías incipientes como la IA o el *big data*, sino también otros elementos como la cultura corporativa o los aspectos relacionados con la sostenibilidad, la innovación y las acciones de responsabilidad social corporativa, entre otras. La gestión de los intangibles ha dejado de ser una preocupación exclusiva de grandes compañías para ser de interés dentro de los departamentos de comunicación de organizaciones más pequeñas. La clave: fomentar la confianza y generar valor entre todos los grupos de interés de una organización con independencia de su tamaño.

El metaverso se convertirá en una herramienta estratégica eficaz de relación con los grupos de interés de la organización para demostrar la apuesta por la innovación tecnológica e impulsar la relación con los grupos de interés. A medida que vayan incorporando nuevas funcionalidades, experiencias más inmersivas, una mayor calidad gráfica, así como una interfaz más accesible y sencilla, las compañías empezarán a valorar su uso en áreas concretas tanto a nivel interno como externo.

Así, los expertos anuncian que las compañías apostarán por el metaverso como un centro digital para la colaboración diaria de los trabajadores; en actividades de desarrollo de negocio, creación de laboratorios de comportamiento social o el establecimiento de relaciones entre la marca y sus *stakeholders* dentro del entorno virtual. Las áreas de comunicación, *marketing* y publicidad serán las primeras en probar las ventajas que aporta el metaverso y muy probablemente serán las que impulsen su desarrollo futuro desde una posición de liderazgo.

La reputación corporativa será uno de los aspectos principales al que los dircoms prestarán una mayor atención. En muchos casos, por encima de otros como la notoriedad, el posicionamiento o la influencia de la marca.

El entorno digital y las redes sociales se han convertido en un poderoso aliado para lograr objetivos de forma rápida, pero también suponen un riesgo que es necesario saber gestionar activamente. Para ello, las empresas deberán conocer los valores sobre los que se construye la reputación de su marca. Así, por ejemplo, algunos tendrán que ver con la transparencia o la confianza, mientras otros con la agilidad, la calidad o el liderazgo.

El dircom no solo deberá conocer las palancas sobre las que generar e incrementar la reputación, sino también desarrollar estrategias que palíen los efectos de posibles crisis. En este apartado, las herramientas que permitan una escucha activan y sean capaces de medir la evolución de la reputación, serán de gran interés.

El CEO incrementará su influencia y liderazgo mediante nuevas capacidades comunicativas. El nivel de relevancia del discurso y autoridad que representa el director ejecutivo, en el día a día de una empresa, no siempre se ve reflejado en la comunicación corporativa y en las apariciones en prensa. Para solventar esta situación, será necesario invertir tiempo y recursos en la capacitación de portavoces que habitualmente representen a la marca, tanto en medios de comunicación como de cara al resto de grupos de interés, y trabajar el discurso corporativo frente a todo tipo de temas, los corporativos y los más sensibles y controvertidos relacionados con el entorno político y social. El CEO distante, opaco e impulsivo va dando paso a uno mucho más comunicativo, cercano y profesional.

La comunicación transmedia, que está siendo impulsada por el auge de las plataformas digitales, permite mayor interacción y viralización y más posibilidades de segmentación del *buyer* persona, entre otras ventajas. Juan Roig, dueño del imperio Mercadona hace años que acuño el término «jefe» para referirse a los clientes de sus centros, término que ha tratado por todos los medios que lo interioricen sus empleados. En esta línea, las narrativas transmedia tenderán a ser más creativas, simples y directas con una mayor presencia de la marca. Respecto a los soportes y formatos, destacará lo audiovisual, los podcasts y el formato *streaming*. También crecerán las inversiones en contenido premium que esté orientado a los seguidores más fieles, lo que el mundo sajón califica como *brand lovers*. Los principales medios de comunicación digitales han comenzado a generar e indexar contenidos según las preferencias individuales de su audiencia y los clasifican y muestran, según el interés que vayan generando.

Este poder de personalización, que comenzó hace años, se incrementará enormemente a partir de 2023 con las tecnologías de *machine learning*, capaces de generar hasta un 50 % más de *engagement* en los contenidos solo por el hecho de mostrar lo que se quiere ver, en el formato que se desea y además teniendo en cuenta el periodo del día en el que se consume la información.

La adopción masiva de nuevas estrategias digitales *inbound* como el SEO, la creación de contenidos y la gestión de canales sociales han favorecido la confluencia de intereses de los departamentos de *marketing* y comunicación, históricamente centrados en los objetivos de desarrollo de negocio y *branding*, respectivamente. Este hecho obligará a ambas áreas a buscar nuevas sinergias y formas de compartir sus conocimientos para alinear la estrategia y establecer un mejor uso de recursos y perfiles, lo que, a la larga, se traducirá en presupuestos corporativos optimizados y mejores resultados en términos de consecución de objetivos.

El crecimiento de redes sociales como Instagram, TikTok, Twitch o YouTube, junto al reconocido poder de los creadores de contenido e *influencers* hará que los presupuestos publicitarios de las marcas, principalmente de consumo, comiencen a tener en el centro de sus planes e inversiones estos dos ámbitos. Asimismo, no solo interesan las grandes audiencias que estas figuras son capaces de movilizar, sino también el poder de segmentación que tienen *microinfluencers* y *nanoinfluencers*. En el futuro, la figura del *influencer* tenderá, aún más, a profesionalizarse, lo que dará como resultado un aumento de agencias, plataformas, herramientas y soportes centrados en su figura.

En línea con el anterior apartado, las acciones de *earned media*, centradas históricamente en los medios de comunicación, empezarán a incluir tanto la figura de los *influencer* como de los *brand lovers* y empleados dentro de sus estrategias. Por ello, se desarrollarán nuevas fórmulas creativas basadas en contenidos y formatos adaptados a plataformas de redes sociales y canales de comunicación interna, buscando una mayor viralización y una comunicación más abierta y bidireccional.

Los criterios y estrategias de SEO se incorporarán a todos los contenidos generados dentro de la organización más allá de la web, de la sala de prensa o del blog corporativo. El posicionamiento de una compañía, su notoriedad e imagen, y la generación de tráfico cualificado, dependerán en gran medida de la mejora de su visibilidad en buscadores y redes sociales.

En este sentido, los departamentos de comunicación deberán tener en cuenta el creciente aumento de las búsquedas por voz, las nuevas tendencias lingüísticas, el mayor uso de los dispositivos móviles para el consumo de la información y el correcto etiquetado de videos e imágenes. Por último, crece el establecimiento de métricas de SEO dentro del análisis de campañas de contenidos.

Como parte de esa materialización de la inteligencia artificial (IA), se debe añadir que, como toda nueva tecnología, lleva implícita tantas esperanzas como miedos. En abril de 2023, cundía el pánico en la mayor consultora de comunicación china —Blue Focus— al difundirse la noticia de que la compañía había decidido dejar de contratar los servicios de creativos externos, sustituyéndolos por inteligencias artificiales generadoras de contenido al estilo de ChatGPT. Su origen, una circular interna de la compañía citada por *Bloomberg* que señalaba que «para aprovechar la nueva ola de contenido generado por IA, hemos decidido contar a partir de hoy todo el gasto en redactores creativos y diseñadores externos». BlueFocus, cuya facturación supera los 330 millones de dólares, está experimentando de forma activa con la tecnología de ChatGPT y «su futura expansión digital se llevará a cabo con contenido generado por IA (...) mientras la compañía prueba y depura otros productos similares a ChatGPT», indicaba la compañía en una plataforma para inversores en febrero de 2023.

Son muchos los sectores que ven en la IA al mismo tiempo una oportunidad y una amenaza. El sector de las consultoras de comunicación, acostumbrado a la adaptación constante, no puede eludir esta nueva impronta. Greg Paull, cofundador y director de la agencia R3, señala que el uso de la IA dentro de las agencias tiene actualmente dos propósitos. «En primer lugar, ayudar a las agencias a trabajar con rapidez y reduce los costos, lo que les permite ser competitivos en precios. En segundo lugar, anunciar la IA como parte de la capacidad y el conjunto de herramientas de una agencia es una buena publicidad». Al hilo de la noticia de BlueFocus, Paull insistía en el hecho de que «nos enfrentamos a un panorama dominado por *holdings* líderes y desafiado por agencias especializadas independientes. No se les puede culpar por intentar encontrar un punto de diferencia».

La IA generativa sigue enfrentando reacciones encontradas en todo el mundo, ya que algunos profesionales de las industrias creativas temen que pueda quitarles sus puestos de trabajo. En la industria publicitaria, el *holding* Omnicom Group está adoptando la IA generativa y el director ejecutivo, John Wren, señalaba que la agencia quiere adoptarla lo más rápido posible. Hay agencias que ya utilizan programas de generación de imágenes para crear conceptos visuales para clientes y equipos internos. En un proyecto reciente del Año Nuevo Lunar, por ejemplo, la agencia creativa Distillery creó un libro infantil digital festivo utilizando ChatGPT. Hay otras agencias que utilizan ChatGPT para comunicaciones internas, a menudo con el objetivo de mejorar presentaciones y resúmenes creativos. «La IA no es más que tecnología. Como siempre lo ha hecho la tecnología, optimiza los procesos», dice a Rollen Gomes, director de tecnología para Singapur en RGA. «Definitivamente acelerará una serie de tareas, pero, por el momento, no reemplaza a los humanos. Necesitamos prestar mucha atención a cualquier resultado generado por la IA para garantizar su precisión y que tenga sentido para el caso de uso».

Paull, de R3, también advierte que usar la IA como un medio para impresionar a los clientes puede ser un arma de doble filo. «Es importante que los especialistas en *marketing* estén atentos a los casos en los que las agencias podrían agregar inteligencia artificial o capacidad de aprendizaje automático a sus credenciales», afirma. «Puede parecer tecnología y sonar como tecnología, pero no hay pruebas de que el trabajo realizado será mejor».

Como no podría ser de otra forma, la IA es una buena noticia, pero sus procesos, resultados e impacto deben medirse con meticulosidad.

Algunas agencias también se muestran reacias a utilizar plenamente la herramienta, debido a preocupaciones sobre derechos de autor. Getty Images ha demandado a la generación de imágenes de IA Stability, el fabricante de Stable Diffusion, por infracción de derechos de propiedad intelectual y los ingenieros de Samsung compartieron datos corporativos confidenciales con ChatGPT.

El director ejecutivo de VaynerMedia, Gary Vaynerchuk, dijo que no ha aprobado el uso de IA generativa en su compañía porque le preocupan los derechos de autor y las marcas registradas. De manera similar, en VMLY&R, el nuevo director creativo de Asia, Raymond Chin, ha afirmado que la agencia no utilizará las herramientas durante un periodo determinado de meses, ya que la agencia establece parámetros para su uso.

En el contexto actual de transformación constante, la comunicación interna juega un rol esencial en los principales retos de las organizaciones: tener un propósito compartido, una cultura que se adapte al cambio y que potencie la diversidad, la igualdad y la inclusión, un nuevo liderazgo flexible y motivador...

En una aproximación, y según la última edición del *Internal Comms Day*, la gran jornada de referencia de comunicación interna en España organizada por Both People & Comms – A Newlink Company, y Custommedia, editora de Equipos & Talento, señalaba algunas de las tendencias que serán clave de ahora en adelante para contribuir positivamente tanto al éxito de las organizaciones como en la experiencia de sus personas.

Dentro del mundo laboral, coexisten ya cuatro generaciones muy distintas: *baby boomers*, generación X, milenials y generación Z, y el rol de la comunicación interna debe de ser el de mitigar la distancia entre todas estas generaciones a partir de distintas iniciativas que potencien el intercambio de conocimiento entre ellas para enriquecer sus enfoques y sus resultados.

Las organizaciones deben ofrecer la mejor experiencia a sus trabajadores y trabajadoras, y demostrar su compromiso con la sociedad y el bienestar de las personas. Por ello, cada vez son más las empresas que impulsan políticas de flexibilidad, teletrabajo, conciliación, jornadas de menos horas, iniciativas como yoga, *mindfulness*, *coaching*, desarrollo personal e incluso programas de concienciación sobre la salud mental.

Un entorno de trabajo inclusivo, equitativo y diverso contribuye a la riqueza de la organización, mejora la moral y la felicidad general de los empleados y empleadas. Las nuevas ideas y las diversas formas de pensar se comparten en todo el equipo, lo que conduce a la innovación y al aumento de la productividad. La diversidad debe estar presente en todo lo que hace la empresa y ser coherente con su discurso.

Cuando las personas están alineadas con el propósito corporativo, incrementan su compromiso e involucración, lo que contribuye a la fidelización de talento. La gente quiere sentirse implicada y creer en los valores y el propósito de la empresa en la que trabaja. Y en todo ello, la comunicación juega un papel muy significativo

El reconocimiento es una necesidad para la gran mayoría de profesionales, especialmente para los milenials y la generación Z. Cada vez son más las empresas que valoran la importancia de tener un programa estructurado de reconocimiento, formado por distintas acciones como premios o recompensas experienciales que fomenten la cultura de agradecer y reconocer internamente a sus personas.

A medida que las nuevas tecnologías de la comunicación siguen evolucionando, empiezan a integrarse también en la comunicación interna. Existen distintas herramientas de inteligencia artificial, como el Chat GPT, que pueden, por ejemplo, acelerar el proceso de creación de contenidos; además, la posibilidad de hacer acciones inmersivas en el metaverso pueden también potenciar la experiencia de equipos remotos para fomentar el *engagement*.

En muchos otros sectores, el trabajo a distancia e híbrido ha llegado para quedarse, lo que ha traído nuevos canales. Vivimos un contexto de infoxicación y vemos que pierden potencia canales más tradicionales como la intranet y ganan protagonismo canales como las *apps* móviles, que pueden integrar funciones y que forma parte de los hábitos de consumo diarios de los empleados.

Muchos trabajadores se sienten saturados por el exceso de comunicados. Para garantizar una comunicación efectiva, será más necesario que nunca priorizar, aprender a filtrar y enviar la información que sea realmente relevante y estratégica, evitando todo aquello que sea superfluo.

Tendencias hay muchas, pero lo que está claro es que las consultoras tienen por delante un panorama al auténtico estilo de «adaptarse o morir». Con sus estrategias tienen que luchar contra la fragmentación de los contenidos y los contenidos superficiales que revelan una ausencia de datos contrastables, información fidedigna o referencias que enriquezca la conversación pública como consecuencia de una creciente obsesión por buscar «lo viral» acotando drásticamente argumentos hasta alcanzar lo anodino.

He aquí estrategias de comunicación más simples para un mundo más complejo, como señala un informe de tendencias de LLYC, «con un 25% de posibilidades de que el PIB mundial crezca menos del 2% en 2023, según el Fondo Monetario Internacional (FMI), lo que se percibirá como una recesión global, y la continuidad en las políticas de recortes, especialmente en el sector tecnológico, las empresas deben centrar sus esfuerzos en proyectos auténticos que generen impacto en sus audiencias y que puedan traducirse en acciones sostenibles a largo plazo».

Las empresas deben centrar sus esfuerzos en proyectos de comunicación que generen un verdadero impacto entre sus públicos y que puedan traducirse en acciones sostenibles a largo plazo, de forma que la mejor inversión de tiempo y recursos es comprender el momento externo e interno de cada compañía, identificar las brechas que existen y destinar ahí los mayores esfuerzos.

La agencia Comma, fundada y presidida por Silvia Albert, experimentada profesional de la comunicación corporativa, en su informe sobre las tendencias de comunicación del segundo cuatrimestre de 2023, señala que, desde la perspectiva de la comunicación, las tendencias narrativas resaltan la importancia de la transparencia, la coherencia y la autenticidad en la comunicación de las organizaciones. En esta línea abogan, puesto que la comunicación corporativa debería evitar cualquier percepción de manipulación y asegurarse de que los mensajes sean coherentes con las acciones de la organización. «La confianza del público se construye a través de una comunicación transparente y una representación precisa de los valores y objetivos de la empresa».

En un entorno donde las agendas políticas y los intereses económicos pueden influir en la comunicación, las empresas deben esforzarse por mantener su independencia y demostrar un compromiso sólido con la ética y la responsabilidad social y medioambiental —el *ESG*—, tan bien valorado últimamente.

Las consultoras y los directores de comunicación son conscientes de que el camino de aquí en adelante será más complejo y minucioso, si de lo que se trata es de conseguir una comunicación más simple, más sofisticada y más efectiva.

Epílogo

Y, como remate, una última cuestión de importancia vital: la formación.

¿Es usted bodeguero y produce unos vinos estupendos? Pues enhorabuena, pero si usted quiere trasladar al mercado la calidad de sus caldos, no le quedará más remedio que recurrir a la comunicación, globalmente adecuada a los objetivos e intereses de la empresa para conseguir sus objetivos de venta. Y no debe olvidar nunca que lo importante no es cómo lo vea usted, sino cómo lo ve un mercado cada vez más competitivo y exigente.

A lo largo de la corta historia de la comunicación empresarial, entendida siempre en su conjunto, los profesionales que se han dedicado a este oficio lo han hecho desde la intuición más que desde el conocimiento científico, algo que se buscaba corregir con la aparición en España de la primera facultad de Ciencias de la Información. Desde entonces, han pasado más de cincuenta años, tantos como centros privados y públicos imparten en España formación de grado, postgrado y doctorado en el ámbito de la Comunicación. Y ello sin contar con las numerosas empresas que se dedican a ofrecer cursos *ad hoc* de todo tipo de especialidades relacionadas con comunicación empresarial.

Hasta tal extremo ha llegado esta tendencia que, en 2018, la Facultad de Ciencias de la Información de la Universidad Complutense de Madrid se convirtió en el centro con mayor número de alumnos de esa universidad y, en consecuencia, en el más grande de todos los que imparten estas enseñanzas en España.

El fenómeno no es exclusivo de España, ya que sus universidades han seguido la tendencia de sus homologas norteamericanas e inglesas, aunque bien es cierto que no en la masificación que ha experimentado nuestro país.

La lista se hace interminable, no solo en número de centros que imparten conocimientos sobre la materia, con mejor o peor resultado, sino en número de claustros de profesores de los que se nutren, tanto de docentes de las propias universidades como de profesionales del sector con un cierto grado de experiencia, los cuales aportan sus conocimientos contrastados en empresas y organismos, en donde han ocupado puestos de relevancia en el área de comunicación.

El elevado número de profesionales que se dedican a transmitir conocimiento en la materia es elevadísimo e imposible de abordar en un proyecto como el que nos ocupa, aunque nombres como los de José Luis Arceo Vacas o Javier Fernández del Moral de la UCM; Antoni Noguero de la Autónoma de Barcelona, fundador de la Escola de Relaciones Publiques de Barcelona; Alfonso Sánchez-Tabernero de la Universidad de Navarra; Ángel Losada de la Pontificia de Salamanca o Carlos Elías Pérez de la UC3M, son solo una muestra distinguida de tan selecto claustro.

Por lo que respecta a profesionales del sector que han sucumbido a la idea de volcar sus conocimientos en este tipo de actividades universitarias, nos encontramos con nombres de fuste como los de Alejandro Kowalski, Luis Arroyo, José Manuel Velasco, Iñaki Garay, Anna Diloy o Juan Francisco Polo, entre una numerosa legión de docentes eventuales procedentes de la empresa, del periodismo y de la consultoría.

La oferta de cursos y másteres en la materia —reglados o no— alcanza niveles elevadísimos, como si el matricularse en esas materia asegurara un futuro profesional brillante, aunque lo que se detecta es una preocupante falta de controles de calidad, cuando no de promoción engañosa, cuyo fin es captar ingenuos dispuestos a descubrir un mundo de oropel que nada tiene que ver con la realidad.

Han pasado ya los tiempos en que el mundo de la comunicación empresarial se nutría básicamente de periodistas, mayoritariamente especializados en economía, con dilatada experiencia y amplia agenda.

Hoy el mercado y la sociedad han cambiado radicalmente y se han hecho mas sofisticados y, por tanto, reclaman profesionales sólidos y con amplios conocimientos en distintas materias, ya que de lo que estamos tratando es de desarrollar proyectos y programas complejos que deben cimentarse en especialidades que son de todo menos sencillas.

Como apunta Costa, los puntos cardinales de la empresa son cuatro: identidad, cultura, comunicación e imagen, y en todos ellos juega un papel importante la comunicación empresarial, aunque en todo ese proceso exista un sinfín de discrepancias y desencuentros sujetos a viscerales debates cuyo contenido merecería un estudio aparte sobre la integración o no de todas las comunicaciones que se desarrollan en el seno de las empresas

Algunos significados investigadores en la materia ponen de relieve que, tanto si hablamos de relaciones públicas como de comunicación corporativa, «aludimos a la práctica de influenciar comportamientos a través de la comunicación» y, por lo tanto, la planificación es el método a través del cual el comportamiento es influenciado.

Siguiendo el hilo de este planteamiento, todo proceso de comunicación relacionado con la empresa tiene como objetivo resolver problemas y para ello no cabe otra que abordar siempre cuatro fases: investigación, metas (u objetivos), estrategia y evaluación. Y cada una de estas cuatro fases exige de técnicas, experiencias y pericias que no están al alcance de cualquiera, máxime cuando el tablero puede ser desvirtuado por un sinnúmero de cuestiones exógenas.

Volviendo a Joan Costa «la comunicación es acción y la acción es comunicación. Los hechos no solo son, sino que significan» y, en consecuencia, es interacción.

La cuestión es si la totalidad de másteres, grados, post grados y materias que componen estos cursos están suficientemente tutelados por profesionales capaces y conocimientos suficientemente actualizados para dar respuestas a los múltiples y sofisticados factores que intervienen en los ciclos de la comunicación empresarial.

¡La excelencia se impone! aunque para que esa exclamación sea algo más que una quimera es necesario incorporar mucho talento a la formación porque el mercado se hace cada día más sofisticado y exigente, requiere un grado de formación y conocimiento que supera con mucho el listón actual.

Indice onomástico

A

B

C

D

E

F

G

M

Q

R

S

T

U

V

Índice de empresas

C

D

E

F

T

U

V

W

X

Y

Z